嘉定区第

U0603224

高中语文任务群
教学设计与实施

沈国全　主编

本书是2021年度上海市哲学社会科学规划一般项目"基于高中语文统编教材的'学习任务群'教学设计与实践研究"（项目编号：C2021021）的研究成果之一。

上海教育出版社
SHANGHAI EDUCATIONAL
PUBLISHING HOUSE

嘉定区第五届名师名校长培养工程成果书系
编委会

主　编：田晓余　　管文洁

副主编：许敏杰　　王巍清　　李　娟　　许晓芳

编　委：王冰清　　李珊珊　　颜晓莉　　钱丽君

顾　问：凤光宇

总序

　　嘉定区教育系统"名师名校长"培养工程至今已经圆满走过了五届。多年来,依托培养工程,持续发挥区域名师名校长的引领、辐射和示范作用,致力于培养一批师德高尚、教学与管理特色鲜明,在全区乃至全市有影响力的优秀人才,为建设高素质专业化创新型教师队伍,推进教育高位均衡发展提供有力保障。

　　一流的教育需要一流的人才。"双名工程"牢牢把握"人才是第一资源、创新是第一动力"的要义,将"成才"放在首位,一批具有教育情怀、仁爱之心、专业追求的工作室主持人以其人格魅力和教育智慧给学员以精神滋养,成为带动全区教师与校长成长成才的第一资源。与此同时,"双名工程"强调"成事"并重,通过打造基于共同愿景的学习共同体,激励教师与校长立足教育实践场域开展研习,创新解决教学和管理难题。由此,"成才"与"成事"相辅相成,理论与实践紧密结合,形成了螺旋式上升发展,为更好建设"名师名校长"培养工程提供了诸多宝贵经验。

　　一是遵循人才成长规律。"双名工程"分设特级教师与特级校长工作室、学科带头人学科高地和学科基地共 96 个。根据实际,以不同的目标和内容,分层培养优秀骨干教师、学科新星和青年教师,更加注重系统设计、分层培养,并聚合国内外最优质资源,统整多方力量,协力支持项目的高质量运行。既创新了高端教育人才的培养模式,又形成了系统的、相互衔接的后备教育人才储备与培养体系。

　　二是创新提升核心素养。学科核心素养是育人价值的核心体现,有助于学生形成正确的价值观、必备品格和关键能力,是新时代教育改革的要求。"双名工程"注重激发教师和校长的创新积极性,将培育学生核心素养作为课堂教学改革的重中之重。工作中,由浅入深地分解学科核心素养的内容和层次,提高认知；由表及里地改革教学方法，培养学科能力和核心素养；由此及彼地开展跨学科主题活动和项目化学习，创新培养学生学习方式。这种协同教学机制有助于教师综合素养的提升，同时也为学生提供了更全面的学习支持。

三是搭建人才展示平台。教育是动态生成的，为此，我们构建了更开放、更宽广的平台。"双名工程"坚持从实践中来、反思实践、服务实践的理念，形成了特有的、开放的学科文化交流圈，如教学和管理论坛、教学公开课、学术研讨会、区际交流会、发表论文、出版专著等，促进教师与校长在更高层面思考和解决问题，有力地推动专业进步，也提高了嘉定教育的影响力。

四是形成培养评价体系。培养工程借鉴了"教学研评一体"观点，从教师教学和校长管理出发，把学习作为过程，突出学以致用，再回到出发点评价教师与校长的变革，由此融合为一体。"教学研评一体"既重过程性评价，又重结果性评价，既有评价量表，又有评价描述，较好地解决了培养评价难题，保证了培养工程的顺利进行，具有创新意义。

第五届"双名工程"历时三年，硕果累累，各团队将实践上升为理论，梳理和提炼了一批优质成果，此次成果书系由上海教育出版社出版，可喜可贺。今天，当我们在为一件事做总结的时候，也就意味着又一件事的开始。衷心希望，成果书系能够发挥积极作用，给予教师与校长更多前瞻性的启示；更加希望，新一届培养工程继续砥砺前行，传承发展，为嘉定教育高质量发展再献力量！

上海市嘉定区教育局局长

管文洁

2024 年 2 月

序一

面前的文稿是沈国全老师团队完成的"基于高中语文统编教材的'学习任务群'教学设计与实践研究"课题研究成果之一,这些教师的勤奋和努力让我非常感动——这是我愿意为之写序的原因之一。

2018年初,《普通高中语文课程标准(2017年版)》正式颁布,把语文学习任务群推到了我们面前。之后,学习任务群很快成为语文教学关注的焦点。那么,语文学习任务群到底是什么呢?

在高中课程标准的表述中,"语文学习任务群的设计要从祖国语文的特点和高中生学习语文的规律出发,以语文学科核心素养为纲,以学生的语文实践为主线","语文学习任务群以任务为导向,以学习项目为载体,整合学习情境、学习内容、学习方法和学习资源,引导学生在运用语言的过程中提升语文素养"(设计依据2),"语文学习任务群以自主、合作、探究性学习为主要学习方式,凸显学生学习语文的根本途径"(设计依据3)。这几处表述分别回答了语文学习任务群设计的依据、方法和所包含的学习方式。《义务教育语文课程标准(2022年版)》(以下简称义教课标)对学习任务群的表述更为清晰,"义务教育语文课程内容主要以学习任务群组织与呈现"(教学内容二)。这就进一步把学习任务群在语文课程中的地位和性质阐释清楚了。

很明显,两版课程标准都把学习任务群作为语文课程的结构形式,与之前的课程内容相比,在呈现形式上发生了重大变化。为什么要做这样的改变?我们不妨通过思考形式和内容的关系来寻找答案。朱光潜先生在《选择与安排》这篇文章中,有一个非常重要的论断:"变迁了形式,就变迁了内容。"我们平时关注较多的是内容对形式的影响,比如,如果学习内容是古诗词,我们多半会采用熟读成诵,在朗读中体会其内涵的方法;如果学习内容是小说,我们则很可能让学生去梳理情节、人物、环境。很多教师甚至认为,学习内容对学习形式是有决定性作用的。而反过来,形式对内容的影响却常常被我们忽略。朱光潜先生的论断揭示了语文学习中一个非常重要的问题,就是当语言形式改变的时候,也会对内容产生关键性的影响。语文学习任务群作为语文课程的内容来呈现,与之前相比是一种不同的结构形式,但这种形式却在促使学习内容发生重大变化。用传统的条块式的方法来呈现课程内容,课程内容可能是静止的、分列的、可直接传授的;而当用学习任务群来呈现课程内容时,课程内容就是动态的、综合的、需要通过完成学习任务来获得的。语文学习任务群把活动主体牢牢锁定在学生身上,学习不再是一个接受的过程,而是完成学习任务的过程。学生不仅要知道"是什么",而且要探究"为什么";不仅收获结论,也在体验的过程中收获方法及其他技能。这就是当前课程改革特别关注的学习方式的变革,它与落实核心素养的理念密切相关。这是我们理解学习任务群的第一个关键,即明白学习任务群作为语文课程的新的结构方法和内容呈现,是蕴含着学习方式转变的内涵的。

第二个关键就是要明确学习任务群有哪些特点。义教课标指出,"语文学习任务群由相互关联的系列学习任务组成,共同指向学生的核心素养发展,具有情境性、实践性、综合性"(教学内容二)。除了这里说的情境性、实践性、综合性三个特点,义教课标还指出了学习任务群的另一个特点,即针对性,"学习任务群追求语言、知识、技能和思想情感、文化修养等多方面、多层次目标发展的综合效应,而不是学科知识逐'点'解析、学科技能逐项训练的简单线性排列和连接。学习任务群的设计,旨在引领语文教学的改革,力求改变教师大量讲解分析的教学模式"(设计依据3)。这里的"不是"和"改变"让我们清楚地看到了学习任务群的针对性特点。我们之所以用学习任务群来呈现课程内容,是为了改变学科知识逐"点"解析、学科技能逐项训练的现象和教师大量讲解分析的教学模式。如果不明白这一点,为了"任务"而"任务",或者把完成学习任务的目的仍落在学科知识逐"点"解析、学科技能逐项训练上,那就会让学习任务群走入形式化的误区。

一线教师对学习任务群还有一个比较大的困惑:"学习任务群到底是课程标准所规定的18个,还是需要教师自己来创设?"沈国全老师的这本书给了我们一个很好的答案。教材没有一对一地去匹配课程标准中的学习任务群,这就给了教师很大的空间,可以自己去构建系列化的学习任务。这本书提供了非常好的具体操作的范本,就是主动对标新一轮高中语文教学改革要求,以"建构—整合"为总体思想,以统编高中语文教材为载体,从任务群的视角整合全书内容,构建课程视野下凸显学生学习中心的任务群教学设计与实施的理论及实践范式。书中所展示的是整本书阅读与研讨等七个学习任务群的落地操作,每一章在研究方法、模型构建等方面都各具特色,同时又保持了一定的整体性,能给其他学习任务群的设计与实施带来启发。这个课题的完成,可以说是在学习任务群的教育理念和一线教师的教学行为之间架设了一座桥梁。

当我们从课程内容的呈现形式中提取到新的教育理念并把它落实到具体教学行为中时,其首要意义当然是把课程标准的要求落到了实处,但还有一层更重要的意义,那就是解答了一线教师究竟该如何面对教育改革的问题。苏霍姆林斯基说:"如果你想让教师的劳动能够给教师一点乐趣,使天天上课不致变成一种单调乏味的义务,那你就应当引导每一位教师走上从事研究的这条幸福的道路。"①日复一日的教学可能变成"单调乏味的义务",而频出的新理念、新举措,又可能让本来就疲于奔命的教师应接不暇。我觉得苏霍姆林斯基开出的药方能解决第一个问题,即通过做研究,赋予教师的职业生涯更多的意义并让教师享受到由此带来的快乐;而这本书的内容则为我们解决第二个问题提供了思路。面对新课标、新概念,这些教师既不是抵触抱怨、恪守陈规,也不是草率行事、盲目跟风,而是把它放置在自己的实际教学中认真践行,力求从中总结经验,取得实质性的成果。不能说这些操作非常完美,就是对落实学习任务群最好的诠释,但它一定是能给到教师启发的。它告诉我们:在理解新的教育理念的基础上把它落实到自己的教学行为中,可能是教师面对不断变化的教育改革形势最好的姿态。这应该也是这本书最大的意义。

是为序。

华东师范大学　王意如

2024 年 5 月

---

① 苏霍姆林斯基.给教师的建议[M].杜殿坤,编译.北京:教育科学出版社,1984.

序二

学习科学和创造力研究领域著名学者 R. 基思·索耶在其主编的《剑桥学习科学手册》开篇中就谈及至今仍主宰学校的教育范式：在教学过程中将事实性知识和固定的程序教授给学生，在评价中看学生掌握了多少这样的知识和程序。这样一种"传授—接受"式的教与学的模式适合为工业化社会培养人，但很明显不适应 21 世纪社会经济发展的需要。今天，批判性思维与问题解决能力、合作能力、交流能力、创新能力等成为更加重要的教育目标，而在学科教育中，则把这些关键能力和学科核心素养作为课程目标的主体部分。我国当前的教育改革，特别是基础教育课程改革，恰恰反映了这一时代趋势。

在这种更大、更通用、更具迁移性的高阶能力目标的指引下，教师在教学设计和实践的过程中则需要探索如何在更长的学习时间尺度上、在更大的问题空间中推进实践的变革。从学习时间来看，就是要考虑如何在一个比较长的时间段内（如一个单元的教学时间、一个月、一个学期、一个学年甚至一个学段）整体安排学习活动，包括学习的任务、进程、要求和评价方式；从问题空间来看，就是要思考设计何种问题空间的任务（包括要探究的问题、完成的项目等），才能让学生在完成任务的过程中去锻炼高阶能力，提升学科核心素养。从实践工作方式的变革来看，这意味着要从"以课时为单位思考具体的学科知识内容如何教学"这种传统方式中走出来，对教学设计的思路进行重大的变革。

从教育目标变化的视角理解教学设计与实施变革的必要性并不难，从整体上理解大时间尺度、大问题空间的教学设计思路也不难，真正对实践者构成挑战的是具体的设计工作，正所谓"知易行难"。教师要改变的不仅是思维定式，更是行为模式；需要的不仅是对新理念、新政策的理解，更是从目标到方法对学习和教学进行整体性的重构，并且将其转化为教学设计（特别是学习活动的设计）方案。这可以看作一场教师专业工作模式的大改造,对教师的专业能力和时间投入都有很高的要求。但是,教师专业能力提升非一朝一夕之事,教师时下的工作时间及负担也难以再增加,因此,在"双新"落地实施之际,教师迫切需要一份更详细的技术方案和施工图。

本书可以说是解决了教师教学实践的燃眉之急,同时为教师理解语文课程教学变革提供了很好的参照。书中对"统编高中语文教材的各个任务群如何进行教学设计与实施"进行了全面的分析,各任务群的教学设计流程图提供了设计的大思路,学习任务结构图和认知结构图体现了单元内容、活动和目标及其之间的关联,单元和课时设计的案例提供了可应用、可借鉴的教学方案,每章的教学设计与实践思考则把这些设计方法和方案放回到教育改革和新一轮课程改革的背景中带领读者去思考为何做和如何做。可以说,这本书是沈国全老师带领教研团队的教师率先成功推进"新课程、新教材"实践的经验总结和模式升华。

我自己主要从事学习科学与课程教学设计的研究工作,一直主张"理论—设计—实践"的整体性探索,研究时多从理论分析入手,再演绎设计的方案,进而寻求对实践的改进路径。我很高兴地看到沈国全老师及其团队的研究也兼及这三个层面,而且他力求让这三个层面相互结合和印证。我想这种方法更具有贯一性,对于教师而言更具有可用性、示范性和说服力。教师的专业发展也需要有效地融合这三个层面——教师在触及任何一个层面时,应该进一步探索和分析另外两个层面,以使自己知其然也知其所以然,并有效地迁移到各种教学实践情境中。实践者还可以在对既有理论、设计和实践方案进行实践转化、优化、再情境化的基础上,进行再建构和创新,从而形成自己的教学理念和方法。

我希望这本书能够启动和推进读者的这一历程。若此,本书不仅能解教师的燃眉之急,也能为教师的长期发展和教学的持续变革提供新的起点和动力。

是为序。

华东师范大学　郑太年

2024 年 5 月

前言

　　我们遵循"理论解析—演绎设计—实践改进"的思路，基于教学实践立场，立足任务群视角，尝试对高中语文统编教材任务群的课程结构和内容、教学要求进行全面梳理和研究，以设计流程图、任务结构图、活动结构图、认知结构图、单元学习规划、典型课例、知识概念图、可迁移策略建议、实践反思的体例，呈现必修教材7个任务群下16个单元的教学设计与实施原创方案，以期为一线教师任务群实施参照转化提供基础蓝本。

一、明晰任务群的特点

　　我们对不同任务群的学习目标、学习方式进行了深入的思考。其一，从学生"学"的视角，梳理清楚了每个任务群的独特个性，试图为同一任务群整体架构统摄下每个单元的教学设计找到合理的定位。其二，综合分析7个任务群的目标定位和内容要求，试图找出各任务群在学科核心素养培育上的关联点，梳理各个任务群在教与学中的共通之处。

　　我们认识到，对于同一任务群内的不同单元，既要建立认知上的逻辑关联，又应关注学习内容及文本资源的要素差异与功能差异，在目标定位、学习设计和组织时凸显个性。

　　当然，在对7个任务群教学要求的深入梳理中，我们感受最深的是：任务群和教材单元间最普适、最有深度的连接点便是学习者本体，所有学习的设计都必须要尝试与学生的真实生活产生联系。

二、创建单元认知结构

　　课程标准主张采用单元教学的方式开展任务群学习，落实核心素养，这需要我们把教材中一个单元内的若干篇文本内容(或者丰富多样的内容)整合创建成一个符合学生认知发展规律的结构化的学习内容,使单元中离散的事实和技能得以整合组织,以形成有意义的学习,从而实现深度迁移和运用。

我们尝试以大概念为统领进行单元教学设计,即立足课程标准中规定的任务群学习目标,尊重教材设定的单元任务,深入解析单元内各篇文本,发现它们在形式或内容方面的某一共同特性,基于高中学生语文能力发展的现实需求,寻找单元教学的大概念,并围绕这个大概念,遵循学生的认知确定规律构建单元的认知结构,促进学生对现实生活的深刻思考。

对于非"选文模式"的活动单元,则在学习任务的规定下,重点聚焦该单元值得研究的"问题点"或"矛盾点",根据学生的认知发展需求来确定单元教学的大概念。

我们在进行每个单元的教学设计时都尝试绘制活动结构图、认知结构图,以呈现单元教与学的整体框架思路,确保单元教学设计的整体性和连续性。整个单元的认知结构图,不仅体现了单元内部的学习序列,还显示了学生的心理表征和认知迭代。

三、落实单元学习任务

创建了单元认知结构图后,教师需要根据单元的特点选择相应的单元实施模式并分析单元选文情况,以编制适切的单元学习方案,同时开发学习支持工具,落实单元学习任务。

(一) 确定单元实施模式

对于以阅读与写作为主的单元,因教材所选多为经典文本,单元学习任务应主要依托单元选文而设计。我们在单元教学中可以把读写融合作为基本实施模式,适当运用"专题(或主题)教学"和"群文教学"来辅助单元内具体学习任务的落实。

对于整本书阅读单元,我们既要兼顾整本书"整"的原则,又要"化整为零"。如在《红楼梦》和《乡土中国》的教学实施中,我们把学习项目作为基本实施模式以强调"整",同时根据教材中整本书阅读的学习任务设计微专题,分阶段地引导学生梳理出一本书完整的内容逻辑框架,并建构整本书的阅读经验与方法。

对于综合实践活动类单元,教材主要以学习任务的形式呈现学习内容,只选编了助学资料,并没有相应的教学文本。这对教师把握学习任务要点、构建任务关联、设计单元整体学习方案提出了挑战。我们在实践探寻中发现,单元整体学习项目统领下的主题探究式教学,或许是与活动单元比较适配的单元实施模式。

(二) 分析单元选文情况

通过梳理分析统编教材选文单元(除综合实践活动类单元及整本书阅读单元)的选文情况,我们发现,一个单元通常收录课文 4 至 6 篇,一般分为 2 至 4 课。“课”的划分主要根据学习任务群的要求,依据课文的内容和写法特点进行组合,一课含 1 至 4 篇课文不等。

对标任务落实,以“课”为单位,我们发现,各篇课文通常包含以下几种组成形式,即“1”“1+1”“1+N”“1+1+1……”。其中,“1”指单独一篇课文即可落实一个学习任务;“1+1”指两篇课文对照,开展比较阅读,通过异同分析形成对某一任务的深化思考;“1+N”指以一篇课文为主,以其他课文为辅,有精有略,共同落实学习任务;“1+1+1……”指依托若干篇课文形成对某一学习任务的多维整体解析。不同选文组成形式背后是不同的课型,教师在单元教学实施中需要根据不同的学习任务选择不同的课型。

(三) 编制单元学习方案

在创建单元认知结构,确定单元实施模式,分析单元选文情况,依据任务部署课型后,教师需要编制详细、完整的单元学习方案。在实践中,教师需要关注五点。

一是认知目标化。基于课程标准中语文学科核心素养的四个维度,依据高中学生认知发展的需求,分解和细化课程标准中对各任务群的目标要求,结合教材单元内容、要素的构成特点,关注单元学习系统、学科知识序列,明确单元学习的核心目标,并进一步确定和创建与认知结构相匹配、可检测或可验证的单元学习目标。

二是目标任务化。单元驱动任务一般需要具备单元情境、任务要求、成果形式、单元任务链、单元课时规划等要素。指向驱动任务达成的大单元教学设计应规划到每个课时,明确每个课时的任务目标、学情分析、评价标准与方法、主要教学环节(学习活动)等内容。

三是任务问题化。为了促进单元驱动任务的完成,教师往往需要将其转化为一个单元核心问题,以实现学生主动攻坚的"驱动效应"。教师同样需要将对应的单元任务链转化为一组问题,从而建立单元教学的问题系统。

四是问题活动化。为了有效解决单元中的各个任务问题,教师还需要基于学生学习逻辑设计相应的学习活动,如阅读与鉴赏、表达与交流、梳理与探究等语言实践活动。学生完成一个任务需要经历若干学习活动。这些学习活动在该任务中构成了活动链,通过参与学习活动,学生获得了完整的学习经历。

五是活动评价化。为了支持学生的有效学习,教师需要借助相应的评价来对学生参与学习活动的过程进行诊断,并支持其改进。对于学习评价,我们通过研究达成了以下几点共识:(1)学习评价要贯穿学习过程始终;(2)学习评价主体要多元;(3)学习评价目的应指向基于单元学习目标达成的学习改进;(4)学习评价工具或作业设计要有助于诊断关键技能的掌握情况。

(四) 开发学习支持工具

我们在两轮的教学实践探索中充分认识到学习工具的开发对支持学生自主、深度、有效学习的重要意义,也尝试在活动设计中加入、改造、编制各类适配的学习工具辅助教与学。

常用的认知(思维)工具包括思维导图、思维帽、鱼骨图、概念图等。这类工具可以帮助学生分析思维过程,发展高阶思维,梳理关键知识,构建知识体系。

常用的策略工具包括小组合作记录表、访谈提纲等学习活动表单。这类工具可以有效地呈现解决问题的过程,帮助学生获得解决问题的路径、策略和方法。

常用的反思工具包括流程图、KWL 图表①、九宫格反思图等。教师通过这类工具引导学生对自我学习过程进行回顾、梳理、反思、总结,旨在促进学生对自我元认知的监控,让学生实现基于反思的优化与改进。

---

① KWL 图表是一种常用的反思工具,其中,K(Know)代表知道,W(Wonder)代表意愿或期望,L(Learned)代表学习收获。KWL 图表提供了一个思维框架,帮助学习者反思与某个主题相关的知识。

　　教师在教学中应根据学习任务研制各类评价工具表,以提供细致的描述性反馈,引导学生学会在自评与他评中调整学习方式,优化学习进程。评价工具表的研制可以参照"明确任务要点—确立评价目标—提炼评价维度—构建要素框架—细化水平层级—开展等级描述—提供典型样例"的路径。

　　历经五年两轮的研究探索与迭代实践,我们团队形成了"理论解析—演绎设计—实践改进"的综合路径,力求为一线教师提供一些可操作、可借鉴的教学蓝本。但我们深知,任务群驱动的教学变革是"教与学"的深度变革,非朝夕之功,我们将在未来的教学实践中日就月将,也希望本书能激发更多同仁对任务群教学的深度实践与探索。

上海市嘉定区教育学院　沈国全

上海市嘉定区中光高级中学　杨丽琴

上海市浦东新区教育发展研究院　聂剑平

2024 年 5 月

目　录

第一章　整本书阅读与研讨任务群的设计与实施 / 1

第一节　任务群教学实践模型 / 3

第二节　单元教学设计案例 / 6

第三节　教学设计与实践思考 / 24

第二章　当代文化参与任务群的设计与实施 / 39

第一节　任务群教学实践模型 / 41

第二节　单元教学设计案例 / 42

第三节　教学设计与实践思考 / 53

第三章　跨媒介阅读与交流任务群的设计与实施 / 59

第一节　任务群教学实践模型 / 61

第二节　单元教学设计案例 / 63

第三节　教学设计与实践思考 / 74

第四章　语言积累、梳理与探究任务群的设计与实施 / 83

第一节　任务群教学实践模型 / 85

第二节　单元教学设计案例 / 86

第三节　教学设计与实践思考 / 99

第五章　文学阅读与写作任务群的设计与实施 / 105

第一节　任务群教学实践模型 / 107

第二节　单元教学设计案例 / 110

第三节　教学设计与实践思考 / 168

第六章　思辨性阅读与表达任务群的设计与实施 / 175

第一节　任务群教学实践模型 / 177

第二节　单元教学设计案例 / 179

第三节　教学设计与实践思考 / 198

第七章　实用性阅读与交流任务群的设计与实施 / 211

第一节　任务群教学实践模型 / 213

第二节　单元教学设计案例 / 216

第三节　教学设计与实践思考 / 248

主要参考文献 / 262

后记 / 264

▶ 第一章

整本书阅读与研讨
任务群的设计与实施

❋ 内容概要

本章依据课程标准,提炼了整本书阅读与研讨任务群的学科大概念——"建构整本书的阅读经验与方法",并在这一概念驱动下,依据课程标准、整本书的特点形成了逆向教学设计流程。

接下来基于知识深度模型和认知层次理论,以《乡土中国》和《红楼梦》为例,从学习任务设计、知识图谱梳理、单元认知结构建构等方面,介绍了学术著作和长篇小说整本书阅读不同的设计与实践样式,提供了具体的单元规划和单元学习样本,在此基础上探索了在任务群教学中凸显整本书优势的三条实践路径,提出了后续活动建议。

❋ 教学导读

本章告诉我们,采用专题化和项目式的学习任务结构方式,是进行整本书阅读的有效学习方式,并提示我们在完成学习任务的过程中,需要设计大量辅助阅读的工具、支架,如量表、思维导图、任务清单等。

作者给出的单元规划和单元学习样本,具体而微,可供借鉴。我们在设计时应给出清晰的任务,从整体到局部,拆解出具体直观的学习任务,循序渐进地完成整本书阅读中的学习任务。这有助于学生建立一本书完整的逻辑框架,完成整本书阅读单元的学习任务,即建构整本书的阅读经验与方法。而学生在带着这些任务进行阅读,完成具体的学习任务时,一定能够积累宝贵的阅读经验,掌握一些常见的方法,并借助这些经验与方法去阅读其他书籍,逐步提高阅读能力。

(撰写者:上海交通大学附属中学嘉定分校　黄娟华)

第一节　任务群教学实践模型

一、教学设计流程

《普通高中语文课程标准（2017 年版 2020 年修订）》（以下简称课程标准）中明确指出，语文教学需要重视以学科大概念为核心，使课程内容结构化，以主题为引领，使课程内容情境化，促进学科核心素养的落实。[①] 大概念驱动下的逆向教学设计流程可以更好地促进教学目标的达成。

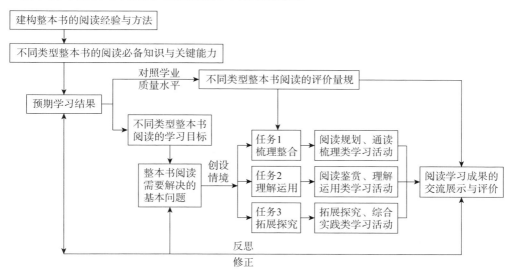

图 1-1　整本书阅读与研讨任务群教学设计流程

整本书阅读与研讨任务群教学设计流程见图 1-1。整本书阅读与研讨任务群的学科大概念是"建构整本书的阅读经验与方法"。教师可以在这一概念驱动下，依据课程标准、整本书的特点来梳理、明确学生整本书阅读的预期学习结果，并对照学业质量水平，设计不同类型整本书阅读的评价量规，确定不同类型

---

① 中华人民共和国教育部.普通高中语文课程标准(2017 年版 2020 年修订)[S].北京:人民教育出版社,2020.

整本书阅读的学习目标,提取整本书阅读需要解决的基本问题。接下来,教师不仅要找到证明学生具备相关能力的证据,依据这些证据来设计评估需要的表现性任务,用情境真实、设计丰富的学习活动来代替繁杂的作业,促进学生去阅读整本书,还要把评价贯穿始终,不断检验证明学生建构了学术著作和长篇小说整本书的阅读经验与方法。

这个设计不仅能帮助学生掌握整本书阅读的陈述性知识和程序性知识,还能引导学生把阅读方法应用到其他情境中,并通过表现性反馈和过程性评价帮助学生积累阅读经验,养成良好的阅读习惯,这与课程标准中对于整本书阅读的要求是一致的,达到了教、学、评的一致。

二、学习任务结构

课程标准从学生学习的视角对整本书阅读与研讨任务群的学习目标与内容进行了阐述,给出了学生阅读实践的方法,也为教师设计学习任务提供了依据和准绳:作为引导者和组织者,教师的主要任务是"提出专题学习任务,组织学习活动,引导学生深入思考、讨论与交流"①。

在本任务群中主要涉及两个单元,即学术著作和长篇小说两个类别的整本书阅读。教师使用专题化和项目式的学习任务结构方式,可以更好地促进学生主动阅读,深入思考。

教材针对《乡土中国》的整本书阅读设计了四个学习任务:(1)抓住核心概念,理解作者观点;(2)分析整体框架,把握知识体系;(3)关注"问题",学以致用;(4)拓展阅读,知人论世。② 在教学实施时,需要根据学情对学习任务进行拆解转化,如"理解学术观点"这个任务,可以从宏观和中观视角拆解为"把握关键概念""梳理全书的逻辑框架""分析重要章节的论述逻辑"等,在此基础上讨论观点之间有什么样的联系,以及这些观点和"乡土本色"的主题有怎样的关联等。这

---

① 中华人民共和国教育部.普通高中语文课程标准(2017 年版 2020 年修订)[S].北京:人民教育出版社,2020.

② 宦振宇.学术著作的整本书阅读:从概念到理解——以《乡土中国》为例[J].现代基础教育研究,2021(1).

样可以将整本书阅读的方法和策略流程化、程序化，同时实现学生阅读思维模式的结构化。《乡土中国》学习任务结构见图 1-2。

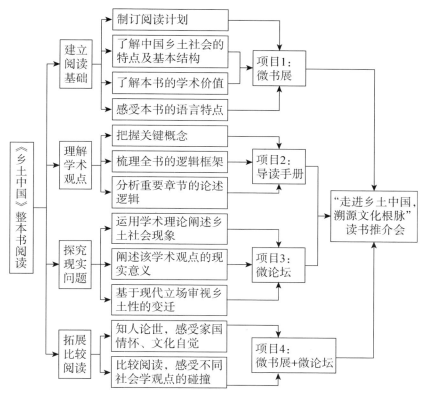

图 1-2　《乡土中国》学习任务结构

教材针对《红楼梦》的整本书阅读设计了六个学习任务：把握《红楼梦》中的人物关系；品味日常生活描写所表现的丰富内涵；体会人物性格的多样性和复杂性；欣赏小说人物创作的诗词；设想主要人物的命运或结局；体会《红楼梦》的主题①。在设计本单元学习任务时，要关注《红楼梦》体裁的普遍性及其卓立于古典长篇小说之林所具有的典型性。首先，它作为章回体长篇小说，具有传统小说的共性；其次，它有自身独特的内容、结构和艺术特点。因此，我们可以紧扣其共性和个性，从交流阅读方法、整体感知前五回的结构与作用、把握人物关系、理解和欣赏人物形象、感受并理解宝黛爱情之悲、设想薛宝钗的命运或结局、品读红

---

① 张心科.《红楼梦》整本书阅读教学［J］.中学语文教学，2021（4）.

楼诗词、分析红楼人物背后的文化特质等方面安排阅读与研讨活动。《红楼梦》学习任务结构见图1-3。

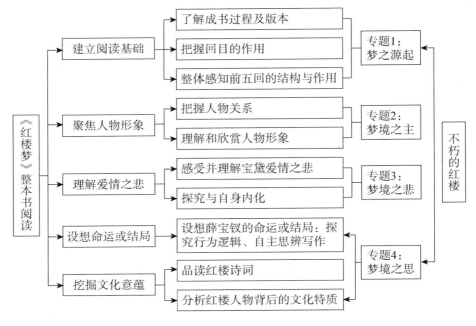

图1-3　《红楼梦》学习任务结构

（《乡土中国》相关内容撰写者：上海交通大学附属中学嘉定分校　黄娟华；

《红楼梦》相关内容撰写者：上海交通大学附属中学嘉定分校　撒莎）

第二节　单元教学设计案例

一、单元活动结构

整本书阅读教学在某种意义上是以"大观念"为基础的结构化过程。结构化的目的是建立合理的秩序和逻辑框架，其中一个必要的操作步骤就是分类。

《乡土中国》属于概念清晰、结构较为严谨完整的学术著作，篇幅比较短，可以使用项目化的任务结构来推动学生的阅读。《项目式教学》一书给出了高质量项目的六个衡量指标，即智力挑战与成就、真实性、公开展示的成果、协作、项目管理、反思①。优质的项目化学习可以助力学生达到布鲁姆教育目标分类的最高层级——创造。

　　教师可以通过创设一个真实阅读的整体情境，把前述学习任务转换为项目任务：小组合作完成"走进乡土中国，溯源文化根脉"读书推介会活动。这个任务具有项目化、跨学科的性质，教师可以引导学生把任务拆解为三个学习活动（微书展、导读手册、微论坛），让《乡土中国》纸书阅读和真实的生活对接，吸引不了解、不爱读《乡土中国》的人来读《乡土中国》。同时，"走进乡土中国，溯源文化根脉"的读书推介会活动主题也与教材中"文化自觉"的人文主题相呼应。《乡土中国》单元活动结构见图 1-4。

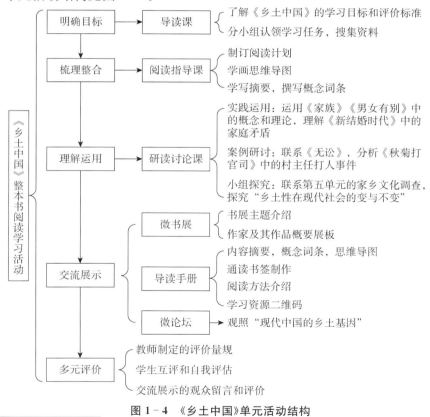

图 1-4　《乡土中国》单元活动结构

① 苏西·博斯，约翰·拉尔默.项目式教学：为学生创造沉浸式学习体验［M］.北京：中国人民大学出版社，2020.

解构"大概念"时,需要分解学习专题,构建微专题群。在《红楼梦》整本书阅读中,我们设计了这样一个阅读的整体情境和学习活动:红楼探梦——对话经典、滋养生命。这个学习活动由四个微专题组成,即"梦之源起""梦境之主""梦境之悲""梦境之思"。"梦之源起"建立阅读基础,让学生了解成书过程及版本,把握回目的作用,初步积累并形成自己阅读章回体长篇小说的经验,整体感知前五回的结构与作用。"梦境之主"聚焦人物形象,让学生把握人物关系,理解和欣赏人物形象。"梦境之悲"挖掘宝黛爱情悲剧的原因。"梦境之思"带领学生挖掘主要人物背后的文化特质、品读红楼诗词、设想主要人物的命运或结局、综合交流阅读经验。我们通过这些学习活动帮助学生建构长篇小说整本书的阅读经验与方法,让学生感受《红楼梦》不朽的魅力,实现自我精神成长。《红楼梦》单元活动结构见图1-5。

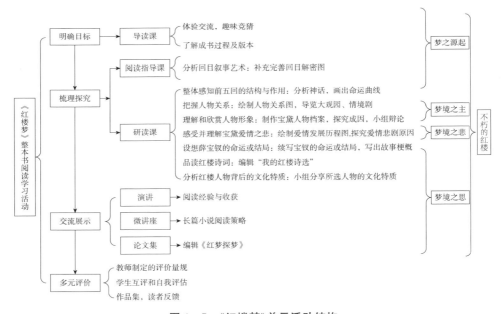

图1-5 《红楼梦》单元活动结构

二、单元认知结构

美国教育评价专家诺曼·韦伯构建的知识深度模型把学生的认知能力划分为四层,即回忆与重现、技能与概念、策略性思考与推理、拓展性思考。该模型有助于教师依据课程标准进行学业成就评价,为教学任务的设计和活动的执行提供了理论支持,从而有助于学生深度学习和高级思维能力的培养。①

　　我们借助这一模型从复杂、抽象的学术话语体系里找到一个切入点,通过贯通与联结完成真实情境和统整功能的建构。第一个层级是聚焦关键概念,完成回忆与重现。第二个层级是整合信息,梳理逻辑,完成对概念的理解和阐释。第三个层级是运用概念解释现象,进行迁移与应用。第四个层级是利用阅读中掌握的方法和策略来解决实际生活中遇到的问题,满足学生的特定需求,强化其学科能力中与学术著作整本书阅读有关的部分。这是高阶思维的整合,也是一种真正的深度学习。学术著作整本书阅读单元认知结构见图1-6。

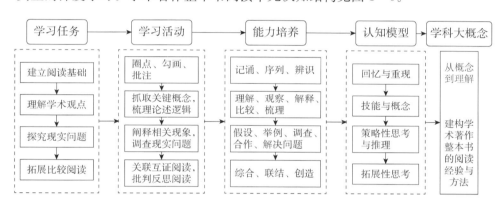

图1-6　学术著作整本书阅读单元认知结构

　　美国教育心理学家本杰明·布鲁姆把认知思维目标层次由低到高、由简单到困难分为六个层次,即记忆、理解、应用、分析、评价、创造②。基于该认知理论,《红楼梦》整本书阅读单元链设计应围绕相关学习任务和活动,培养学生再认回忆、梳理分类、推理比较、执行实施、评判生成等能力,实现由回忆重现、理解分析、迁移应用、综合评价到创造建构的认知思维发展。长篇小说整本书阅读单元认知结构见图1-7。

　　① 王翔,尹芳.基于知识深度模型的学术型整本书阅读——以《乡土中国》为例[J].语文建设,2022(11).

　　② L. W. 安德森,等.学习、教学和评估的分类学——布鲁姆教育目标分类学(修订版)[M].皮连生,主译.上海:华东师范大学出版社,2007.

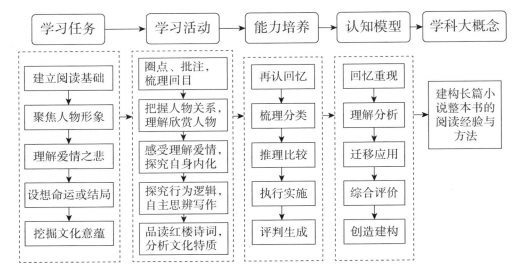

图 1-7　长篇小说整本书阅读单元认知结构

三、单元学习规划样本

以下提供两个单元学习规划样本：一是高中语文统编教材必修（上册）第五单元的单元学习规划，具体内容见表 1-1，其中，单元学习目标和课时学习目标参考了《普通高中教科书教师教学用书　语文　必修（上册）》的内容；二是高中语文统编教材必修（下册）第七单元的单元学习规划，具体内容见表 1-2，其中，单元学习目标和课时学习目标参考了《普通高中教科书教师教学用书　语文　必修（下册）》的内容。

表 1-1　第五单元的单元学习规划

单元学习目标	1. 了解中国乡土社会的特点和基本结构，了解《乡土中国》一书的语言特点和学术价值 2. 解释、辨识书中的关键概念，把握作者的学术观点及其背后的论述逻辑，增进对农村传统文化和社会结构的理解；学以致用，借助书中的理论和分析方法，认识当下乡村社会的巨大变迁 3. 建构整本书的阅读经验与方法：制订整本书的阅读计划，综合运用略读、精读、浏览等阅读方法，梳理纲目及其关联，运用"观点联系实际"的方法进行探究论证，写作摘要、评介

（续表）

课时	栏目	具体内容
单元学习情境		中国是一个有着悠久历史的农业文明国家,乡土是现代中国人的文化基因。为了让更多的人在阅读中了解中国传统文化,感悟家国情怀,更好地认识中国、认识传统、认识自己,请围绕《乡土中国》一书,以班级为单位,策划"走进乡土中国,溯源文化根脉"读书推介会活动
第一课时	目标	1. 宏观把握《乡土中国》一书的内容主旨,并初步了解社会学 2. 基本了解阅读《乡土中国》的意义与方法,明确整本书阅读的阶段任务
	任务	1. 了解《乡土中国》的学习目标和评价标准 2. 分小组认领学习任务,搜集资料 3. 制订阅读计划
	活动	1. 课堂 (1) 阅读序言和后记,了解本书写作历程和学术价值 (2) 在教师指导下自主规划阅读,明确阅读《乡土中国》的方法和进度 2. 课后 (1) 制作通读书签,自主完成阅读任务 (2) 完成本书章节摘要、读书笔记的撰写任务
	评价要求	阅读进度计划表、记录表
	资源	文本资源:《〈乡土中国〉导读》《评〈乡土中国〉与费孝通》《如何阅读一本书》
第二课时	目标	1. 把握乡土社会的基本特点,了解费孝通对"文字下乡"的基本态度和看法 2. 学会用思维导图梳理各章的内在关联
	任务	学画思维导图
	活动	1. 课堂 (1) 教师示范:提供思维导图知识卡片,示范《乡土本色》一章的思维导图绘制方法,把握乡土社会的基本特点 (2) 小组活动:撰写《文字下乡》《再论文字下乡》的概念词条,学画思维导图,并结合思维导图完整地阐述费孝通对"文字下乡"的基本态度和看法 2. 课后 完成整本书概念索引及思维导图绘制,并据此拟定微书展主题大纲
	评价要求	思维导图小组评价表
	资源	文本资源:《走出乡土》

（续表）

课时	栏目	具体内容
第三课时	目标	1. 理解"差序格局"这一核心概念及其对乡土社会道德体系及家庭关系的影响 2. 关注材料运用，理解并运用比喻、对比、引用文献等方法阐释概念及观点的作用
	任务	学写摘要，撰写概念词条
	活动	1. 课堂 （1）关注"差序格局"这一核心概念，画出作者的论述思路流程图 （2）小组自制表格，从不同角度比较辨析"差序格局""团体格局"等概念的差异 （3）依据章节内容，为微书展的核心主题"差序格局"撰写一个概念词条，并借助图示、图片等帮助他人理解概念 2. 课后 撰写微书展中其他关键概念的定义和解说词，补充图示等
	评价要求	对照评价表自主监控学习过程，评估自主阅读的效果
	资源	文本资源：《走出乡土》《较真"差序格局"》《差序格局理论——贡献、局限与新发展》
第四至五课时	目标	1. 理解《家族》《男女有别》中的关键概念，增进对传统文化和乡土社会结构的认识 2. 从对章节内容的理解出发，联系社会生活，运用书中的理论和方法，理解实际生活中的观念冲突问题
	任务	实践运用：运用《家族》《男女有别》中的概念和理论，理解《新结婚时代》中的家庭矛盾
	活动	1. 课堂 （1）概念理解：以小说《红楼梦》为例，观照封建家族与宗法的历史缩影，理解《家族》《男女有别》中的基本观点 （2）案例讨论：观看《新结婚时代》相关视频，运用章节中的概念和理论，认识其家庭矛盾的实质 2. 课后 请搜集与"家族"话题相关的文学作品、影视作品资源，运用《乡土中国》学术理论进行分析，为导读手册提供学习案例和资源
	评价要求	对照评价表自主监控学习过程，评估自主阅读的效果
	资源	文本资源：《乡土中国》《红楼梦》 数字资源：《新结婚时代》相关视频

（续表）

课时	栏目	具体内容
第六至七课时	目标	1. 通过对《无讼》内涵、原因和当下意义的探讨，提升知识整合能力和论证思辨能力，形成质疑探究的批判思维 2. 跳出文本，联系现实，思考当代生活，关注当代文化，理解费孝通对乡土社会的人文情怀
	任务	案例研讨：联系《无讼》，分析《秋菊打官司》中的村主任打人事件
	活动	1. 课堂 （1）概念理解：辨析"礼治"与"法治"的差异 （2）案例讨论：联系《无讼》，分析《秋菊打官司》中的村主任打人事件；联系《家族》，讨论分析在礼治社会中解决冲突的方法 （3）阅读方法提炼、总结 2. 课后 梳理总结前七个课时中的阅读所得，特别是阅读方法上的收获，完成导读手册上的"方法策略导读"
	评价要求	对照评价表自主监控学习过程，评估自主阅读的效果
	资源	文本资源：《乡土中国的人文关怀——〈秋菊打官司〉的反思与感悟》《诠释送法下乡的权威论著——拜读苏力先生〈送法下乡〉几点体会》 数字资源：《秋菊打官司》相关视频
第八至九课时	目标	1. 理解《血缘和地缘》《名实的分离》《从欲望到需要》中的关键概念，把握作者的学术观点 2. 结合具体材料和案例分析，理解从乡土社会到现代社会的性质转变
	任务	小组探究：联系第五单元的家乡文化调查，探究"乡土性在现代社会的变与不变"
	活动	撰写研究性论文：以小组为单位，联系第五单元的家乡文化调查，探究"乡土性在现代社会的变与不变"；在深入阅读原著与研读相关拓展文章的基础上，运用社会学的相关方法，撰写一篇研究性论文，为微论坛做准备
	评价要求	研究性论文评价表
	资源	文本资源：《天下·中国思想史十讲(上卷)》《中国人的气质》

表1-2　第七单元的单元学习规划

单元学习目标	1. 阅读《红楼梦》全书,体会作者在日常生活的细腻叙写中寄寓的深刻思想内容与丰富文化内涵,了解小说展现的社会风貌和生活习俗 2. 理清情节主线,把握小说情节精巧的艺术结构;理清人物关系,欣赏人物形象,把握主要人物复杂的性格,深入探究作品的内涵和主旨;分析小说的艺术手法,整体把握小说的艺术价值;品味和欣赏小说的语言,提高语言鉴赏和运用能力 3. 建构整本书的阅读经验与方法:把握回目的作用,综合运用精读、略读、浏览、跳读、猜读等阅读方法,梳理情节,分析人物,探究作品的文化内涵,撰写故事梗概、读书笔记和综述
单元学习情境	红楼一梦,千古绝唱。《红楼梦》是我国历史上一部重要的"文化小说",呈现了无数鲜活生命的发展历程。为了更好地走进红楼,感受其不朽的魅力,实现自我精神的成长,请以班级为单位开展"红楼探梦——对话经典、滋养生命"展示交流会

课时	栏目	具体内容
第一课时	目标	1. 了解成书过程及版本,理解阅读《红楼梦》的意义 2. 初步建构整本书的阅读经验与方法,形成适合自己的读书方法,提升阅读鉴赏能力
	任务	1. 体验交流,趣味竞猜 2. 了解成书过程及版本
	活动	1. 课堂 (1) 交流初读体验,开展趣味竞猜 (2) 了解曹雪芹和《红楼梦》之谜 (3) 了解《红楼梦》多名字之谜 (4) 学习小组交流阅读问题,提出阅读期待 2. 课后 精读《红楼梦》前五回,梳理前五回中的人物及其关系,并以批注的形式记录自己阅读过程中的思考和疑问
	评价要求	思维导图、记录表
	资源	文本资源:《曹雪芹传》《简明清史》《清史新考》《浮生若梦:〈红楼梦〉的前世今生》

（续表）

课时	栏目	具体内容
第二课时	目标	1. 理解《红楼梦》回目中蕴含的独特叙事艺术 2. 把握回目的作用,在教师和同伴分享的基础上,积累并形成自己阅读章回体长篇小说的经验
	任务	分析回目叙事艺术
	活动	1. 课堂 (1) 问题聚焦:《红楼梦》的回目除了概括每回内容,还能给我们哪些启发 (2) 聚焦人物:探寻发现与王熙凤有关的回目 (3) 小组合作:根据课上讨论的内容,补充完善回目解密图并交流分享 2. 课后 (1) 完成练习册上的相关题目 (2)《红楼梦》的回目中蕴含着很多秘密,如"情"字、空间、诗词等,请任意选择一个自己感兴趣的探究点,以"红楼中的……"为话题,撰写一篇不少于 500 字的读书札记
	评价要求	思维导图、学习单、小组评价表
	资源	文本资源:《谈〈红楼梦〉的回目》《〈红楼梦〉人物与回目关系之探究》
第三课时	目标	1. 梳理前五回中的神话内容,分析其对人物命运、小说情节的作用,理解前五回在小说发展中的作用 2. 了解四大家族盘根错节的关系,感受贾府环境对人物性格的影响
	任务	1. 整体感知前五回的结构与作用 2. 梳理四大家族的关系
	活动	1. 课堂 (1) 整体感知:用回目的方式概括这些神话的内容,明确神话所指 (2) 真假人生:梳理并画出甄士隐和贾雨村的命运曲线图,结合二人的名字、命运和出场来探究其意义 (3) 对比分析:比较阅读"冷子兴演说贾府"与"林黛玉进贾府"相关内容,探究其呈现贾府的不同角度 (4) 结合全书大致情节,梳理总结《红楼梦》前五回的内容及其作用 2. 课后 (1) 选择一首判词,写一段讲解词 (2) 从前五回出场的贾府主要人物入手,绘制人物关系图
	评价要求	思维导图
	资源	文本资源:《红楼梦小引》《重读红楼梦》

（续表）

课时	栏目	具体内容
第四课时	目标	1. 品读小说语言,提炼人物形象特点,对主要人物有较为准确的把握 2. 通过填写表格、绘制思维导图等方式,把握与分析《红楼梦》中的各种人物关系,培养学生的理性梳理能力 3. 立足主题情境进行文学创作活动,培养学生的审美鉴赏能力
	任务	把握人物关系
	活动	1. 课堂 (1) 绘制全书主要人物关系图 (2) 导览大观园:依据大观园构造图,在细读小说第十七至十八回的基础上,明确主要居住房舍的环境特点 (3) 情景剧设计:请学生根据小说人物关系、环境布置与情节安排进行"省亲别墅分配"情景剧设计 2. 课后 (1) 修改人物关系图,在微信公众号上进行交流展示 (2) 从《红楼梦》前五回出场人物中任选一个,联系其他章回的内容,绘制一份人物档案
	评价要求	思维导图、小组评价表
	资源	文本资源:《重读红楼梦》《红楼梦新证》《传神文笔足千秋——红楼梦人物论》
第五课时	目标	1. 精读相关章回的内容,分析人物的身份地位和性格特征 2. 思辨理解林黛玉、贾宝玉性格的复杂性,培养学生对人物形象的理解和鉴赏能力
	任务	理解和欣赏人物形象
	活动	1. 课堂 (1) 档案制作:制作林黛玉和贾宝玉的档案 (2) 成因探究:林黛玉是小性子吗 (3) 小组辩论:宝玉是不肖子吗 2. 课后 选择《红楼梦》中的主要人物,写一篇人物形象评析
	评价要求	思维导图、小组评价表
	资源	文本资源:《传神文笔足千秋——红楼梦人物论》

（续表）

课时	栏目	具体内容
第六课时	目标	1. 梳理宝黛感情发展脉络,发现宝黛爱情发展的关键点 2. 探究宝黛爱情的变化,对爱情有自己的思考 3. 挖掘宝黛爱情悲剧的原因,引导学生初步形成健康的婚恋观,促进学生精神成长
	任务	感受并理解宝黛爱情之悲
	活动	1. 课堂 （1）梳理绘制:宝黛爱情发展进程图 （2）小组合作:林黛玉之"恼"与"哭";薛宝钗和林黛玉的相处与感情变化 （3）探究思考:宝黛有怎样的共同志趣 （4）自我感悟:了解了宝黛的爱情发展过程后,你对爱情有怎样的想法和思考 （5）反思交流:宝黛爱情悲剧的原因和启示 2. 课后 给贾宝玉、林黛玉、薛宝钗、贾母、王夫人等人中的一位发一条"微信寄语",内容围绕宝黛爱情,形式、字数不限
	评价要求	思维导图
	资源	文本资源:《〈红楼梦〉十五讲》《论宝黛的悲剧爱情》
第七课时	目标	1. 设想主要人物的命运或结局,并绘制相关图表,发展学生的形象思维、逻辑思维,提升学生思维的独创性、灵活性等 2. 从薛宝钗的命运切入,从文学角度引导学生了解薛宝钗身上体现的传统儒家理念,让学生批判地继承儒家文化
	任务	设想薛宝钗的命运或结局
	活动	1. 课堂 （1）研读有关薛宝钗的判词与唱曲 （2）研究前八十回中与薛宝钗有关的谶语,推测其命运轨迹 （3）请探究薛宝钗的人际关系,研读相关章回,探究薛宝钗行为背后的逻辑 （4）课堂写作:尝试续写薛宝钗的命运或结局(可在课堂上通过小组讨论梳理出情节梗概,续写部分留待课后完成) 2. 课后 （1）总结反思本节课的阅读情况,并用自己喜欢的方式进行整理 （2）在金陵十二钗中选择你喜爱的1至2个人物,为她们设计最终的命运或结局,小组合作,初步绘制八十回后的"红楼群芳谱"
	评价要求	小组评价表
	资源	文本资源:《脂砚斋评石头记》

（续表）

课时	栏目	具体内容
第八课时	目标	1. 品读林黛玉的诗词,更直观地了解宝黛爱情悲剧,体会诗词在小说情节发展和人物形象塑造方面的作用,进一步理解《红楼梦》的文化底蕴,探究作者的本意 2. 梳理与自己所选《红楼梦》中的人物相关的诗词,撰写并分享文学短评
	任务	品读红楼诗词
	活动	1. 课堂 (1) 鉴赏分析:围绕《葬花吟》《咏白海棠》《咏菊》《杏帘在望》《桃花行》等诗,深入分析林黛玉的爱情顾忌、爱情倾心与曹雪芹对宝黛爱情悲剧的设定 (2) 分享交流:完成学习任务单,梳理与自己所选人物相关的所有诗词并挑选一首分享文学短评 2. 课后 编辑"我的红楼诗选",并为其取一个符合红楼语境的名字
	评价要求	学习任务单
	资源	文本资源:《〈红楼梦〉诗词曲赋鉴赏》《漫谈〈红楼梦〉中的诗词》《〈红楼梦十二曲〉中所含蕴的哲理初探》
第九课时	目标	分析《红楼梦》中主要人物身上蕴含的文化特质
	任务	分析红楼人物背后的文化特质
	活动	1. 课堂 (1) 问题导入:《红楼梦》开头"女娲炼石补天"的故事能否体现中国传统的儒家思想 (2) 小组分享:完成课前学习任务单,从《红楼梦》中选取一个人物,谈一谈其身上折射出哪些文化现象 2. 课后 请梳理摘抄论述《红楼梦》人物形象或主题的相关文献,完成一篇综述
	评价要求	学习任务单、小组评价表
	资源	文本资源:《〈红楼梦〉十五讲》

（续表）

课时	栏目	具体内容
第十课时	目标	1. 展示阅读成果,总结阅读经验和收获,建构长篇小说整本书的阅读经验与方法 2. 通过交流分享,体悟中国传统文化的内涵,拓宽文化视野,增强文化自信
	任务	1. 总结阅读经验,分享阅读方法和收获 2. 完成各类评价 3. 编辑论文书稿
	活动	1. 分小组展示交流《红楼梦》的阅读经验和阅读收获 2. 微讲座:阅读长篇小说的策略 3. 举行颁奖仪式 4. 编辑《红楼探梦》论文集
	评价要求	项目汇总评价表
	资源	—

（《乡土中国》相关内容撰写者:上海交通大学附属中学嘉定分校　黄娟华;

《红楼梦》相关内容撰写者:上海交通大学附属中学嘉定分校　撒莎)

四、典型课时案例

回目:打开红楼之门的一把钥匙
——《红楼梦》整本书阅读策略指导

《红楼梦》是中国古代的一部经典著作,以章回体的形式,叙述四大家族盛衰兴亡,探究人世爱情命运。全书承载着厚重的中华文化,渗透着对时代人生的深刻体悟。无材补天的石头堕入凡尘,历尽悲欢,其间有豪奢荣华温柔缱绻,亦有落魄穷愁苦痛顿悟,博大精深,立体丰富,虚实交错、承接天地、无所不有,读之令人百感交集又深思叹息。

课程标准中提出,整本书阅读与研讨任务群"旨在引导学生通过阅读整本书,拓宽阅读视野,建构阅读整本书的经验,形成适合自己的读书方法"。整本书阅读指导的起点是学生在阅读过程中的难点。学生阅读《红楼梦》有很多难点,往往会因小说篇幅较长、人物众多且关系复杂、故事情节曲折而中断。回目作为章回体长篇小说的眼睛,是小说一回内容的高度概括和提炼。小说一回中涉及的内容不少,而回目往往凝聚着作者的总体构思与叙事策略。解读回目中潜藏着的情节与人物"秘密",不仅能够帮助学生窥得小说的情节发展线索,还能够引导学生借助人物出现的频率、对人物的一字评等感受作者的情感倾向,进而从回目的角度走进《红楼梦》的阅读。

本课旨在通过探究《红楼梦》回目对整部小说情节与人物塑造的作用,从整体上以回目串联整部小说的情节线索,再结合具体内容点评人物形象,让学生明白在章回体长篇小说阅读中可以把回目作为抓手。而《红楼梦》的回目更因其特殊的叙述方式,成为与正文互补、照应的重要内容,体现了作者独特的构思与匠心。

第一部分 教案

【教学目标】

教学目标有两个:(1)理解《红楼梦》回目中蕴含的独特叙事艺术;(2)把握回目的作用,在教师和同伴分享的基础上,积累并形成自己阅读章回体长篇小说的经验。

【教学重点】

教学重点是通过回目增进对人物形象的认知和理解。

【教学难点】

教学难点是探究《红楼梦》回目与正文的关系。

【课时安排】

课时安排为 1 课时。

【教学技术】

教学中会使用学习任务单、多媒体。

【学习资源】

学习资源是人民文学出版社出版的《红楼梦(上下册)》。

【学习活动设计】

课前准备:阅读《红楼梦》前八十回的回目,完成学习单活动一、二。

学习情境:针对学生不想读、不会读、读不懂《红楼梦》等问题,我们尝试换种思路,从《红楼梦》作为章回体长篇小说的典型特征——回目入手,共同探寻回目中蕴含的秘密。

活动设计:具体内容见表1-3。

表1-3 活动设计

环节	学生学习活动	教师引导活动	设计意图
1. 初识回目	初识回目	1. 小调查:调查多少学生完成了《红楼梦》的阅读,没有读完的原因是什么,在阅读过程中是否关注到了回目 2. 初识回目:回目是章回体长篇小说的典型特征。自宋元至明清,在章回体小说由民间说书艺术雅化为文人案头作品的过程中,回目也经历了由单句发展到偶句,字数由参差不齐到逐步定型为八言的过程。在《红楼梦》之前的回目叙事功能单一,而《红楼梦》的回目则开创了先河	从学生阅读《红楼梦》时存在的实际困难出发,引入学习重点:回目
2. 聚焦问题	1. 聚焦主问题 2. 与同伴交流学习单中回目相关内容,讨论补充后交流分享并进行点评	1. 问题聚焦:《红楼梦》的回目除了概括每回内容,还能给我们哪些启发 2. 学习单交流分享 知识提示:回目中的人名分类	通过聚焦主问题,了解学生已有的认知,在学生对回目有所了解的基础上开展教学

（续表）

环节	学生学习活动	教师引导活动	设计意图
3. 延伸探究	1. 聚焦人物：探寻与王熙凤有关的回目，交流分享 2. 小结	1. 聚焦人物 问题：请寻找与王熙凤有关的回目。从这些回目中，你能得到哪些信息 （1）纵观与王熙凤有关的回目，你能找到哪些与王熙凤为人有关的词语 （2）聚焦第六十八回"酸凤姐"，这回原作"俊凤姐"，你认为哪个字用于概括凤姐在这回的表现更好 （3）这样一个阴狠毒辣的人物，你认为她会有怎样的结局 2. 小结 通过对与王熙凤有关回目的梳理分析，以及对回目中特有的一字评形式的分析，我们发现《红楼梦》的回目揭示了人物的性格和命运，对正文有着互补、照应的作用	通过聚焦回目中高频出现的人名，探寻回目与人物性格揭示、作者评价之间的关系，深化对回目的认识
4. 小结延伸	1. 学生小组合作，根据课上讨论的内容，补充完善回目解密图，交流分享 2. 教师补充与小结	1. 补充预习作业，分享课堂收获 问题：通过回目阅读《红楼梦》后，你有哪些新的认识和启发，你通过什么方式找到了回目中的秘密 梳理：我们先通过梳理回目中的高频词和人名，找到了作品的两条主线以及主要人物与次要人物，接着通过探寻与王熙凤有关的回目，寻找与人物性格有关的形容词、动词，联系正文，分析了王熙凤形象的复杂性，最后通过回目间的关联找到了暗示王熙凤结局的内容	通过对预习作业的补充和完善，帮助学生梳理思路，内化知识，提炼方法

（续表）

环节	学生学习活动	教师引导活动	设计意图
4. 小结延伸		2. 小结 阅读章回体长篇小说时可以从回目切入。回目可以帮助我们了解小说的故事情节和主要人物。在《红楼梦》中，回目本身也是小说叙事的一部分，回目、正文、情节与人物联动，是《红楼梦》独有的叙事艺术。俞平伯先生认为《红楼梦》的回目有画龙点睛之效	
5. 布置作业	1. 基础性作业 完成练习册上回目语言比较分析、王熙凤形象分析相关题目 2. 拓展性作业（选做） 《红楼梦》的回目中蕴含着很多秘密，如"情"字、空间、诗词等，请任意选择一个自己感兴趣的探究点，以"红楼中的……"为话题，撰写一篇不少于500字的读书札记	——

第二部分 教学反思

在学习时，学生普遍反馈《红楼梦》情节太多太长，围绕专题写读书札记，想要找某个人或某回情节，需要找很长时间。于是，我们尝试指导学生通过回目来聚焦重点。

回目作为章回体长篇小说的眼睛，是小说一回内容的高度概括和提炼，往往凝聚着作者的总体构思与叙事策略。解读回目中潜藏着的情节与人物"秘密"，不仅能够帮助学生窥得小说的情节发展线索，还能够引导学生借助人物出现的频率、对人物的一字评等感受作者的情感倾向，进而从回目的角度走进《红楼梦》的阅读。本课旨在从学生阅读整本书的实际困难出发，在探讨《红楼梦》回目的作用这个主问题的驱动下，通过综合的语言实践活动激发学生的思考和探究。以下将从学习内容、学习方法和学习评价三方面展开教学反思。

在学习内容上,本课重在从学生阅读整本书的实际困难出发,引导学生在已有认知的基础上,进一步探究《红楼梦》回目的特殊之处。本课重点聚焦教材单元学习任务一、二和五,关注回目对提炼人物性格、揭示人物关系和人物结局的作用,从整体上以回目串联整部小说的情节线索,再结合具体内容点评人物形象,让学生明白在章回体长篇小说阅读中可以把回目作为抓手。从课堂实际情况来看,在小结环节,学生基本能用图示方法呈现自己对回目的认识,达成学习目标。

在学习方法上,通过"先让学生自己发现,再在课上进行梳理和补充"的方式,帮助学生完善对于《红楼梦》回目的认知,在这个过程中提炼出了寻找高频出现的词语和人名、关注与人物有关的动词和形容词、关联具体内容、关注回目间的联系等方法,但是这些方法似乎没有形成一个体系和路径,比较零散,在这方面还需要继续思考探索。

在学习评价上,本课希望通过小组合作、讨论等方式帮助学生补充和反思自己的预习作业,完善认知。在小结部分,通过展示回目解密图促进学生的互评。在师生互动上,由于个人经验和能力的不足,更多关注学生回答的内容,较少关注学生回答之间的关联,对个别学生的回答未能给出及时有效的反馈,这些都是我在今后教学中需要努力关注和改进的地方。

综上所述,整本书阅读的指导一定要以学生在阅读过程中遇到的各类问题为出发点和契机,重点引导学生建构整本书的阅读经验与方法。

(案例提供者:上海师范大学附属嘉定高级中学　朱婷)

第三节　教学设计与实践思考

一、教学设计思考

(一) 任务群分析

对整本书阅读的重视是语文教育学界的共识和传统。叶圣陶先生早在1923年就把学生的"略读"能力具体化为能够"略读整部名著"的能力。为了更好地引导学生在课外进行整本书的阅读,叶圣陶先生还特别编著了《略读指导举隅》。胡适在《中学国文的教授》与《高级中学公共必修的国语课程纲要》中提出"课堂内只有讨论,不必讲解""精读名著的报告或研究,可代作文"等针对整本书阅读的教学与评估建议①。从 20 世纪 50 年代至 21 世纪初,整本书阅读虽然从未成为硬性规定的学习内容,但在有关语文课程的各类文件中屡屡被提及。《普通高中语文课程标准(2017 年版)》中指出,要把整本书阅读与研讨任务群的学习贯穿必修、选择性必修和选修三个阶段,引导学生在指定范围内选择阅读一部长篇小说和一部学术著作,其他任务群也都或多或少地围绕着整本书阅读与研讨的基础展开,这就决定了整本书阅读在高中阶段教学实施中的重要作用及地位。

　　整本书阅读与研讨任务群主要涉及教材中的两个单元,分别是高中语文统编教材必修(上册)第五单元和必修(下册)第七单元。在选择性必修和选修两个阶段,教师可结合教材和学情自主选择阅读相关著作,不专门安排学分。必修课程教材指定社会科学类著作《乡土中国》和长篇小说《红楼梦》为阅读书目。整本书阅读与研讨任务群在必修阶段安排 1 学分,18 课时。根据课程标准关于整本书阅读与研讨任务群的五项学习目标与内容,结合统编教材由导语、指定著作、阅读提示、学习任务等构成的教学资源,可以确定七项内容要求(见表 1-4)。

表 1-4　整本书阅读与研讨任务群的内容要求梳理

序号	内容要求
1.1	借助目录、序跋、回目等,把握著作主要内容,撰写内容提要、人物述评等
1.2	理解学术著作中的核心概念,理清概念之间的联系,把握作者的学术观点
1.3	理清学术著作篇章之间的内在联系,分析结论形成的过程,把握著作的知识体系和论述逻辑
1.4	借助小说的回目,概括核心故事,梳理情节发展脉络,分析小说的构思特点

---

① 　顾妍婷.IBDP 整本书阅读教学路径探究[D].上海:华东师范大学,2020.

（续表）

序号	内容要求
1.5	梳理小说主要人物关系，从情节、人物、场景、语言等方面入手，分析主要人物形象的多样性和复杂性
1.6	品味小说日常生活描写所表现的丰富内涵，领悟小说的文化价值和社会意义
1.7	结合著作阅读目标，借助文献资料，探究著作的历史价值和现实意义，完成调查报告、文献综述等

课程标准对整本书阅读与研讨任务群的学分、学时和阅读量要求体现了规范性；而提倡多阅读、"拓展阅读视野，建构阅读整本书的经验，形成适合自己的读书方法，提升阅读鉴赏能力""形成正确的世界观、人生观和价值观"等阅读目标的设定，则体现了课程标准的价值导向性。整本书阅读与研讨任务群的逻辑起点，是要培养学生终身阅读的能力和习惯，是为学生的未来发展奠基。

课程标准还提示了整本书阅读教学模式的改变。一是从课内到课内外。课程标准提出的教学模式强调学生自主阅读、笔记撰写和交流讨论，把学习范围从课内扩展到课外，打破时间和空间限制，构建完整的阅读生活。这与传统教学模式以课内为主导的教学方式不同。二是从阅读到阅读与研讨。课程标准强调阅读的主体是学生，要求"学生在反复阅读过程中，每读一遍，重点解决一两个问题，有些地方应仔细推敲，有些地方可以略读或浏览。阅读要有笔记，记下自己思考、探索、研究的心得"。教师的作用是"确立目标"，对学习活动进行组织、引导、分享、参与学生的阅读过程，对学生的阅读结果进行解答、发现、支持。三是从边缘到主体。以前，整本书阅读只是作为教材单篇教学内容或是单元教学的一个补充，现在，整本书阅读与研讨是课程标准规定的十八个任务群之首，这说明了整本书阅读教学在提升学生核心素养方面的重要作用。

根据对课程标准的理解，我们尝试把整本书阅读与研讨任务群的含义表述为：学生在教师组织引导下，在学习任务驱动下，围绕整部经典作品进行的言语综合实践活动，旨在培养阅读习惯、积累阅读经验，形成个性化的阅读策略，从而发展语文学科核心素养。

（撰写者：上海交通大学附属中学嘉定分校　黄娟华）

（二）教材分析

在教材中，整本书阅读与研讨任务群涉及两个类型的必读书目，即学术著作《乡土中国》和长篇小说《红楼梦》。

1. 单元主题分析

（1）必修（上册）第五单元的单元主题分析

作为高中阶段第一次"整本书阅读"，本单元的阅读对象是社科类学术著作。梳理课程标准中对学术著作整本书阅读的要求表述，我们可以概括出本单元《乡土中国》整本书阅读两个方面的学习要点。

《乡土中国》的内容要点包括作者观点、重要概念、全书思路和论述逻辑、语言特点、学术价值、运用观点联系实际（学以致用）。

《乡土中国》的阅读方法要点包括勾画圈点、梳理纲目及其关联、写全书摘要、写读书笔记、写作品评介、与他人分享。

教材第五单元的导言还从文化认同的角度强调了《乡土中国》的阅读价值："从传统农村入手研究中国基层生活，缘于作者对中国乡土社会的了解与情感，这是一种可贵的文化自觉。通过阅读这本书，我们可以进一步认识我们的国家和人民。"

教材第五单元的学习任务设计主要围绕以下学习要点展开：抓住核心概念，理解作者观点；分析整体框架，把握知识体系；关注"问题"，学以致用；拓展阅读，知人论世。

对于学术著作整本书阅读过程的规划与阅读策略的选择，教材第五单元在"阅读指导"部分给出了提示：先"粗"后"细"，逐步推进。根据提示，我们把《乡土中国》的阅读过程设计为"通读（框架梳理）—局部细读（概念辨析）—总结归纳（知识应用）"，具体操作时或有循环和交错。从总体上看，《乡土中国》以学生自主阅读为主，教师则以资深阅读者的身份来组织、指导、促进学生阅读整本书，并做出总结和评价。

（2）必修（下册）第七单元的单元主题分析

本单元位于必修（下册），阅读对象是章回体长篇小说。梳理课程标准中对长篇小说整本书阅读的要求表述，我们可以概括出本单元《红楼梦》整本书阅读两个方面的学习要点。

《红楼梦》的内容要点包括前五回的纲领作用、人物关系和人物形象、情节主线、日常生活细节、社会关系与生活习俗、小说主旨、语言特点、艺术价值。

《红楼梦》的阅读方法要点包括圈点批注、梳理人物关系和情节脉络、编写内容提纲、撰写读书札记、小组主题研读、学写综述。

教材第七单元导言还从审美的角度强调了《红楼梦》的阅读价值："可以从最使自己感动的故事、人物、场景、语言等方面入手,反复阅读品味,获得审美感悟,丰富自己的精神世界。"

教材第七单元的学习任务设计主要围绕以下学习要点展开:把握《红楼梦》中的人物关系;品味日常生活描写所表现的丰富内涵;体会人物性格的多样性和复杂性;欣赏小说人物创作的诗词;设想主要人物的命运或结局;体会《红楼梦》的主题。

对于长篇小说整本书阅读过程的规划与阅读策略的选择,教材第七单元在"阅读指导"部分给出了提示:通读《红楼梦》全书,梳理小说主要情节,理清人物关系,理解和欣赏人物形象,探究人物的精神世界,整体把握小说的思想内容和艺术特点,建构阅读长篇小说的方法和经验。运用分类、统计、聚焦、观察、审视、比较、辨别、假设、预测、推理、判断等梳理和探究方法,可帮助学生理解这部古典长篇小说,建构起阅读长篇小说的方法,积累阅读经验[①]。从总体上看,《红楼梦》以学生自主阅读为主,教师则以资深阅读者的身份来组织、指导、促进学生阅读整本书,并做出总结和评价。需要指出的是,在《红楼梦》单元整体教学中,要平衡好"整体把握和局部深入""纵向贯通和横向拓展""客观评价与主观建构"。

2. 单元大概念

关于整本书阅读,课程标准在整本书阅读与研讨任务群"学习目标与内容"和"教学提示"两部分提出了具体的要求:(1)在阅读过程中,探索阅读整本书的门径,形成和积累自己阅读整本书的经验;(2)应完成一部长篇小说和一部学术著作的阅读,重在引导学生建构整本书的阅读经验与方法。

通过对整本书阅读与研讨任务群内容要点的梳理,可以看到发现学术著作

---

① 吴泓.《红楼梦》教学设计思路及建议[J].语文教学通讯,2021(5).

和长篇小说教学重点的异同。《乡土中国》这类学术著作的整本书阅读教学，旨在促进学生以思维为核心的智能进步。我们引导学生从文本中提炼和整合信息，以深化对整本书的理解，把握其框架。在解决问题和交流的过程中，学生能够积累结构化的言语经验，理解学术著作整本书的知识结构和价值倾向，进而掌握科学的思维方法，提升推理能力，形成理性精神。以《红楼梦》为代表的长篇小说的整本书阅读教学，主要有以下目标：(1)让学生在阅读整本书后能够具备梳理主要情节、赏析主要人物、说出作品思想内容等能力；(2)能够综合运用不同的阅读方法，注重读写结合；(3)能够享受读书的愉悦，丰富自己的精神世界，提高审美情趣，促进生命成长。这两种整本书阅读教学共同指向整本书阅读的大概念——建构整本书的阅读经验与方法。基于这一学科大概念，我们从学习迁移的角度提出问题：学术著作的阅读和文学著作的阅读在策略与方法上有什么不一样？我们从意义建构的角度提出问题：这些书对学生认识社会、精神成长有怎样的帮助？

3. 单元知识图谱

相关单元知识图谱见图 1-8 和图 1-9。

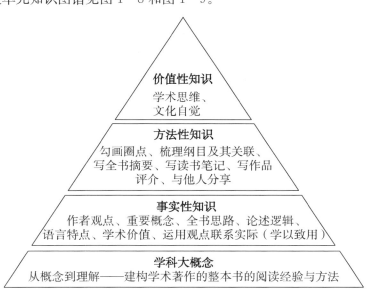

图 1-8　必修(上册)第五单元人文主题与单元必备知识关系图

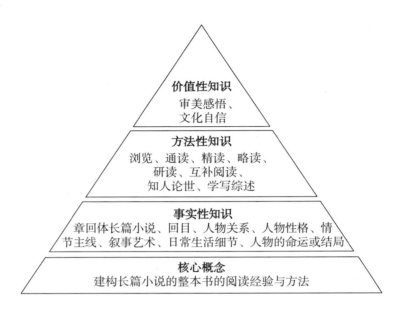

图 1-9 必修(下册)第七单元人文主题与单元必备知识关系图

(《乡土中国》相关内容撰写者:上海交通大学附属中学嘉定分校 黄娟华;

《红楼梦》相关内容撰写者:上海交通大学附属中学嘉定分校 撒莎)

(三)理论与实践范式

本次教学设计和实践是在"建构整本书阅读的经验与方法"这一学科大概念驱动下,围绕单元学习目标,结合学生的阅读体验,融合学习任务、学习情境、学习资源和学习评价等关键教学要素整体设计的学习活动。

与其他任务群相比,整本书阅读教学的最大特点和最大难点都在于一个"整"字。叶圣陶先生在《论中学国文课程标准的修订》中指出,与单篇的短章相比,整本书阅读的优越性尤其明显,且集中表现在:(1)整本书篇幅较长,需要学生持续阅读,更有利于学生阅读习惯的培养;(2)整本书内容丰富,适宜进行深度阅读,更有利于学生心智能力的提升;(3)整本书阅读方法多样,适宜运用多种策略,更有利于学生阅读能力的提高。我们通过本次教学设计和实施,探索了在任务群教学中凸显整本书优势的实践路径,见图 1-10。

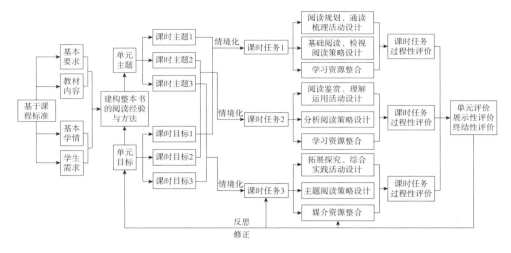

图 1－10 整本书阅读与研讨任务群的实践路径

1. 基于真实生活情境的跨媒介整体阅读学习活动实施

整本书阅读与研讨任务群的教学实施是以活动为中心的单元教学形态。而基于真实生活情境的整体阅读学习活动实施，可以把整个教学内容和教学活动实施植根于真实、综合、具有挑战性的教学情境中，有效地激发学生阅读的积极性和主动性，着力培养学生解决生活实际问题的能力，不断强化学生的"读者意识"。除了社会生活情境，教师还需要关注语文学科情境。

如《红楼梦》的整本书阅读情境设置聚焦"宝玉成长史"，和高一学生成长的生活情境连接，使学生能够在心灵上更贴近这部古典著作，在真实阅读中有更深入的思考，从而建构自己的整本书阅读经验。又如为学生创设"完成林黛玉、贾宝玉人物档案制作"的真实情境，让学生基于学习共同体的合作，对林黛玉和贾宝玉的身形外貌、身份地位、性格特征、关键事件、命运结局、众人评价等进行整合，综合运用略读、精读等阅读方法加深对两位主人公的认识及理解。①

学术著作与学生生活有一定的距离，这就更加要求教师创设出一定的生活情境，以学生在阅读过程中出现的具有典型性和思辨性的问题为驱动，巧妙地整体设计阅读学习任务，有效地拉近学生和学术著作之间的距离，从而使学术著作

① 王怡宁.《红楼梦》整本书阅读"逆向教学设计研究[D].重庆:西南大学,2022.

阅读成为学生的一种稳定阅读状态。在《乡土中国》的教学实践中,情境的设置基于学生在整本书阅读中的真实困境和困惑。在《乡土中国》的教学实践中,请学生分小组策划"走进乡土中国,溯源文化根脉"读书推介会活动。在整体情境下,教师设计了各种语言实践活动,如撰写概念词条和解说词,制作导读手册。

跨媒介阅读是一种重要的阅读策略。依托互联网和数字媒体技术,我们可以突破学科边界和壁垒,有效地激发学生的阅读兴趣,使学生以更为广阔的视野重新审视整本书的价值。在《乡土中国》教学中,教师可以结合学情选择合适的文学艺术作品进行教学资源补充和课堂教学设计,从而有效地拉近学生与学术著作之间的距离。教师可以通过组织设计跨界语文实践活动来开阔学生的视野,激发学生的阅读兴趣,深化学生对学术著作的理解。在《红楼梦》教学中,教师可以通过引入《红楼梦》相关影视作品、戏剧作品激发学生的阅读兴趣,让学生在比较中深化对文本的理解;可以进行跨媒介学习视域下的创意读写,如绘制"红楼朋友圈""群芳谱"、评选"最美丫鬟"等,引导学生在创造性写作或跨学科融合创作中把握人物个性和人物关系。

教学设计实施中,教师可以把教学元素与学生的现实生活相联系,创设真实情境,进行跨媒介资源整合,培养学生解决问题的能力,实现学生与文本、作者的深度对话,让学生在沉浸式体验的基础上建构整本书的阅读经验与方法。

2. 基于深度学习的整本书层级式阅读方法指导

以往的阅读教学偏向于快速、浅显、零散,而整本书阅读强调深度和广度,后者是一种深入的阅读方式。深度阅读教学需要以深度学习理论为指导。深度学习理论"强调理解性和联系性,强调整合学习"。深度学习能使学习者获得系统性知识、批判性精神、创造性思维等,是一种充分挖掘个人潜能以培养完整人格的学习。[①]

为了促进学生深度阅读,教师引入了《如何阅读一本书》中的阅读方法(见表1-5)。其中,前三个层次的阅读是整本书阅读的"条理化"过程,具有循序渐进的可操作性,而第四个层次属于最高级别的阅读,是整本书阅读后的理性思考与

---

① 邓彤.基于深度学习的整本书阅读教学策略——以《红楼梦》阅读教学为例[J].现代教学,2019(21).

总结的再一次升华,超越了一般意义上的情感体悟,往往会形成阅读者刻骨铭心的人生体验与心灵感悟①。教师还提供了指向能力层级的阅读方法,如在《乡土中国》教学实施中,教师为学生提供了在各个层次的阅读中可以灵活使用的方法,如通过浏览、跳读了解论著的主要内容和主要观点,通过概括、提要内化论著的主要内容和主要观点,通过分类、归纳把握论著的主要思路和研究方法,通过比较、推理学习学者的主要观点和论证方式,通过质疑、批判审视学者的主要内容和主要观点,通过创新、创造生成自我的主要内容和主要观点等。

表 1-5　《如何阅读一本书》中的阅读方法

层次	名称	阅读特点
第一个层次	基础阅读	大致了解整本书的作者、主题、背景等
第二个层次	检视阅读	快速通读整本书,了解大致内容
第三个层次	分析阅读	全盘阅读整本书,强调专注与理解
第四个层次	主题阅读	阅读更多整本书并进行对比,强调举一反三,触类旁通

　　整本书篇幅长、内容丰富,学生要整体把握、理解,不仅需要方法,还需要工具和支架。思维导图是表达发散性思维的有效图形思维工具,可以把各级主题之间的逻辑思维隶属关系非常清晰明确地呈现出来。思维导图非常适合用来理解以系统性突出、逻辑清晰和思维深刻为基本特点的学术著作。《乡土中国》是一部研究中国基层乡土社会的学术著作,具有学术通论的性质,思维导图可以帮助学生把章节之间和章节内部的逻辑关系梳理出来。对《红楼梦》这样展现时代、家族面貌的巨著,"草蛇灰线,伏脉千里",用线性的文字展现错综复杂的人物关系,表现多个并行故事,也可以使用思维导图进行梳理。

　　3. 基于读写结合的整本书阅读多元测评体系

　　整本书阅读的读和写是不可分割的。合理的写作转化任务是检测、评估学生学习效果的重要尺度。这个评估过程既能给学生充分的获得感,深化学生的理解,又便于教师把握学生对作品学术体系或叙事艺术的学习和理解水平。

---

①　莫提默·J.艾德勒,查尔斯·范多伦.如何阅读一本书[M].郝明义,朱衣,译.北京:商务印书馆,2004.

余党绪老师认为,学术性写作能从总体上反映出学生真实的整本书阅读与理解状况。他强调,学术著作类作品的整本书阅读追求的是知识的真实性和方法的有效性,在这个意义上,学术小论文写作是学术著作整本书阅读的内在要求。为了达成这个目标,还可以要求学生提供解说词、微论坛发言稿等过程性资料。但我们并不是让学生去完成一个学术报告,而是从生活中找到一个具有真实性的任务,在这个过程中,学生学到了语文,学到了阅读、写作、口语交际。

在《乡土中国》整本书阅读中,考虑到评价的检测和提升功能,教师参考了深度知识模型,建立了学术著作整本书阅读的评价标准,设计了多元评价汇总表。在教学设计中,教师使用阅读任务记录表和小组任务来激励学生阅读《红楼梦》,并采用多种评价方式(包括学生自评、小组互评和教师评价,以及过程性评价和总结性评价)来促进学生的情智和思维发展。这些评价方式旨在及时提醒和督促学生进行阅读。最后的成果展示课中,教师以《红楼梦》读书交流会、微论坛等形式来评估学生的学习成果。

本次设计与实施在系统性、操作性、体验性上有了很大进步,但在具体的实践运用中仍存在许多不足。如学生个性化阅读需求未能得到满足,自主性未能得到凸显。教师的任务驱动确实能引导阅读,但可能会忽视学生的主观能动性和整本书阅读的学科素养。教师应引导学生选择喜欢的阅读方式,并外化成果,以优化阅读效果。教师在设计活动时应突出学生自主性、探究性和合作性,展现学生个性。逆向教学设计理念运用与整本书阅读教学结合的合理性有待进一步验证。

整本书阅读意味着教师不仅需要转变教学的样态,具备更宏大丰富的各类知识储备,还要合理设计评价体系、细化评价方案来支撑教学流程的进行,在有限的课时条件限制下,在繁重的教学任务下,这无疑对教师提出了严峻的挑战。

(撰写者:上海交通大学附属中学嘉定分校　黄娟华)

二、教学实践思考

（一）教学建议

1. 合理规划阅读进度，以任务为驱动完成整本书阅读

　　整个高中阶段为整本书阅读设置的课程数是 18 至 20 课时，学生需要在这个时间段内通读《乡土中国》《红楼梦》，对其中的重难点进行研讨并完成一定的任务，最终获得自己的一些阅读感受和经验，这显然存在一定的难度，因此，整本书阅读的主战场应该在课外。建议学生在高一入学前的暑假初读《乡土中国》《红楼梦》，奠定阅读基础，高一入学后，在任务群的指导下，根据校内课程安排，综合运用精读和略读的方法，再次阅读《乡土中国》《红楼梦》。学生要根据任务群的要求有规划、有指引、有目标、有思考地进行阅读，并撰写读书札记。建议学生每天阅读不少于一个章回，休息日阅读不少于三个章回。教师可以运用阅读任务完成检查单，每周至少检查一次阅读任务完成情况。对于未能完成阅读任务的学生，教师要及时跟进，一方面了解原因，另一方面多鼓励，多督促。教师也可以让学生组成阅读小组，互相督促检查，研讨问题。

　　2. 创设贴近学生需求的情境，激发学生对整本书的阅读兴趣

　　教师要充分激发学生的阅读兴趣，让他们迫切希望了解整本书的内容。《红楼梦》前八十回已达到六十多万字，全篇近百万字，聚焦封建大家族的日常生活描写，没有跌宕起伏的情节，也没有恢宏奇幻的场面描写。而很多高中生平时喜爱阅读短篇小说、悬疑小说、奇幻小说等，对《红楼梦》这样的长篇巨著缺乏兴趣。针对这些情况，教师要设计具有创意的情境，拉近学生与文本的距离，如笔者基于学生生命成长的需求，设计了探究宝黛爱情之悲这一情境，让学生深入思考宝黛作为灵魂眷侣却不能主宰自己婚姻的原因，引导学生分享自己的阅读体会和思考，在输入与输出间形成良性的阅读循环。

　　3. 建构整本书阅读评价体系，激活整本书阅读的内驱力

　　在整本书阅读过程中，教师要充分发挥评价的反馈和调整作用，就需要建构起具有整体性、过程性、多元性的评价体系。在阅读活动前，教师可以通过闯关式评价为学生设置关卡，激发学生的阅读兴趣。如笔者所在学校的高一学生每

年暑假都会参加《红楼梦》整本书闯关活动,该活动提供初阶、进阶不同难度系数的题目测评,开设才艺展示环节,能够引导学生自主探索学习深化,体验阅读活动的乐趣。在阅读活动中,教师可以运用模块式评价、表现性评价和过程性评价对学生的学习活动表现进行评价。在阅读活动后,教师可以运用展示性评价和差异性评价为学生搭建展示成果的平台,对不同层次的学生进行恰当的反馈,建立理解型师生关系。整本书阅读评价体系见图 1 - 11。

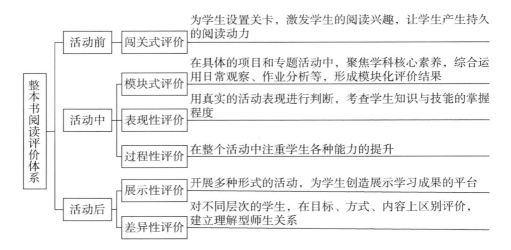

图 1 - 11 整本书阅读评价体系

(二)课程评估

1. 课程评估

我们采用整本书阅读课程评估量表进行课程评估,具体内容见表 1 - 6。

表 1 - 6 整本书阅读课程评估量表

评价指标	评分(共 100 分)	备注
1. 是否促进了学生语文学科核心素养的全面发展(20 分)		
2. 是否基于整本书阅读与研讨任务群要求和单元目标创设学习活动(10 分)		
3. 是否创设了综合性学习情境,引导学生开展指向整本书阅读与研讨的自主、合作、探究学习(10 分)		

（续表）

评价指标	评分（共100分）	备注
4. 是否探索了信息化背景下教与学方式的转变，如引入交互媒介（10分）		
5. 是否利用本学校、本地区的特色资源，关注教学过程中生成的资源，引导学生学习从现实生活中发现问题，提出整本书活动主题（10分）		
6. 是否开展了指向整本书阅读与研讨成果展示的活动及反馈（10分）		
7. 是否给予学生完成学习任务所需要的学习支架（10分）		
8. 是否设计了具有可评可测性、多层面、全方位的完整科学的课程评价体系（10分）		
9. 是否指导学生建构整本书的阅读经验与方法（10分）		

2. 后续活动建议

一是开展《乡土中国》《红楼梦》的关联阅读。虽然《红楼梦》表现的是封建贵族的日常生活，但内核依然是乡土社会的生产生活方式。在大家族的日常生活中随处可见礼教秩序、等级制度、横暴权力、长老统治等的影子。因此可把《红楼梦》与《乡土中国》联系起来，进行文化互证的阅读，让学生在学术著作与文学作品的互补阅读中建立整本书阅读的观念，以现代观念审视著作的价值和意义，深化对中国文化的理解与认同，丰富自己的精神世界。

二是对整本书阅读的经验进行迁移训练。整本书阅读重在引导学生建构整本书的阅读经验与方法。《乡土中国》的整本书阅读经验可以迁移至《经典常谈》《谈美》等的阅读。教材中有《水浒传》选文《林教头风雪山神庙》。《水浒传》同为中国古代长篇小说，教师在引导学生进行《水浒传》整本书拓展阅读时，可以对《红楼梦》整本书阅读的经验进行迁移训练。

三是加强高三整本书复习策略研究。高三学生的整本书阅读学习存在遗忘较多、理解片面等问题，需要教师紧扣核心素养，分类梳理并设计学习任务进行复习引导。复习的重点是借助《乡土中国》《红楼梦》两本书，让学生一方面重新熟悉学术著作和长篇小说的具体阅读策略与方法,另一方面重组专题复习,将整本书与社科类、文学类现代文整合起来复习。如利用目录了解整本书相关信息是阅读《乡土中国》这类学术著作的重要方法,教师可以设计微专题,把《乡土中国》和其他社科类文章组合起来教学,提高学生读目录这一重要素养,让学生学会辨别、筛选所需信息,调取相关信息证实观点,运用信息进行判断评价等。

(撰写者:上海交通大学附属中学嘉定分校　撒莎)

▶ 第二章

当代文化参与
任务群的设计与实施

❋ 内容概要

　　本单元第一节是当代文化参与任务群教学实践模型，以"家乡文化生活"单元为例，呈现活动性单元具有可行性的教学路径。第二节是单元教学设计案例，分为四个板块：第一部分是单元活动结构，阐述学习目标及任务；第二部分是单元认知结构，呈现单元大概念背后的认知结构；第三部分是单元学习规划样本，完整展现十个课时的目标、内容、资源及评价要求；第四部分是典型课时案例，呈现了人物访谈的艺术与技巧。

❋ 教学导读

　　本单元主题为"家乡之味"，教师把上海市嘉定区设定为"家乡"，尝试为学生认识家乡文化生活打开一个有意义的小切口。家乡文化生活的第一个落点在"家乡"。嘉定深厚的历史底蕴给予了学生探索与挖掘的可能性。第二个落点在"文化"。嘉定素来有"教化"的美誉，建筑、民间手艺、戏曲音乐等深厚的文化积淀让学生有丰富的素材可选性。第三个落点在"当代"。文化绵延发展，对家乡文化的认知不能仅停留于传统文化，更要着眼于当下，对当代的文化现象进行阐释和剖析，让社会主义先进文化被更广泛地弘扬与传播。

（撰写者：上海市嘉定区第一中学　倪斯怡）

第一节　任务群教学实践模型

"家乡文化生活"单元隶属于当代文化参与任务群。因该任务群在高中语文统编教材中只有这一个单元,可以本单元的教学实践模型(见图 2-1)为例,剖析该任务群可行的教学实践路径。

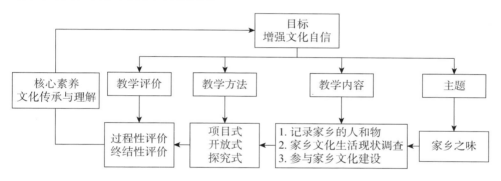

图 2-1　"家乡文化生活"单元教学实践模型

"家乡文化生活"单元没有具体课文,旨在引导学生关注和参与当代家乡文化生活,学习剖析、评价文化现象,进而增强文化自信。在目标引领下,以"家乡之味"为主题,根据教材安排设计了三大板块的教学内容,以项目式、开放式、探究式为主要学习方式,串起十个课时的教学。

一是记录家乡的人和物,让学生"采访有关人物,了解家乡的人物、历史、习俗等,并收集相关的文献资料和实物资料,写一篇家乡人物(风物)志"。该任务关注学生综合表达能力的培养,用采访这一实践性较强的语文学习方式让学生面向家乡的日常生活,梳理值得记录的"人和物"素材,在熟悉的场景中激活记忆、凝练认识,感受家乡的底蕴,增进对家乡文化的理解。

二是家乡文化生活现状调查,让学生"以小组为单位,通过访谈、考察等方式了解家乡的文化生活现状,撰写调查报告"。撰写调查报告是深度解读家乡文化的学习活动,要求学生不仅能感受家乡文化,还能围绕不同的主题(如人际关系、道德风尚、文物古迹保护、文化生活方式等)展开调查研究,聚焦"当代"视角,在某一个专题方向深入了解,辩证思考文化发展与个人、社会的关系,思考家乡文化在当代文化发展中的方向。

三是参与家乡文化建设,让学生"在对家乡文化生活现状调查的基础上,对丰富家乡的文化生活提出建议,以建议书的形式帮助家乡文化健康发展"。该活动侧重引导学生在掌握大量一手材料后提出可行性建议,提升多维度思辨能力,为家乡文化建设贡献自己的力量。

在教学设计中,贯穿本单元三大教学内容的一条核心素养为"文化传承与理解",三个学习活动的难度由低到高,"记录""调查""建议"三个学习任务的关键能力具有内在关联性,体现了家乡文化不同的参与形式:(1)记录家乡的人和物有感受家乡文化的传承与发展之意,旨在了解与获得;(2)家乡文化生活现状调查直接关注当代场域下的家乡文化发展变迁,旨在探究与研讨;(3)参与家乡文化建设则是在感受、体察的基础上,针对家乡未来的文化发展提出建议,体现对家乡文化建设的审视与改造。

因本单元更注重学生在实践活动中的获得,教学评价更多采用过程性评价,让学生在语文学习共同体中进行互评,在风物(人物)志、调查报告的走访与写作过程中进行自主评价,教师则进行辅助指导与点拨。

(撰写者:上海市嘉定区第一中学　陈慧)

第二节　单元教学设计案例

一、单元活动结构

在课程标准的课程内容板块中,对当代文化参与的"学习目标与内容"有三条要求:第一条要求聚焦特定文化现象,完成调查报告;第二条涉及社区文化调查和专题研讨;第三条要求以学习共同体的方式参与当代文化生活。教学提示也有三条:第一条明确指出当代文化参与以参与性、体验性、探究性的语文学习活动为主;第二条要求引导学生自主创建各类社团,开展各类语文学习活动;第三条要求引导学生利用各种资源,研究社会生活中的文化现象,实地考察各类场馆,深化对某一文化现象的认识。从中可以概括出实践性是开展本任务群学习活动的主要形式,探究性是学习成果呈现的重要方式。"家乡文化生活"单元活动结构见图2-2。

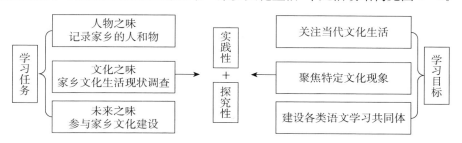

图 2-2 "家乡文化生活"单元活动结构

二、单元认知结构

本单元以"认识与阐释"为大概念,三个学习任务有一定的逻辑关系:先要对生活中的文化热点有一定的认知并能进行阐释,接着要剖析热点背后蕴藏的文化现象,具有一定的文化钻研能力,最后要通过调研、建言献策等方式深度参与家乡文化生活。由此,逐步触摸和把握家乡文化的脉搏,从而增进对家乡文化的认同,最终回归到本单元的目标,即增强文化自信。"家乡文化生活"单元认知结构见图2-3。

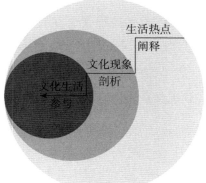

图 2-3 "家乡文化生活"单元认知结构

　　笔者对本单元的设计以"家乡之味"为主题,在第一个学习任务中,让学生找到家乡具有代表性的风物(人物)展开访谈,根据访谈内容撰写风物(人物)志,这也是对家乡文化生活进行阐释的一种方式;在第二个学习任务中,引导学生关注家乡生活中蕴含的文化现象,并能够理性地对其当代价值、文化继承、未来发展等进行剖析,由此撰写一份完整的调查报告;在第三个学习任务中,需要通过撰写建议书这一形式深度参与甚至影响家乡文化生活。这一要求已经突破了认知、了解和调研,走向更为深层的介入。这种介入是着眼未来的,也是在深入了解家乡文化后的期待与展望。在三个学习任务逐一开展的过程中,学生的语文综合应用能力得以提升,对家乡文化的认识逐步深入。

三、单元学习规划样本

(一) 单元概述

　　本单元的人文主题为"家乡文化生活",教材在单元导语中指出:"家乡文化既是中国文化的重要组成部分,又是我们个体精神生活的重要依托。用适当的方式关注和参与家乡的文化生活,学习剖析文化现象,有助于我们增强认识社会和阐释自己见解的能力,加强文化传承与理解。"这是学生进入高中后学习的第一个综合性学习单元,属于当代文化参与任务群。笔者围绕"家乡文化生活"这一主题展开设计,共安排了三个主题活动,涉及十个课时,以项目式、开放式、探究式为主要学习方式,把语文学习延伸到课外,让学生近距离接触家乡的一草一木、一事一物,深入了解家乡深厚的文化底蕴,并感受家乡文化的当代变迁。

　　在学科核心素养指向上,本单元的特点是将语文课堂学习与日常生活深度融合,做到课内外、口头与书面表达有机结合,让学生在访谈、调查、建言献策中逐步提升语言表达能力和思维品质。本单元目标设定为:能对当代文化现象进行合理阐释和剖析,理性认识家乡文化的丰富内涵,以实际行动参与家乡文化的建设,增强文化自信。

　　在本单元的学习中,我们以"家乡之味"为主题,让学生化身家乡文化调研员,在两周的时间内走出课堂,回归生活,以小组为单位,进行"家乡之味"的探索寻访。

（二）单元学习规划样本

表2-1呈现了"家乡文化生活"单元学习规划的具体内容。

表2-1　"家乡文化生活"单元学习规划

课时	栏目	具体内容
第一课时	目标	1. 引导学生把握本单元学习主题及三项学习任务,明确家乡的定义,感悟家乡文化在当代的价值,体会家乡文化的内涵 2. 认识我们生活的家园,见证时代的变迁,思考家乡与自我成长之间的关联
	任务	激趣引导课:"我是家乡文化调研员"
	活动	1. 通过阅读与提炼,了解何为"文化"和"家乡" 2. 组成班级语文学习共同体,初步理解单元学习任务和要求
	评价要求	1. 明确"家乡""当代""文化"等重要概念的定义 2. 能提炼出家乡文化的特质 3. 对本单元学习活动有清晰、明确的认识
	资源	数字资源:《十三邀》《鲁豫有约》访谈节目
第二课时	目标	1. 掌握访谈的含义与类型,选取家乡最具特色的人物、景致和习俗进行访谈,感悟其精神内涵与社会价值 2. 学习和掌握相关访谈技巧,以小组为单元,有针对性地开展访谈活动
	任务	知识准备课:人物访谈的艺术与技巧
	活动	1. 确定访谈对象,学习访谈技巧 2. 分工搜集相关资料进行人物访谈,并对访谈内容进行提取和吸收,同步做好访谈记录
	评价要求	1. 确定访谈对象,梳理访谈提纲 2. 在语文学习共同体中明确组内分工 3. 开展人物访谈并形成过程性记录
	资源	文本资源:《胡同文化》《留住乡愁——阮仪三护城之路口述实录》 数字资源:《乱云飞渡仍从容——央视记者访谈任正非》相关视频

（续表）

课时	栏目	具体内容
第三课时	目标	1. 进一步学习和掌握相关访谈技巧,梳理访谈成功的原因 2. 梳理访谈注意事项,掌握访谈相关知识
	任务	分享交流课:访谈还原交流会
	活动	1. 各小组根据访谈记录,挑选访谈中自己觉得最精彩(最失败)的部分准备"访谈现场还原"活动资料 2. 学生点评并归纳访谈注意事项
	评价要求	形成访谈影音及文字材料
	资源	文本资源:《真实、现实与不确定性——余华访谈录》 数字资源:《王文娟在武康大楼》口述类报道
第四课时	目标	1. 了解家乡的人物、历史、习俗等,根据访谈记录,搜集相关资料并撰写家乡人物(风物)志 2. 感受家乡文化的内涵,增强文化自信
	任务	写作指导课:学写家乡人物(风物)志
	活动	1. 学生自主搜集资料,概述家乡风物特点与家乡文化的内涵 2. 汇总、梳理查阅的文献资料,整理访谈记录,分析这些材料之间的逻辑关系,形成初步的行文思路 3. 引导学生思考自身生活、发展与家乡风物之间的关联 4. 撰写家乡人物(风物)志
	评价要求	1. 完成家乡人物(风物)志的撰写 2. 各语文学习共同体互评并提出建议,将作品结集成册
	资源	文本资源:《依稀识得故乡痕》 数字资源:《客从何处来》纪录片
第五课时	目标	1. 聚焦特定文化现象,关注其现状及演变等 2. 关注当代语境,对家乡文化生活现状进行分析,讨论原因,确定主题
	任务	知识指导课:如何确定调研主题
	活动	1. 对家乡文化的"变"与"不变"进行讨论,分析其背后的主客观原因 2. 阅读相关资料,掌握确定调研主题的方式方法
	评价要求	确定调研主题并陈述相关理由
	资源	文本资源:《中国文化概论》《社区何为——对北京流动人口聚居区的研究》

（续表）

课时	栏目	具体内容
第六课时	目标	1. 开展家乡文化生活实地调查 2. 通过开展调查,传承并弘扬家乡的优秀文化
	任务	写作指导课:如何做调查研究
	活动	1. 结合课前预习,明确调查报告的内容、一般结构及侧重点 2. 掌握撰写调查报告的方法 3. 小组确定分工,初步整理形成调查报告结构表
	评价要求	开展家乡文化生活现状调查,形成调查实录(包括文字、图片等资料)
	资源	文本资源:《撰写调查报告应注意的问题》《调查报告的一般结构》
第七课时	目标	1. 制订实地调研计划,评估调研的可操作性和创新性 2. 注意调研与书面知识学习的结合,完成调查报告的撰写
	任务	实地调研课:寻"味"家乡
	活动	1. 评价各小组的调查报告结构表 2. 教师明确调研要求和注意事项 3. 学生在教师指导下开展文化调研活动 4. 学生课后完成家乡文化生活调查报告的撰写
	评价要求	1. 形成调查报告 2. 各语文学习共同体相互交流
	资源	文本资源:《社会研究方法》《社会调查方法》
第八课时	目标	1. 通过实地考察,搜集关于家乡旅游资源的第一手资料 2. 以旅游攻略的形式,介绍家乡亮点,展现家乡风貌,与家乡建立更加具体且深入的情感链接
	任务	主题活动课:家乡一日游攻略
	活动	1. 探访家乡多个标志性景点,为不同人群提供详尽、清晰的旅游攻略 2. 对各组的旅游攻略进行集中展示
	评价要求	各语文学习共同体分别形成一份简易的旅游攻略,并在班级中进行交流分享
	资源	文本资源:《嘉定孔庙志》《光绪嘉定县志》《明清嘉定文化世家考论》

（续表）

课时	栏目	具体内容
第九课时	目标	1. 在调查研究的基础上发现家乡文化发展存在的问题,学习建议书的写作方法、板块构成,深化对某一现象的认识 2. 通过调研,了解当下家乡的文化发展情况和人们的生活状态,提出合理的建议,增强文化自信
	任务	知识准备课:如何撰写家乡文化建议书
	活动	1. 选择方向,如风俗习惯、邻里关系、生活方式、文化环境等,找寻可以改进提升的突破点 2. 小组讨论应对建议,并进行可行性、合理性分析 3. 掌握建议书的结构和写法 4. 教师引导学生关注"发声"方式并理性表达
	评价要求	1. 自主学习建议书的写作格式与要求 2. 各语文学习共同体讨论并形成书面记录
	资源	文本资源:《改革开放以来乡村休闲型公共文化生活的变迁及启示》《后乡土中国》
第十课时	目标	1. 审视家乡文化的发展,通过查阅文献、调研等方式提出可行的改进策略 2. 对提出的建议进行答辩研讨,理解家乡文化在当代的价值与意义
	任务	展示交流课:"未来之味"嘉定文化建设研讨会
	活动	1. 明确答辩议程及相关要求 2. 各小组限时召开家乡文化建设研讨会,并回答市民代表、专家和记者的相关问题 3. 评奖和表彰
	评价要求	1. 召开研讨会,陈述本组建议的理由及价值 2. 各语文学习共同体完成单元评价表,形成单元小结
	资源	文本资源:《探求历史文化街区市政基础设施规划提升改造之路——以嘉定西大街改造区为例》

四、典型课时案例

第二课时　知识准备课：人物访谈的艺术与技巧

【课时目标】

课时目标包括：(1)掌握访谈的基本要素，形成一定的访谈提问技巧；(2)梳理家乡的代表性人物，以小组为单位，有针对性地开展人物访谈活动。

【教学重难点】

教学重难点包括：选取最能体现家乡文化特色的典型性人物(风物)，感悟其精神内涵与社会价值，选择访谈对象并开展有价值的访谈活动。

【课前任务】

课前任务包括：(1)阅读教材相关内容，观看《乱云飞渡仍从容——央视记者访谈任正非》视频并了解文字版内容；(2)语文学习共同体成员自行商议，初步确定访谈对象并落实访谈安排。

【学习活动】

1. 新课导入

我们有很多种认识家乡的方式：(1)可以走进博物馆，了解家乡的历史变迁；(2)可以实地探访，在一砖一瓦中真切感受家乡风土人情；(3)可以寻访乡贤、走亲访友，在交谈中以人为镜，感知家乡的风物特色与文化发展。

人物访谈作为认识家乡的一种重要形式，为我们了解家乡文化提供了独特的视角。今天这堂课，让我们在初中学习的基础上进一步学习人物访谈的技巧，掌握访谈的艺术。

2. 回顾与引导：访谈要素

(1) 学生以小组为单位分享选择的访谈对象及理由，教师引导学生思考所选人物与家乡文化之间的密切关联。

◆ 他(她)的身份(职业)是什么？你们是怎么认识这样一位人物的？

◆ 他(她)为什么这么吸引你们？

◆ 他(她)与家乡文化有什么关系？

◆ 在他(她)身上,有没有什么有趣的、与家乡文化有关的故事?

(2) 回顾初中所学内容,呈现访谈要素并进行一定的说明。(参考统编语文教材八年级上册第二单元任务二:新闻采访)

◆ 时间、地点

◆ 采访对象

◆ 采访目的

◆ 采访方式

◆ 采访用具(笔、纸、相机或手机等)

◆ 采访问题

3. 激趣与生成:访谈提问技巧

在做好采访的各项准备工作后,就要进入临场问答环节了。面对不同的采访对象和采访主题,我们往往要设计不同类型的问题,让采访内容集中而明确,让采访对象真实而流畅地表达。

(1) 回顾课前阅读的央视记者董倩在《面对面》栏目中访谈任正非的文字版内容,思考问题:记者问了哪些方面的问题? 这些问题给你怎样的感觉?

问题1:今天上午两个半小时的记者会,而且今天中午又是没间断的会谈,下午再专访,您会不会感到有点累? 这是不是您工作的常态?

问题2:当外界都在担忧华为处于如此生死攸关的一个时刻,您反而有点超然物外要谈教育,教育还是您最关心的事情,为什么?

问题3:您认识到了这样一个关键性的问题,但是您企业再大也就是一家企业,您能为改变这个社会问题做些什么?

问题4:您有充分的人才储备吧?

问题5:像您刚才所说的这一系列的问题,我们以人才为例,会影响到华为公司未来若干年的发展吗?

问题6:真漂亮,这是给哪位员工发的? 评的是什么奖?

问题7:您准备怎么去面对未来(也许会长期存在的中美贸易冲突)?

问题8:所以在您看来,再穷不能穷老师和再穷不能穷未来是一个道理?

问题9:有网友觉得您是民族英雄,您愿意接受这样的称号吗?

问题10：您希望民众用一种什么样的心态面对华为这样的公司？①

★ 可能的答案：问题涉及教育、人才、中美贸易冲突、未来发展等，角度有小有大，有对华为内部管理的经验分享，也有对华为未来发展、国际形势的理性思考与判断。

（2）2020年，在对120接线员周婵的人物访谈中，董倩问了哪些问题？ 与对任正非的访谈相比，你认为两次访谈有什么不同？

问题1：你以前是多长时间上一个班？现在呢？

问题2：在你工作最高峰的时候，你接起一个电话，后面有多少个电话在等着接入？

问题3：时间在你这个职业里意味着什么？

问题4：以前的经验都不作数了？

问题5：你有没有遇到过相对比较极端的例子，就是你可能得取舍，两个（人）都需要，同等需要，你到底（把机会）给谁？

问题6：那假如只有一个呢？ 你手里资源有限啊。

问题7：什么是最重要的？

问题8：是越严重越需要救，还是（症状）相对轻一点的更有救的价值？

★ 可能的答案：问题针对性比较强，话题非常集中，节奏很快，封闭式提问。

4. 生成与总结

（1）提问：董倩为什么这样设计问题？

★ 可能的答案：面对不同对象、不同身份（职业）的人，需要选择不同的提问方式。/在不同的环境下，可选择自由度高一些或更直击主题的问题。

（2）追问：由此，你们能总结出怎样的访谈技巧？

★ 可能的答案：访谈前几个问题应相对简单，以便消除陌生感，拉近双方的距离；提问关注层次并逐步推进，注意对访谈对象陈述中的疑问或没有充分说明的地方进行追问；关注人物特质，选择开放式提问或封闭式提问，找到有效切口；尽可能多地了解访谈对象的身份、生活背景及与所调查问题的关系等；做到感性

① 央视网.乱云飞渡仍从容——央视记者访谈任正非［EB/OL］.(2019-05-21)［2024-09-14］. https://www.sohu.com/a/317899523_100193221.

与理性相结合,对访谈对象没有涉及的领域或不擅长的领域进行引导。

(3) 小组交流:结合初中与高中所学内容,形成较为完整的人物访谈评价表,并当堂进行交流。

★ 可能的答案:表 2 - 2 中的内容可供参考。

表 2 - 2　人物访谈评价表

评价要素	评价标准	分值	得分
访谈设计	1. 根据访谈要素,做好充足准备 2. 形成访谈提纲,并与访谈对象充分沟通 3. 访谈结构完整,含开场白、主体、结束语等 4. 访谈时间控制良好,一般在半个小时左右 5. 访谈问题设计合理,符合访谈对象的身份	各10分,共50分	
访谈实施	1. 围绕访谈主题进行有效访谈,不偏题离题 2. 态度中立,尊重访谈对象 3. 感性与理性相结合,对访谈对象没有涉及的领域或不擅长的领域进行引导	各10分,共30分	
访谈效果	1. 访谈内容深入,达到访谈目的 2. 形成访谈实录及访谈文字报告	各10分,共20分	
总计		100 分	

(4) 教师总结:内容略。

【课后学习任务】

课后学习任务包括:(1)小组参照人物访谈评价表,初步形成访谈提纲;(2)完成访谈记录表和历史建筑登记表;(3)自主观看《十三邀》《鲁豫有约》等访谈类节目,撰写观看心得。

【学习资源】

学习资源包括书籍类、期刊论文类、多媒体资源类。

【课后反思】

1. 关注语文的本体性

课程标准中要求,当代文化参与任务群要加强参与性、体验性、探究性。对此,一线教师往往会思考如何创设各类实践活动(如参观考察、访问调查等)以增强学生的兴趣。但要注意的是,该任务群所有活动在本质上都是语文学习活动,不能离开提升语文学科核心素养这一根本目标,不能离开真实的语文实践。

在实际实施过程中,教师往往会把当代文化参与与学生的研究性学习挂钩:如给定一个题目让学生进行调查,随后生成报告。这种调研式的实践活动并不是语文课堂教学自然生成的,也没有发挥学生的主观能动性,学生参与的热情、认知的深度都会大打折扣。教师需要保持警惕。

2. 平衡实践活动与课堂教学

当代文化参与的主现场应该在教室之外和教科书之外。但以往的学习情境多为单篇课文的课堂教学,测评方法多为纸笔测验,当代文化参与可能会让习惯于听从教师指挥和引导的学生感觉茫然。一旦脱离了固定的学习情境,需要自主进行设计、布局流程和人员分工,学生往往不知学习进程将如何推进,产生拖沓或者把握不了重点的情况。在实际操作中,教师要预设到这一点,尽可能在课堂内把任务分配好,并提供相应的学习支架。如果把参与过程划分为三个阶段的话,策划设计可以在课堂,过程展开主要应该在课本外,最后的整理建构、提炼成果可以在课堂,让实践活动成为"有目的""有意义"的实践活动。[1]

(撰写者:上海市嘉定区第一中学　倪斯怡)

第三节　教学设计与实践思考

一、教学设计思考

(一) 任务群分析

"家乡文化生活"单元隶属于当代文化参与任务群。课程标准对该任务群的简述中有这样一段话:"本任务群旨在引导学生关注和参与当代文化生活,学习剖析、评价文化现象,积极参与中国特色社会主义先进文化的传播和交流,增强

---

[1]　褚树荣.保持在场:"当代文化参与"[J].语文学习,2018(4).

文化自信。"其中,关注和参与当代文化生活属于思想认识方面的要求,学习剖析、评价文化现象强调学习过程中批判思维的养成,积极参与中国特色社会主义先进文化的传播和交流属于实践行为方面的要求,该任务群最终指向的目标为增强文化自信。

（二）教材分析

1. 单元主题分析

本单元主题为"家乡文化参与",实则打开了学生认识社会的一个切口。切口虽小,但是管中窥豹,意义更大:(1)家乡是学生成长成熟的场域,熟稔的环境能让学生有针对性地把握调研方向,相对容易地查找与整合资源;(2)"参与"一词体现了纵深性,即从聚焦、了解到表达、传播,逐步通过语文学习活动加深学生对家乡文化的认知,从而提高学生的语文知识综合运用能力。更重要的是,家乡文化生活是不断发展变化的。当学生用当代视角审视家乡文化生活,其理性价值与辩证思维更有助于文化传承。

2. 单元大概念

结合本单元的单元导语、学习活动及提示,笔者把单元大概念定为"认识社会和阐释见解"。

认识与阐释不仅是学习语文的重要途径,也是了解社会的重要技能。陈嘉映在《阐释与两类认识》一文中提出,认识有两类。一类是认识现成固定的东西,它是什么样子,跟我们怎样认知它无关。我们对它的认识,外在于它的存在,外在于它的所是。而另外一类认识,被认识的东西不是现成固定的,它跟我们怎么认识它,是否认识它,有着内在联系。[①] 在本单元所表述的大概念中,实则涵盖了这两类认识且偏重后者。

什么是阐释？海德格尔主张"此在阐释",即"把一切哲学发问的主导线索的端点固定在这类发问所从之出且向之归的地方上",[②]倡导人与所需要阐释的对象的双向对话与交流。在本单元中,阐释的是见解,且是在认识社会之后产生的见解,所以可以作为一项基于社会认识的个性化呈现与表达。

① 陈嘉映.阐释与两类认识[J].中国社会科学评论,2020(1).
② 海德格尔.存在与时间[M].陈嘉映,王庆节,译.北京:商务印书馆,2015.

在本单元中，认识社会的途径包括搜集文献和实物资料、采访相关人物、调查家乡当代文化生活、了解家乡风俗习惯、了解邻里关系、了解生活方式、了解文化环境；阐释见解的途径包括撰写人物（风物）志、撰写调查报告、提出当代家乡文化生活的改进建议、撰写建议书。先有一定的认识和认知，才能进行精准而客观明确的阐释，这是了解和把握事物的一般规律。

3. 单元知识图谱

"家乡文化生活"单元知识图谱见图 2-4。本单元的知识分为两类：一类为理论性知识，一类为技能性知识。理论性知识旨在帮助学生深度理解文化的特质，并将其与当代、家乡等关键概念相结合，理解文化的流动性和不断发展性，理解家乡的多元性和丰富性。技能性知识是指学生在完成本单元各类项目及任务时获得的技能，如学会进行人物访谈并掌握访谈的要素、学会进行调查研究并能够把握其流程和脉络等。这些技能对学生进行实用性文本写作有很大帮助，真正体现了语文学习的社会性、实践性。

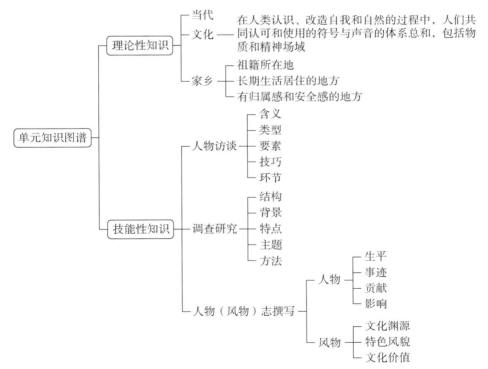

图 2-4　"家乡文化生活"单元知识图谱

（三）理论与实践范式

与本单元相关的文献主要围绕理论研究层面和教学实践层面展开。

就理论研究层面而言，主要关注本任务群的编写理念和教学教法的路径研究。如有研究者站在教育大背景中思考本任务群的现实价值，并从贯穿的角度提供了"当代文化参与"浸润式的安排策略；有研究者从"当代文化的边界厘定"和"语文学科与政治学科的文化参与差异"两方面辨析了本任务群的核心概念，并提供了可借鉴的范式。

就教学实践层面而言，针对本任务群及"家乡文化生活"单元的设计较多，比如有研究者关注"大概念""项目式学习"这两个较为合适的切入路径；有研究者从方言、风俗、民间故事、经济文化四个维度提供了较为广泛的教学实践路径；有研究者选择了调查报告写作这一切入点，提供了有意义的教学尝试与反思。

（四）突破之处

本单元的可突破之处有三方面。

一是实现了任务群的贯穿与融通。根据课程标准对本任务群的教学提示，"本任务群在必修阶段安排 0.5 学分，9 课时；可由教师根据教材相关内容或学校实际情况，在三类学习内容中有选择性地组织教学。在选择性必修和选修阶段不单设学分，可与其他学习任务群组合，设计一些课内外相结合的学习活动"，本单元适合与其他任务群相勾连，进行整合性学习。如可与整本书阅读与研讨任务群结合，通过对乡土中国内涵的理解去反思家乡文化的特质；可与语言积累、梳理与探究任务群结合，探讨家乡方案的形成脉络与运用规律，使学习更有迁移性和实用性。

二是有利于项目化学习的开展。本单元的三个学习活动既有承继性又可以单独展开，教师可以通过创设真实的学习情境来引导学生进行探究，把一个个独立的学习项目作为载体，在课内外相结合的探究过程中不断发现、验证和完善，驱动学生获得知识和技能。

三是有助于实现文化认同与情感共鸣。当今的家乡与传统意义上的家乡不同，家乡可以为出生之地，亦可以为成长之地，更可以是情感的寄托地。因此，面对"新上海人""新嘉定人"，教师在教学过程中可以为这部分学生打开认识这片

"家乡"的窗户,帮助他们融入新生活。从这个维度上来说,这一单元有很重要的社会价值。

二、教学实践思考

(一) 教学建议

在教材中,本单元没有传统意义上的课文,而是围绕学习任务群综合设置了多个单元学习任务,关注的是学生在复杂、真实的情境中运用语文知识的能力,相对而言更有实操性和现实意义。

本单元隶属高中语文统编教材必修(上册)。在高一年级第一学期,学生正处于从初中到高中的过渡期,教师可以考虑进行初高中的贯通衔接,如为了写作家乡人物(风物)志而进行的人物访谈,就可以与统编初中语文教材进行关联,让学生形成语文学习的一体化之感。

针对高中语文统编教材必修(上册)单元数量较多,课时较为紧张的情况,可以考虑把本单元与其他单元有机结合,如与《乡土中国》整本书的阅读结合,深度探讨家乡语言文字的变迁、文化传统、风物特色的形成等,形成学习链。在笔者的教学实践中,有学生团队抓住嘉定作为江南水乡,桥多且有特色的特点,完成了《"桥"见——嘉定古桥的调查及宣传推广》的调查报告。本单元还可与高中阶段部分社会实践活动相结合,让学生深度挖掘家乡现有的文化资源。如笔者所在学校在寒暑假均会开展孔庙"小小讲解员"志愿服务活动。在孔庙的社会实践活动中,学生对传统文化的当代承继与发展会有更深的感触。有学生形成了课题报告《新时代下对嘉定书院文化的研究与传承——以嘉定孔庙为例》。

(二) 学习评价

对于该类实践性较强的学习单元,我们一般采用过程性评价与表现性评价相结合的方式对学生的学习成果进行评价。因此,建立相对客观而科学的评课体系很重要。笔者认为,无论是从学生成长的角度还是从语文综合应用能力提升的角度来看,开展以学习共同体为主体的课程评估都很重要。学习共同体这一关键词在当代文化参与任务群的课程标准说明中多次出现,是在任务群中开展一系列实践活动的基础。一个和谐高效的学习共同体不仅能够保质保量完成学习任务,更能在团队思维的碰撞中提升表达交流的能力,构建学习共同体本身就是语文学习能力提升的表现。同时,教师评价与学生互评需要结合起来,在过程中精准反馈,帮助教师及时调整教学策略,巩固概念重难点。例如,可以通过访谈还原会的形式让学生自主总结访谈的优劣。若在高一年级建立起了较为多元的评价体系,使学习共同体能够充分有效地运作,学生的语文学习自主性便能得到提升,并能为后续任务群的学习、部分语文实践活动的落实打下良好的基础。

（撰写者:上海市嘉定区第一中学　倪斯怡、陈慧）

▶ 第三章

跨媒介阅读与交流
任务群的设计与实施

❋ 内容概要

本章基于当下时代特征和学习任务群的独特性,首先呈现任务群的教学设计流程和学习任务结构。在深度学习等理论的指导下,提炼学习任务群的关键概念。其次以案例的方式,聚焦语言文字的理解和运用,提炼单元内部的学习序列,呈现学习活动之间认知和知识的迭代,具体、直观地展现学生的学科核心素养在本单元学习中的形成过程。最后回归对任务群教学价值的探讨,阐释任务群大概念和知识图谱,并且基于已有教学实践中的重难点,提出任务群的教学建议与课程评估量表。

❋ 教学导读

本章重点呈现了跨媒介阅读与交流任务群教学设计与实施的重难点,理清了目标、内容、情境、方法、资源、评价等要素。通过与"媒介素养"等概念的比较,帮助读者站在一个较新、较广的视野重新思考跨媒介与语文学习的关系。

该任务群的实践性较强,单元学习活动属于综合实践活动,在教学设计与实践中,要特别关注两方面的内容:(1)从现实问题出发,创建贴近学生生活的真实情境,以建设学习共同体的方式,鼓励学生在与他人合作中提升综合素养;(2)关注语文能力的落实,通过可视化图表、知识卡片等学习支架,提炼科学、可操作性强的方法与路径,如跨媒介信息搜索、来源辨析等,鼓励学生自主总结,形成结论。

(撰写者:上海师范大学附属嘉定高级中学　矢婷)

第一节　任务群教学实践模型

一、教学设计流程

信息技术革新促进媒介发展,跨媒介影响着人们感知、参与社会的方式。跨媒介阅读与交流任务群的出现,使语文学习内容和方式产生变化,表现方式更为丰富:利用跨媒介传递信息时需要分辨传统文化、参与当代文化等,这也意味着该任务群在教学设计时有其特殊性。教学设计流程见图 3 - 1。

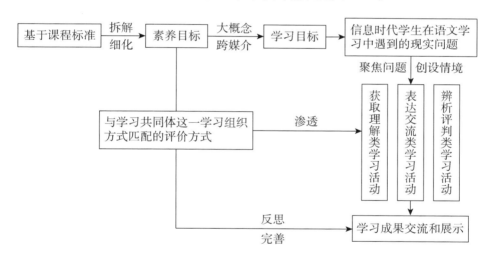

图 3 - 1　教学设计流程

一是基于课程标准确定教学目标,将目标课程化,即分析任务群的目标和内容。可以基于素养目标拆解、细化任务群的目标和内容,以"媒介特点""语言文字运用现象和规律"等为必备知识,以理解、辨析、评判为关键能力,以求真求实为必备品格,确定"跨媒介"为单元大概念。

二是从学习情境、方法、资源等方面聚焦任务群核心问题,设计具有关联性的学习任务,提供学习资源和支架,将学习过程可视化。基于信息时代学生在语文学习中遇到的现实问题,创设真实情境。以建设学习共同体为解决问题的主要学习方式,以纸质文本、电子文本、混合性资源等为辅助的学习资源。在任务分析、解决过程中提升学生的综合素养。

三是教学实施的评价。学习评估设计包括表现性评价和基于评价的测评等方式。不同于其他任务群的评价,以项目为载体的学习更重视过程与结果的结合。可以开发与学习共同体这一学习组织方式匹配的评价方式,在学习过程和成果汇报等不同阶段,设计指向形成性评价的课堂教学评价量表,并以此反思、完善整个教学设计过程。

二、学习任务结构

跨媒介阅读与交流任务群包含两种学习形态:一是课程标准提供的"渗透在其他任务群的学习过程之中"的学习,即通过跨媒介的方式,如纸质阅读与电子阅读相结合的方式进行阅读教学;二是必修教材提供的"教学跨媒介学习",即通过一个总领的驱动型任务,让学生发现和思考信息时代新的语文现象,在搜集问题、解决问题的过程中提升语文素养。隶属于该任务群的高中语文统编教材必修(下册)第四单元"信息时代的语文生活"包含"认识多媒介""善用多媒介""辨识虚假信息"三个学习活动,要求以学生的语文实践为主线来组织活动,训练媒介阅读与交流的相关技能,形成对跨媒介阅读与交流整体的认识和思考,从而提升学生跨媒介阅读与交流的能力。

在设计该单元的学习任务时,教师可以围绕"跨媒介"这一核心概念,体现学生的探究过程,用事实说话,帮助学生理解不同媒介本身的表达特点,让学生在反思社会现象的过程中理解媒介对当下语文学习的影响,形成求真求实的生活态度。在单元人文主题"信息时代的语文生活"下,基于信息时代媒介带来的阅读习惯、网络语言盛行等现实问题设计一个总领的大项目,下设针对具体问题的小项目,通过"认识—使用—辨识"的活动链,基于"问题—研究—成果"的方式形成任务迁移与进阶。学习任务结构见图3-2。学生先发现身边新的语文现象,在梳理的过程中总结不同媒介语言文字运用的特点和规律,进一步提出问题;再通过搜集资料、调查研究、比较等学习方式,发现问题本质;接着在聚焦本质问题的基础上,通过梳理、归纳,以提供改善建议的方式,深入认识媒介的特点,形成正确的价值导向、开阔的眼界和客观理性的媒介素养。

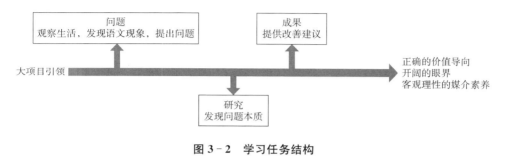

图 3 - 2　学习任务结构

第二节　单元教学设计案例

一、单元活动结构

本单元的学习活动在大项目的引领下,大体上分为认识、使用、辨识三个阶段。一是在工具层面了解常见媒介与语言辅助工具的特点,相应地,语文学习也呈现新特点,在此过程中发现语文现象。二是运用多媒介有效表达与交流,如落实教材单元学习任务中撰写招聘启事、推广方案等综合活动。三是对信息的有效性和真实性进行辨别和评判,进而明确语言现象的本质(如知道信息来源的多样性、真实性,能区分事实和观点,能对媒介叙事和现实之间的联系或差异作出判断,甚至对不同媒介的立场和价值观作出辨识[①],多角度分析问题,启发新思考),在此基础上,逐步理解跨媒介在语言文字交往方面发挥的正面、负面作用。借助媒介进行交流,媒介本身的特点会影响人的交流,因此,如何保持个体思想、人格的独立性尤为重要。单元活动结构见图 3 - 3。

---

①　王宁,巢宗祺.《普通高中语文课程标准(2017 年版 2020 年修订)》解读[M].北京:高等教育出版社,2020.

几个活动紧扣核心概念"跨媒介",遵循学生的认知规律,前后衔接,相互勾连,情境复杂性逐步提升,任务综合性逐渐加大,引导学生由浅入深开展学习,形成求真求实的态度。

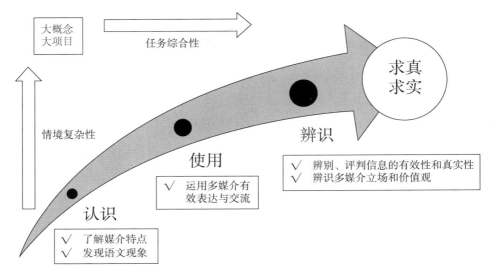

图 3-3 单元活动结构

二、单元认知结构

本单元以"跨媒介"为大概念,统领单元人文主题"信息时代的语文生活"。单元认知结构见图 3-4。教师可以围绕信息时代语文学习的现象和特点,基于问题开展研究,借助"发现问题—提炼本质—形成思考并解决或改善问题"的过程,引导学生形成求真求实的态度。通过三个学习活动,提炼认识、理解、辨析、评价等指向认知能力的关键词,提炼媒介特点、信息来源、媒体立场、当代文化现象、媒介素养、跨媒介学习共同体等指向知识的关键词。单元内部的学习序列体现了认知与思维能力的不断迭代,由对陈述性等低阶知识的理解和积累,发展到对程序性、价值性、元认知知识乃至知识背后逻辑的探索,从浅层学习走向深度学习。

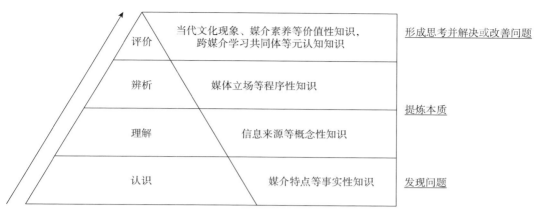

图 3 - 4 单元认知结构

三、单元学习规划样本

以"在信息时代,我们的生活中有哪些新的语文现象"为核心话题,组建问题研究团队,关注当代网络语言和文化等研究主题,尝试引导学生在真实的学习情境下开展单元学习。以下提供一个单元学习规划样本,见表 3 - 1。

表 3 - 1 单元学习规划

课时	栏目	具体内容
第一课时	目标	1. 形成利用不同媒介获取信息、处理信息、应用信息的能力 2. 通过调查、访谈等方式,结合自身学习经验,了解信息时代语文学习的现状 3. 认识信息时代给语文学习带来的机遇和挑战,思考多媒介与自我成长之间的关联
	任务	激趣引导课:"信息时代的语文生活" 总任务:围绕"信息时代的语文生活"这一核心话题,组建研究团队,基于各自的研究主题,完成研究报告,进行交流展示
	活动	【课前准备】 围绕"在信息时代,我们的生活中有哪些新的语文现象"搜集资料 1. 分享、交流搜集到的新的语文现象 2. 梳理信息获取的过程,总结跨媒介信息搜集方法 3. 了解生活中新的语文现象,确定研究主题(建议:现象可以多样化,但确定的研究主题要集中、明确)

（续表）

课时	栏目	具体内容
第一课时	评价要求	1. 具备利用不同媒介获取信息、处理信息、应用信息的能力 2. 能提炼出信息时代语文学习的基本特质，发现新的语文现象
	资源	文本资源：《传播媒介变迁的社会影响》《学习方式的新"宠儿"——多种媒介融合使用》 数字资源：《传播的历程》公开课
第二课时	目标	1. 归纳不同媒介的语言特征，能撰写具有相应特征的文稿 2. 提高信息时代背景下的语言文字运用能力
	任务	知识指导课：作为研究团队的组长，请你确定研究方向，撰写一则招聘启事
	活动	【课前准备】 根据教材要求，完成研究团队招聘启事，注意不同媒介的使用特点 1. 交流已完成的招聘启事初稿 2. 学生点评，并归纳出使用不同媒介的注意事项表 3. 组建研究团队，明确分工 参考选题： 1. 网络语言的不规范现象：中英文夹杂、有错别字等 2. 广告语的不规范现象："谐音梗"
	评价要求	1. 修改并完成一份符合要求的招聘启事 2. 完成研究团队的组建，明确分工
	资源	文本资源：《不同媒介的语言特征与网络语言的发展》
第三课时	目标	能区分事实与观点，了解辨识媒介信息的基本技巧
	任务	知识准备课：如何辨析信息的来源
	活动	【课前准备】 自主查阅虚假劣质信息案例，准备进行课堂展示 1. 利用多媒介搜集并阅读"反转式事件"，分享辨识信息来源的基本方法 2. 归纳真实、有效信息的基本特征，完成一份阅读指南
	评价要求	完成一份指导他人辨识信息来源真实性、有效性的阅读指南
	资源	数字资源：《将学生外卖直接扔进垃圾桶，凭啥》《"将学生外卖扔进垃圾箱"是错误的教育示范》线上文章

（续表）

课时	栏目	具体内容
第四课时	目标	1. 了解辨识媒介信息表达的立场和手段 2. 能使用相关知识辩证分析当下网络对语言、文化的影响,提高对语言、文学的鉴赏能力
	任务	知识准备课:如何辨识媒体立场
	活动	1. 从语言表达、文体特征等角度辨识媒体立场的表达 2. 针对当代网络语言、文化问题,完成一份关于净化网络空间、维护网络安全的倡议书提纲
	评价要求	1. 能基于语言表达与运用,多角度地辨识媒体立场,完成一份评价量表 2. 完成针对当代网络语言、文化问题的倡议书提纲
	资源	数字资源:《一张图,10 万＋赞!》《一场公共讨论何以酿成"网络骂战"》《网络的真相》《2022 年度"十大网络流行语"新鲜出炉》线上文章
第五课时	目标	1. 明确倡议书的写作规范,根据发布媒介的特点,选择合适的语言表达 2. 提高对语言、文学的鉴赏能力
	任务	写作指导课:如何撰写建议书
	活动	1. 展示小组倡议书提纲,归纳倡议书写作规范和要求 2. 修改倡议书提纲,当堂撰写倡议书 3. 小组分享交流,提出修改建议并完成修改(优秀作品可推荐至校刊与学校微信公众号) 4. 课后以小组为单元,完成一份倡议书写作评价量表
	评价要求	1. 完成一份符合写作基本要求的倡议书 2. 课后以小组为单元,完成一份倡议书写作评价量表
	资源	文本资源:《完全写作指南》
第六课时	目标	1. 制订研究计划,明确研究报告写作要求,评估研究的可操作性和创新性 2. 提高理性思辨能力和表达能力
	任务	写作指导课:如何撰写研究报告

（续表）

课时	栏目	具体内容
第六课时	活动	【课前准备】 回顾研究报告写作要求，根据不同选题方向，基于现实问题，完成研究报告结构表 1. 评价各小组的"研究报告结构表" 2. 教师明确研究报告撰写要求和注意事项 3. 课后完成研究报告撰写
	评价要求	完成一份研究报告
	资源	文本资源：《社会研究方法》
第七课时	目标	1. 利用多媒介传播信息，掌握网络、报刊等多种媒介传播信息的方法 2. 搜集学校"网络文明安全月"素材，了解研究成果推广方案基本写作要求
	任务	写作指导课：如何撰写研究成果推广方案
	活动	【课前准备】 以小组为单位搜集资料，了解研究成果推广方案的基本要素 1. 小组展示交流研究报告的成果，基于现实问题提出改进、解决方案 2. 小组合作，讨论研究成果推广方案大纲 3. 利用课下完成研究成果推广方案初稿
	评价要求	以小组为单位，完成研究成果推广方案
	资源	文本资源：《跨媒介文学文体写作：数字化时代的写作发展与创新》《写给大家看的设计书》
第八课时	目标	1. 对不同媒介传播信息的方法进行有效实践，提高媒介应用能力 2. 在小组合作中完善研究成果推广方案
	任务	分享交流课：成果发布会
	活动	1. 展示交流研究成果推广方案，形成评价量表 2. 各小组根据评价量表完善修改研究成果推广方案，班级结集成册
	评价要求	1. 以小组为单位展示交流，完善研究成果推广方案 2. 完成一份研究成果推广方案评价量表 3. 形成班级推广方案成果集，推荐给学校学生工作部
	资源	文本资源：《跨媒介文学文体写作：数字化时代的写作发展与创新》《新媒体写作论》

（续表）

课时	栏目	具体内容
第九课时	目标	1. 总结单元所学内容，建设跨媒介学习共同体，丰富语文学习手段 2. 完成单元学习自我评估表，提高反思质疑能力
	任务	整理探究课：信息时代语文生活实践交流分享
	活动	1. 从认识媒介信息、使用媒介信息和辨识媒介信息三个角度，使用思维导图形式整理本单元所学内容 2. 讨论本单元学习评价表要点，制作评价表并开展互评与自评 3. 完成单元学习反思与小结
	评价要求	1. 完成一份单元学习小结思维导图 2. 完成学习评价量表的填写
	资源	文本资源：《涵养媒介素质，才有最美和声——迎接网上"新集体生活"》 数字资源：思维导图软件

四、典型课时案例

第三课时　如何辨析信息的来源

【单元目标】

了解辨识媒介信息来源真实性、有效性的基本方法，形成信息查证意识，提升媒介素养。

【教材及学情分析】

本单元是综合性学习单元，隶属于跨媒介阅读与交流任务群，围绕"信息时代的语文生活"展开设计。

在本单元前两个课时的学习中，学生应能达成对不同媒介特征的理解和对使用不同媒介撰写文稿的初步感知，并通过招聘启事的撰写，在实践中深化体验。第三至五课时重点聚焦单元学习任务三，辨识虚假信息，这也是本单元的学习重难点。

结合单元导语、单元学习任务三、课后学习提示,第三课时将聚焦青少年不文明回帖、参与网络暴力等现实问题开展讨论,通过"反转式事件"引导学生区分事实陈述和观点陈述,了解辨识信息的基本方法。该课时需要学生调动自己的生活经验思考、讨论,集思广益,从语言标志的角度了解虚假信息的外部表现特征,总结辨识媒介信息的方法,形成信息查证意识,提高辨识能力。

【课时目标】

能区分事实陈述和观点陈述,了解辨识媒介信息的基本技巧。

【学习情境】

当下网络媒体的发展一方面及时为人们提供了信息,方便人们知晓最新消息,另一方面也为虚假信息和不实谣言的传播提供了可乘之机。我们该如何判断信息来源的真实性、有效性?

【教学设计】

课前准备:搜集自己遇到过的虚假劣质信息案例,了解虚假信息的表现、来源及其危害,分组展示案例及归纳辨识方法。

任务一:区分事实陈述和观点陈述。

从大家搜集到的案例中不难发现,很多虚假媒介信息混淆了事实陈述和观点陈述,容易影响人们的判断,我们应如何区分它们呢?

学习支架:小组讨论、完成学习单,通过举例的方式区分事实陈述和观点陈述(相关分析见表3-2)。

表3-2　事实陈述和观点陈述分析表

概念	分类	特征	举例
事实陈述:把客观事实说出来	1. 第一手资料:通过陈述者的感官直接获得的信息 2. 第N手资料:从其他途径得到的信息,然后再转述(如果被转述的对象是第一手资料,那么该陈述就是"第二手资料",以此类推)	1. 无"对错",无"好坏" 2. 有"真假" 3. "事实"的可验证性:证实与证伪	—

（续表）

概念	分类	特征	举例
观点陈述：陈述自己的主观想法	1. 不必经过思考而得出的观点：这类观点陈述比较常见的有感官体验、价值观偏好。感官体验直接来自于人的本能。得出这类观点是不用经过大脑思考的，类似于条件反射。价值观偏好主要来自于人的生活习惯、家庭环境、文化背景等。人一旦形成了某种价值观偏好，就如同思维定式一般，作出评价也是不经过大脑思考的 2. 经过某种思考而得出的观点：思考的方式有很多种，其中，最不靠谱的就是完全靠猜测，然后得出某个主观结论。好一些的方法是"依靠归纳法，总结出某个结论"和"依靠演绎法，通过逻辑推理得到某个推论"	1. 感官体验的观点：完全不存在"真假""对错""好坏" 2. 价值观偏好的观点：如果价值观偏好纯属私人领域，就与感官体验类似，没有"真假""对错""好坏"之分。涉及公共领域（如政治领域、道德领域）的价值观偏好有"好坏"之分。如果某个价值观在不同历史时期、不同文化中都得到赞美，那么就可以称之为"好"的价值观；如果某个价值观在不同历史时期、不同文化中都遭到批评，那么就可以称之为"坏"的价值观。大部分公共领域的价值观，都处于中间的灰色地带。这些价值观可能在某些历史时期或某些文化中被赞同，而在其他历史时期或文化中被排斥 3. 经过某种思考而得出的观点：这类观点有"对错"之分，因为思考的过程是有可能出现偏差和谬误的	—

任务二：虚假信息的深入判断。

1. 请结合自己的生活经验，阅读相关材料，分析其信息来源的真实性和有效性，填写表 3 - 3。

材料一：《将学生外卖直接扔进垃圾桶，凭啥》

材料二：《"将学生外卖扔进垃圾桶"是错误的教育示范》

表 3-3 信息辨识分析表

分析两篇文章的发表媒介	
你辨识出的文本中的虚假信息	
哪些因素让你对该文本的真实性产生了怀疑	1. 这组文本中哪些信息可能不可靠,请说明你的判断依据 2. 这些文本中所用的哪些手法容易让人误读
可靠的文本在语言表达上一般有哪些特征	特征 1: 特征 2: 特征 3:

2. 梳理真实信息源列表(见表 3-4),总结辨识虚假信息的方法。

表 3-4 真实信息源列表

真实信息源	判断理由
例:权威官方媒体	权威官方媒体的内容需要经过层层审核才能发表,一定程度上确保了发布信息的准确性和真实性

任务三:辨识媒介信息的指南。

在我们的研究报告里,需要编写一份指导他人辨识信息来源真实性、有效性的阅读指南。你会如何编写呢?

(学生交流、总结搜集跨媒介信息的方法。)

通过课堂的学习分享,请你谈一谈在信息时代,我们应该如何深入了解一个事件?

★ 可能的答案:(1)跨媒介具有极强的交互性、即时性,这提醒我们在关注信息来源时,至少要寻找三种以上的信息源,对信息的真实性进行辨识;(2)我们可以在权威官方媒体平台了解信息,力求完整了解事件始末;(3)我们要追问事件疑问点,对比分析信息真伪,关注人们的关注点与事实的差异,避免碎片化、表面化;(4)我们可以延时评论,给自己设置一段评论"冷静期",在尊重他人言论的同时,理性、客观地看待问题;(5)我们要关注作者的立场,从言论提出的背景、角度、影响等方面分析作者的立场,理解信息的有效性。

★ 提示:(1)提炼辨识要点,有条理地依次表述;(2)确定指南面向的群体,可以是父母长辈、同龄好友、低龄学生等,结合该群体的实际情况组织相关语言(建议使用第一人称或第二人称);(3)可适当加入图表,帮助读者更好地理解指南。

【学习资源】

学习资源是网络相关文章。

【作业】

作业是完成一份指导他人辨识信息来源真实性、有效性的阅读指南。

【教学反思】

现在,人们的生活被大量信息包围,人们需要具备较强的辨识信息的意识与能力。就高中生而言,学习辨识信息,既能锻炼他们的思维能力、语言分析能力,又能培养他们的媒介素养,营造更为健康的媒介环境。

本课基于当下虚假信息影响人们生活这一现实问题,围绕"如何判断信息来源的真实性、有效性"这一问题展开讨论。先让学生寻找身边的案例进行分析,区分事实陈述和观点陈述,进而归纳虚假信息的语言标志,再以完成一份指南的形式外化学习成果。

在学习内容上,本课从学生遇到的现实困难出发,重点聚焦学习任务三,引导学生在已有发现的基础上,进一步区分多媒体信息中的事实陈述和观点陈述,进而掌握辨识媒介信息的基本知识和方法,并将其运用于生活之中,提升思维能力。从学情来看,学生在辨识信息时普遍关注信息来源,如正规官方渠道,但容易忽视信息本身的语言标志。从课堂反馈来看,学生在最后的小结环节,基本能用图示方法结构化呈现自己对多媒介信息来源真实性、有效性的认识,基本达成目标。

在学习方法上,通过"先让学生发现身边的现象,再在课上进行梳理和补充"的方式,帮助学生完善对信息来源的认识,在这个过程中提炼出标题、发布媒体及渠道、内容表述、阅读效果等维度帮助学生判断,但是这些角度之间似乎没有形成一个体系和路径,这方面还需要继续思考探索。

在学习评价上,这堂课主要通过小组合作、讨论等方式帮助学生补充和反思自己的预习作业,完善认知。在评价方式上,主要以课堂表现性评价为主,以课后完成指南的方式进行结果性评价。

(撰写者:上海师范大学附属嘉定高级中学　朱婷)

第三节　教学设计与实践思考

一、任务群的特殊性和实用性分析

课程标准中对跨媒介阅读与交流任务群的学习目标和内容有清晰的阐释:"通过本任务群的学习,学生既要了解常见媒介与语言辅助工具的特点,也要学会辨析信息的真实性及信息背后的媒体立场,形成独立判断,同时关注网络对语言、文学的影响,并在学习过程中建设跨媒介学习共同体。该任务群不是借助多媒体手段进行教学,更不是对某单一媒介的学习,而是在多媒介背景下,将跨媒介本身作为学习的对象和内容。"[1]

任务群的学习链起始于跨媒介获取、呈现、表达等语文实践活动。教师引导学生从不同媒介的语言文字运用出发,整合丰富的语料,筛选、提炼、归纳不同媒介语言文字运用的特点和规律,接着对跨媒介传播内容及其思想内涵展开辨析、评判,在多样的信息来源中去伪存真、辨识媒体立场,提高自身跨媒介阅读与交

---

① 王宁,巢宗祺.《普通高中语文课程标准(2017年版2020年修订)》解读[M].北京:高等教育出版社,2020.

流的质量。简而言之,该任务群的核心是语文学习而非技术运用,围绕言语活动开展,关注语言能力是学习重点。

该任务群要求学生具备信息时代的媒介素养。通过比较梳理联合国教育、科学及文化组织发布的《全球媒体与信息素养评估框架(Global Media and Information Lit-eracy Assessment Framework)》与课程标准(见表 3 - 5),我们发现,前者认为媒介素养与阅读获取、感知、反思、迁移、创造语言符号信息的综合能力有关,而后者指向语文学科范畴的媒介素养,其出发点和落脚点是引导学生反思并适应媒介技术对母语习得的影响。综上所述,跨媒介阅读与交流任务群旨在通过不断接触、分析、判断、评价多种媒介,积累经验,引导学生学会维系、协调、缔结人与媒介的互动关系,保持清醒的价值立场,实现媒介素养与语文核心素养的融合。

表 3 - 5 《全球媒体与信息素养评估框架》与课程标准中的媒介素养要点提炼

《全球媒体与信息素养评估框架》中的媒介素养	课程标准中的跨媒介阅读与交流任务群	学科核心素养
识别媒体信息的来源、立场,解读其内涵	知道信息来源的多样性、真实性,辨识媒体立场,多角度分析问题,形成独立判断	语言建构与运用 思维发展与提升
利用适当的媒介表达观点	了解常见媒介与语言辅助工具的特点。掌握利用不同媒介获取信息、处理信息、应用信息的能力。学习运用多种媒介展开有效的表达和交流	
投入自我情感,使自我意识参与到文本的建构中,将自己融于媒介	1. 关注当代网络文学和网络文化,坚持正确的价值导向,辩证分析网络对语言、文学的影响,提高对语言、文学的鉴赏能力 2. 建设跨媒介学习共同体,丰富语文学习的手段	审美鉴赏与创造 文化传承与理解
增进对不同网络文化社群的了解与认知		

二、教材分析

（一）单元主题分析

本单元围绕"信息时代的语文生活"这一主题开展活动。在信息时代，人们了解社会、与他人沟通、与群体产生联系、与周围世界交换信息、进行各种决策等都需要借助媒介，有时还需要借助多种媒介。人的思维方式和语言运用受到多种媒介的影响，产生了新特点与新问题。

本单元聚焦语言文字的理解与运用，尝试在真实情境与生活实践中提升学生的媒介素养，有助于学生更好地认识当下的生活。

（二）单元大概念分析

跨媒介的"跨"既强调跨越，又注重整合。媒介一般指传播介质，如报纸、杂志、广播、电视、网络等，既包括静态的纸质文本、图片，也包括动态的声音、动画、视频等。与传统的纸质媒介相比，跨媒介具有即时性、高参与、自主性、多样性等特点，不再仅仅局限于对书面文字的识记、理解、鉴赏、评价，而是进一步拓展到对图片、表格、声音、视频等多元信息的获取、处理和应用。[①] 人人都可以成为生活事件的发现者、写作者、传播者和接受者。

（三）学科基本问题分析

在互联网背景下，跨媒介已经成为信息传播的必然趋势，跨媒介在语言文字传播、运用中产生了种种新问题。在信息时代，很多学生都能够接触到各类新媒介，对于媒介工具的使用并不存在很大问题。但因学生的语文生活与多媒体紧密相连，各种不规范的语言文字使用都会影响学生的学习。"如何梳理清楚教学标准、教材和学情的关系，基于学情确定任务群教学的目标与内容""如何引导学生从认识、使用、辨析多媒介起步，走向批判性思维等高阶思维的形成"等都成为跨媒介阅读与交流任务群教学需要重视的问题。

（四）单元知识图谱

我们基于布鲁姆、安德森等人的知识分类标准，提炼单元核心知识、核心概

---

① 龚佳丽，谷小爱，胡根林.在言语活动中提升学生的媒介素养——高中语文教材必修（下）第四单元的设计与实施[J].中学语文，2023.

念和关键能力后再关联结构化,提炼学科教学中的本质问题,绘制单元知识图谱,见图3-5。最底层是该单元的事实性知识,主要包括不同媒介的传播特点。上一层是信息及获取信息的途径等概念性知识,这类知识有助于学生理清媒介信息与传播方式的关系。再上一层是媒体立场、媒介使用等程序性知识,是具体的阅读方法。顶层包括当代文化现象、媒介素养等价值性知识和跨媒介学习共同体等元认知知识,是知识的学科应用。这些知识共同指向语文学科核心素养。

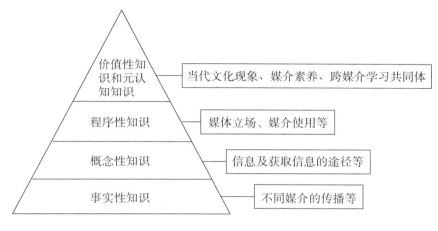

图3-5 单元知识图谱

三、理论与实践范式

(一) 理论范式

跨媒介阅读与交流的内涵随着课改的深入而不断丰富、发展。2003年,《普通高中语文课程标准(实验)》提出,语文课程应"加强与社会发展、科技进步的联系,适应现实生活和学生自我发展的需要","能利用多种媒体搜集和处理信息"[1]。该文件关注到信息时代对阅读的影响,但主要把信息技术视为语文学习的手段。《义务教育语文课程标准(2011年版)》认为"现代科学和信息技术迅猛发展,新的交流媒介不断出现,给社会语言生活带来了巨大的变化,对中华民族优秀传统文化的继承,对语言文字运用的规范带来新的挑战"[2]。该文件进一步

---

[1] 中华人民共和国教育部.普通高中语文课程标准(实验)[S].北京:人民教育出版社,2003.
[2] 中华人民共和国教育部.义务教育语文课程标准(2011年版)[S].北京:人民教育出版社,2011.

强调了新媒介对语文教学的影响,并明确提出学生应"初步具备搜集和处理信息的能力,积极尝试运用新技术和多种媒体学习语文"①。《普通高中语文课程标准(2017 年版)》把跨媒介阅读与交流列为学习任务群之一,表明其正式成为语文课程学习的核心内容。

从研究现状来看,《普通高中语文课程标准(2017 年版)》颁布后,有关跨媒介阅读与交流任务群研究的论文数量不断增加,多数文献关注该任务群的内涵与教学实施策略、建议等;少数文献呈现了该任务群的案例设计;此外,个别文献关注国外教材中的跨媒介教学设计,为研究该任务群的教学策略提供了一定的参考。

梳理已有文献对该任务群的教学设计与实施,可以提炼出以下共性:(1)在情境上,以任务群目标中的知识能力品格为导向,拥有一个围绕信息的多媒介搜集与发布的主题情境;(2)在路径上,遵循教材单元学习任务中从"认识"到"使用"再到"表达"的路径,多为几课时集中性学习;(3)在学习资源上,特别关注可视化的支架,把图表作为比较的支架,帮助学生辨识媒介信息特征,归纳相关要素。

虽然大部分案例都关注到了单元学习任务中的关键词,但若重新回到任务群的学理依据中,也会发现一些共性问题:如果机械地依照"认识—使用—辨识"的顺序展开任务,容易忽略任务群的价值诉求,对为什么要以任务群的方式展开学习缺乏本真的认识,除去在媒介素养上的提升,跨媒介任务群中学生的阅读行为容易被忽略,集中体现在把媒介素养与语文学科素养培育本末倒置,在学习活动中更关注媒介的使用。这就要明确该任务群到底要落实哪些语文能力。

基于以上分析,我们尝试把指向媒介的活动转换为语言文字运用活动,如查证事件言论的真实性,在查证真实性中引导学生理解文本信息真实性的依据而非出处本身,引导学生明确权威文章的基本标志等。此外,学习任务的完成有赖于学习共同体的创设,经验个体的学习需要社会化互动情境的支持,多人合作探讨是该学习活动开展的基本要求。基于此,我们参考 PISA(学生能力国际评估项目)合作解决问题能力矩阵中合作维度的三个核心能力(即建构并保持共同理

---

① 中华人民共和国教育部.义务教育语文课程标准(2011 年版)[S].北京:人民教育出版社,2011.

解、采取恰当行动、建立并保持团队组织)①,关联任务群核心能力要素(即获取理解、表达交流、辨析评判),尝试建构合作学习的评价要素表(见表 3-6),在项目的不同阶段设计相应合作学习的评价工具。

表 3-6　合作学习的评价要素表

能力要素		合作解决问题能力		
		建构并保持共同理解	采取恰当行动	建立并保持团队组织
任务群核心能力	获取理解	◆ 能准确理解任务要求,发现并理解团队成员的共识 ◆ 能从多媒介中快速准确获取与任务及成员达成一致的信息	◆ 能根据任务要求确定合作类型并恰当分工 ◆ 能依据分工从多媒介中广泛检索并准确获取信息 ◆ 能在行动过程中保持有效积极沟通	◆ 能根据自身能力特点,准确定位自己在信息检索与获取过程中的角色 ◆ 能积极与团队成员配合,保持团队合作状态
	表达交流	◆ 能通过对问题的平等有效讨论,按照任务要求整合获取多媒介信息 ◆ 能在交流中达成多元复杂信息理解的共识	◆ 能积极思考并广泛交流,明确任务分工与合作 ◆ 能遵循认知规律,在观点、思维的碰撞中完成信息的表达与交流	◆ 能根据团队成员的能力和思维特点合理分工 ◆ 能保持谦虚和开放的心态,接受合理建议
	辨析评判	◆ 能建立对多媒介信息来源、发展趋势、媒体立场等抽象内容的共识理解 ◆ 能与团队成员交流并达成一致意见 ◆ 能在交流中拓展思路,加深认识,提升思维能力	◆ 能针对任务要求合理分工,发散思维,展开广泛联系 ◆ 能拓展对问题的认识,深入聚焦问题 ◆ 能在完成任务的过程中实现对多媒介信息的辨识与判断	◆ 能理解团队成员的观点 ◆ 能通过积极辩论跨越认知分歧和障碍 ◆ 能恰当回应团队成员的质疑

① 齐腾达,施林宏.聚焦"学习共同体",开发"跨媒介阅读与交流"课堂评价工具[J].中学教学参考,2021(6).

（二）实践范式

借鉴分布式认知理论，我们尝试构建跨媒介阅读与交流任务群设计与实施的路径。分布式认知理论智能存在于学习环境、学习者使用的工具、学习者的交互以及所有学习者之中。在设计与实施跨媒介阅读与交流任务群时，需要明确在信息时代这样一个文化视域下学生需要哪些语文学科核心素养，基于目标思考学生对媒介、信息获取已有的经验和认知以及需要哪方面的指导。在地域上，我们可以从学习资源、合作方式、媒介工具三方面进行考虑，学习资源包括真实情境、必备知识与各类可视化支架，合作方式即通过建构跨媒介学习共同体的方式开展交互学习，媒介工具是帮助学生进行认知转换的工具，用来创设情境、进行合作学习和交流。我们以专题活动为依托，利用跨媒介融合多文本的教学方式，配合自主、合作和探究的学习方式，培育学生的学科素养。

在此基础上，我们加入了学习评价。评价项目有内容和形式两个维度。在内容上，指向语言文字的运用：（1）在阅读上，评价学生能否辨识事实陈述和观点陈述，能否从语言形式出发，对信息来源的真实性、有效性做出正确评价，能否多角度分析问题，形成独立判断并坚持自己的观点；（2）在表达与交流上，评价学生能否使用不同媒介分享与交流，在这个过程中做到准确使用概念，对现象进行合理判断等。在形式上，鉴于该任务群的实践性、活动性较强，很难通过传统的纸笔测试对学生进行评价，主要采用过程性和终结性评价综合的方式[①]：（1）在过程性评价上，应用交互式阅读工具，通过各类评价量表记录学生真实、完整的学习过程[②]，同时关注学习共同体在解决问题中发挥的作用；（2）在终结性评价上，通过展示阶段性学习成果，检测学生的学习质量，引导学生回顾学习经历和总结学习经验。跨媒介阅读与交流任务群教学设计与实施模型见图3-6。

---

① 张砚妮.经典名著的跨媒介阅读与交流[J].科教导刊,2019(4).
② 张旭.高中语文阅读素养研究[D].扬州:扬州大学,2019.

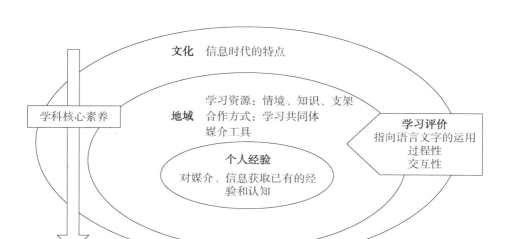

图 3 - 6 跨媒介阅读与交流任务群教学设计与实施模型

（三）教学实践思考

1. 教学建议

一是基于信息时代学生遇到的现实问题，创设多元的实践情境和交互语境，唤醒学生内在的学习需求。教师要创设由浅及深、符合学生心理特征、年龄特点，与学生日常生活、校园文化、学科学习实践等相关的真实情境，引导学生从时代特征、思维发展、文学审美等角度聚焦单元学习主体，把解决问题的过程转化为观照他人、探寻自我内在成长的过程。

二是根据学情和学习阶段，灵活设计评价量表，关注多种评价主体，激发学生的参与热情。教师要尝试开发更多描述性的评价工具，帮助学生自我监控学习进程和学习成果。

三是与其他任务群有机结合，凝聚集体备课力量，发挥组内教师专业特长，提供多样化的学习资源，建设校本学习资源库。

2. 课程评估

我们尝试使用课程评估量表对学习任务群课程进行评估，表 3 - 7 仅供参考。

表 3-7　课程评估量表

评价要素	评价内容	评分(每项 10 分)	备注
学科核心素养	1.体现任务群学科核心素养的培育		
	2.体现任务群的核心素养与语文知识、文本的关系		
	3.体现学习进阶		
课堂教学	1.创设基于现实问题的情境		
	2.引导学生开展自主、合作、探究学习		
	3.学生的主体地位有保障,核心素养有提升		
学习评价	1.有及时、合适、阶段性的学习评价		
	2.学习评价能有效促进学生的学习反思		
其他	1.有效利用本地区、本校、本班级的特色资源,创设校本化学习资源		
	2.可参考的其他加分项		
反思与改进:			

　　媒介素养这一语文学科核心素养的培育是一个复杂的过程。当下,该任务群教学设计与实施依然面临很多困境:(1)如何以系统化、结构化的学科思维审视媒介素养的教学,基于学情,在高中三年创建合理的知识、认知目标序列,搭建学习支架,创设情境和任务;(2)如何与其他任务群的学习有机结合,让学生把在跨媒介学习过程中习得的实证、批判思维等能力渗透在其他任务群的学习中;(3)如何更为有效地测评该任务群的学习;(4)面对丰富的项目设计与实施,如何在实际操作和管理上提高效率,减轻学生的学习负担。这些问题都有待进一步的探讨和实践。

(撰写者:上海师范大学附属嘉定高级中学　朱婷)

第四章

语言积累、梳理与探究
任务群的设计与实施

❋ 内容概要

本章根据语言积累、梳理与探究任务群的特点，以"古今词义大演变"为单元大概念，从词义的演变过程、词义的辨析、词语的应用三方面来落实语言建构与运用的核心素养。

寻找词语的家族成员及语义关系有利于丰富词语的积累；对古今词义进行探析有利于发现语言运用的规律；区分词语语境义、感情色彩、语体色彩有利于正确辨析和运用词语。语言学习需要时刻关注现实生活，运用积累的语言材料、建构的经验、发现的语言问题，分析、解释语言现象，参与语言建设，从而建立现实世界与语言世界的深度联系。

❋ 教学导读

本章教学时要充分考虑语言积累、梳理与探究任务群的特点，在教学过程中基于教材已有的学习活动来创设语言活动的情境，以任务为驱动引导学生自主开展学习活动，引导学生搜集、梳理资料，围绕词义的探源和辨析来开展学习活动，寻找古今词义演变的规律，在语境使用中辨析词义，提升语言能力。

该任务群的教学"不追求知识点的全面与系统"，教师可找准关键点进行点拨，引导学生自主积累语言，在此基础上发现关联，探究规律，建构自己的言语经验。教师需要根据学情灵活调整教学设计，可围绕具体的学习任务分项落实，可围绕核心学习任务整体探究，可把教材作为抓手进行板块式推进，还可联系其他任务群进行教学。

（撰写者：上海嘉定区安亭高级中学　倪春凤）

第一节 任务群教学实践模型

一、教学设计流程

我们把教材中的学习活动分为三大板块来推进教学,围绕词语积累、探究与运用开展多项学习活动,引导学生搜集并积累从高中语文统编教材必修(上册)中学到的或在生活中接触到的生词、熟语(成语、惯用语等)、文言词语、年度新词语、好词佳句、易误用的词语等,在此基础上对词义进行探源,寻找古今词义演变的规律(即联系性),从而在语境中进行词义的辨析。我们注重语言学习的情境化,强化学生学习的主体性和实践性,让学生在语言实践中反思积累词语的方法,增强积累的有效性,在语言实践活动中把握古今词义的联系与区别,学会辨析词语并增强语言运用能力。"词语积累与词语解释"教学设计流程见图 4-1。

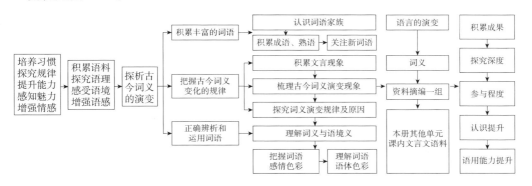

图 4-1 教学设计流程

二、学习任务结构

语言积累、梳理与探究任务群是单一关联语言建构与运用核心素养的任务群,"词语积累与词语解释"专属于语言积累、梳理与探究任务群,语言是思维的物质外壳,逻辑是思维的重要准则。本单元从词义的演变过程、词义的辨析和词语的应用方面落实语言建构与运用核心素养。因此,本单元基于教材的学习活动任务,按照板块式推进教学,对词义进行探源,寻找古今词义演变的规律(即联系性),从而在语境中进行词义的辨析。各小组的学生根据学习任务自主合作、探究学习,以提高语言运用能力和思维能力,提升学科核心素养。语言积累、梳理与探究任务群学习任务结构见图4-2。

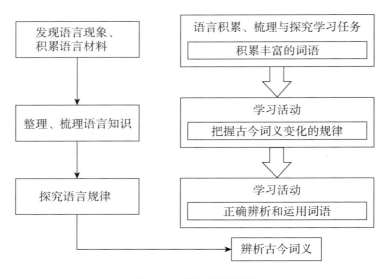

图4-2 学习任务结构

第二节 单元教学设计案例

一、单元活动结构

"词语积累与词语解释"单元分为三个活动来展开,其单元活动结构见图4-3。活动一是积累词语的过程(即搜集资料的过程),在搜集资料的基础上对词语进行分类整理。活动二是在活动一的基础上探寻和发现规律,找到古今词义的联系性,然后进行词义的辨析和应用。活动三是分享交流,成果展示,并给予相应的评价。

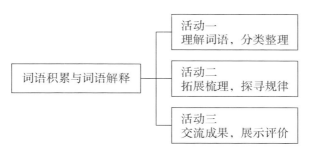

图 4‑3 单元活动结构

二、单元认知结构

"词语积累与词语解释"专属于语言积累、梳理与探究任务群,是语言学习单元,其单元认知结构见图 4‑4。语言学习是分层次的,根据高中生的认知能力,高中阶段的语言学习重在语言的建构。一是要引导学生从古今词义的角度来梳理课本内文言词语的演变,进行归类,学会积累词语的方法。二是延伸到探寻古今词义的联系,发现规律。三是引导学生学会对词义进行探源、辨异,注重运用词语时语境的关联性。

图 4‑4 单元认知结构

三、单元学习规划样本

以下提供一个单元学习规划样本,见表 4‑1。

表 4‑1 "词语积累与词语解释"单元学习规划

学习项目	课时	栏目	具体内容
学习任务一:积累丰富的词语	第一课时	目标	1. 了解汉语词语的系统性,通过归纳、梳理词语来源、适用对象和范围以及语素组合方式来积累词语,形成结构化的词语知识 2. 把握汉语词汇的构成方式和词语的特点,寻找适合自己的词语积累方式

（续表）

学习项目	课时	栏目	具体内容
学习任务一：积累丰富的词语	第一课时	任务	了解词语家族，让积累更加有效。根据自己积累的词语，写一段文字，说一说自己从前是怎样积累词语的，现在有什么更好的方法
		活动	1. 小组合作，分析语言现象 2. 查找相同语素的词语，理解词义的关联 3. 寻找词语家族的类别，绘制词语家族的图谱
		评价要求	1. 通过数据统计学生最感兴趣的语素 2. 通过成果分享评价学习表现 3. 通过思维导图评价学习成果
		资源	文本资源：《学汉字，懂汉字，爱汉字——汉字科学与汉字教育》
	第二课时	目标	1. 多角度归类词语，让积累更加有效；丰富熟语积累，让语言多姿多彩；积累新词新语，让语言鲜活生动 2. 学会对词语进行分类，并用不同方法积累词语 3. 探索词语中蕴含的文化现象，培养对词语的理解感悟与审美能力
		任务	丰富熟语积累，让语言多姿多彩。我们经常会用到熟语，熟语包括成语、惯用语、歇后语。尝试分类搜集、整理一些熟语，理解其含义
		活动	小组合作，举办一次"领略成语魅力"的主题学习活动： 1. 成语擂台赛、竞答 2. 讲成语故事 3. 小组成果展示
		评价要求	1. 通过前置作业评价学习基础 2. 通过现场观察评价学习表现 3. 通过成果分享评价学习表现
		资源	文本资源：《汉语成语大全》《中华多用成语大辞典》

（续表）

学习项目	课时	栏目	具体内容
学习任务一：积累丰富的词语	第三课时	目标	1. 关注积累新词语，学会使用鲜活的语言 2. 探究新词语产生的途径、原因及文化现象
		任务	关注新词语，让语言鲜活生动。搜集一些新词语，制作词语档案
		活动	1. 结合现实生活选择新词语，明确其含义，讨论其产生的途径 2. 探究新词语反映的社会变化和文化现象，尝试探究新词语之间的关系
		评价要求	1. 通过文献分析年度最热新词 2. 通过成果分享评价学习表现 3. 通过新词探究札记评价学习成果
		资源	文本资源：《对新世纪以来产生的汉语新词的研究》 数字资源：网络热词
学习任务二：把握古今词义变化的规律	第四课时	目标	1. 准确理解词义，把握词语的用法；理解把握古今词义的联系和区别 2. 理解词义在具体语境中的联系和区别，学会准确运用词语
		任务	搜索整理并探究一词多义
		活动	1. 阅读第八单元的学习资源 2. 整理高中语文统编教材必修（上册）文言文，分组梳理，归纳文言现象并展示成果 3. 讨论探究词义从本义发展到引申义的规律
		评价要求	1. 通过前置作业评价学习基础 2. 通过成果分享评价学习表现 3. 通过现场观察评价学习成果
		资源	文本资源：《词的本义》《词的引申义》《古汉语词汇讲话》

（续表）

学习项目	课时	栏目	具体内容
学习任务二：把握古今词义变化的规律	第五课时	目标	1. 准确理解词义，把握词语的用法和规律 2. 了解词义演变的一般规律，学会准确运用词语
		任务	查找资料，搜索整理并把握古今词义的不同
		活动	1. 小组合作，积累课内外文言现象 2. 梳理词义演变的几种常见现象（词义扩大、缩小、转移），结合整理的例子进行小组成果展示
		评价要求	1. 通过纸笔测试掌握学习成效 2. 通过成果分享评价学习表现 3. 通过现场观察评价学习成果
		资源	文本资源：《古代汉语的词汇》《研究古代汉语要建立历史发展观点》
	第六课时	目标	1. 了解词义演变的规律，学会准确使用词语 2. 把握古今词义的区别与联系 3. 通过梳理归纳探究古今词语或成语误用的原因，总结策略方法
		任务	总结归纳：避免"以今律古"，望文生义
		活动	1. 讨论古今词语形义不同的语言现象 2. 小组搜集日常生活中因望文生义而误用的成语，进行交流展示并探究误用的原因 3. 写作语言札记，讨论如何准确运用成语
		评价要求	1. 通过成果展示评价学习表现 2. 通过现场观察评价学习成果 3. 通过词义演进探究札记评价学习成效
		资源	文本资源：《语言学常识十五讲》《汉语修辞学（修订本）》

（续表）

学习项目	课时	栏目	具体内容
学习任务三：正确辨析和运用词语	第七课时	目标	1. 通过优秀范例解析强化鉴赏语言意识，提高辨析语言的能力 2. 基于语用材料分析体会优秀语言艺术准确、适切、生动与灵活的特点
		任务	结合教材选一位你喜欢的作家，研读其作品，探究词语使用的艺术，准确理解词义，把握词语的正确用法
		活动	1. 结合教材范例，小组合作，梳理课内外一些典型例子，交流探究词语运用的方法 2. 小组交流，成果展示
		评价要求	1. 通过语料分析把握学习基础 2. 通过现场观察评价学习表现 3. 通过成果展示评价学习成效
		资源	文本资源：《词的表达色彩》，课内《沁园春·长沙》《我与地坛》与课外重要语料素材
	第八课时	目标	1. 通过典型语用材料解析提高结合具体语境表达需求理解词语情感倾向的能力 2. 通过语言辨析把握基于所在语境表达的词语情感倾向
		任务	搜集资料，结合例子，体会词语的感情色彩
		活动	1. 小组互助合作交流，积累课内外的例子 2. 小组合作，梳理具体语境中词语的使用 3. 小组交流，探究词义辨析的方法，进行成果展示
		评价要求	1. 通过语料统计评价学习表现 2. 通过成果展示评价学习表现 3. 通过现场观察评价学习成果
		资源	文本资源：《语法修辞新讲》，课内《拿来主义》《反对党八股》《百合花》与课外重要语料素材

（续表）

学习项目	课时	栏目	具体内容
学习任务三：正确辨析和运用词语	第九课时	目标	1. 通过语料辨析梳理不同词语的语体风格及其表达效果 2. 探究如何根据需求选择语体风格,产生良好的表达效果
		任务	搜集整理资料,把握词语的语体色彩
		活动	1. 小组合作,在情境化的语言运用中,找出词语运用方面的问题 2. 探究分析出现词语运用问题的原因 3. 小组交流,成果展示
		评价要求	1. 通过情境测试评价学习基础 2. 通过现场观察评价学习表现 3. 通过成果展示评价学习成效 4. 通过课外语言札记评价学习成果
		资源	文本资源:《语体风格研究与语言运用》,课内《百合花》《我与地坛》与课外重要语料素材

四、典型课时案例

积累辨析,精取慎用

——网络新词主题探究学习设计

【学习目标】

学习目标包括:(1)掌握分类积累网络新词的方法;(2)树立对日常语用中网络新词的理性态度。

【学习重难点】

学习重点是树立对日常语用中对网络新词的理性态度。

学习难点是掌握分类积累网络新词的方法。

【课前准备】

课前准备包括：(1)学习任务单,涵盖汉语构词知识图谱、网络新词搜集分类表、对网络新词内涵的思考;(2)学习材料,涵盖现代汉语构词方式、网络新词构词分类;(3)探究素材,涵盖《咬文嚼字》2008年至2022年网络十大热词汇总、相关研究论文。

【教学条件】

教学条件包括课件、学生展示稿、投影。

【情境创设】

随着信息网络与新媒体的迅猛发展,网络词语正逐渐改变中国人的语言习惯,不断刷新着人们的语言认知与理解,也冲击着人们的日常语用规范与共识——支持者推崇其新颖、酷炫,反对者指责其荒诞、粗鄙,这俨然成为当代汉语领域独特的风景线。当前,学校正在开展网络语言规范行动计划,高一(7)班发起一场"网络新词"主题探究活动,希望通过探究生成系统丰富的网络新词档案,获得对网络新词科学理性的认识,为学校网络语言规范行动贡献智慧与力量。现在,让我们进入课堂探究的现场。

【学习过程】

导入:同学们,前期我们已经分别围绕基于构词方式的网络新词积累、网络新词的兴衰原因分析、网络新词的演进趋势评判三项任务进行了积累与分析,制作了网络新词档案。本节课,我们将着重呈现大家近期对网络新词的探究成果,各小组开展成果汇报,希望大家通过今天的合作与交流,补充学习笔记,完善已形成的网络新词档案,并在课程群中分享,将我们的网络新词探究持续下去。

(活动预备:各学习小组组员明确分工,准备成果汇报。)

环节一:专业探究任务小组研讨活动

承担探究任务的组员带好学习任务单、所搜集的新词素材与探究成果笔记,由首席导师在两分钟内完成对所探究任务的成果汇报。以下呈现三个并行探究任务及学生的部分探究成果。

任务一:分析归纳网络新词的构成方式。

(任务首席导师1人,任务探究成员10人)

1. 自主学习关于现代汉语构词与网络流行词构词的素材，以思维导图的形式完成学习笔记。网络新词的常见构成方式举例见表4－2。

表4－2　网络新词的常见构成方式举例

构成方式	关系模式	形态特征	词语举例
A. 复合——两个不同的词根组合在一起	1. 联合式	构成词语的两个词根的意义具有相同、相近或相反的特征	"笑哭""油腻"
	2. 偏正式	一个词根修饰、限制另一个词根	"铁密""闪送""网红脸"
	3. 动宾式	构词成分之间存在支配与被支配的关系，动词语素支配名词语素	"比心""斗图""刷赞"
	4. 述补式	词由中心成分和补充成分构成，成分之间存在补充与被补充的关系	"捧脸杀""皮一下"
	5. 重叠式	重复复合词其中一个语素	"凉凉"
B. 派生——表具体意义＋表附加意义	1. 前缀法	词首处附加词缀，并不改变原词词性	"云恋爱""云配偶"
	2. 后缀法	词根尾部附加词缀，改变原词词性	"黑客门、炸机门""官宣体、宝宝体""柠檬精""独自族""剁手党"
C. 缩略——形式发生缩减，词汇的词义与词性不改变	1. 节略	原词或词组的一部分省略	"葛优躺"
	2. 紧缩	提取最有代表性的语素组成缩略词	"官宣"
	3. 统括	提出短语或句中共同的语素，加上项数，形成数字缩略词	"六个钱包"

（续表）

构成方式	关系模式		形态特征	词语举例
D. 转换——把一类词转化为另一类词使用,词形、含义、发音不改变,词性与语法意义发生改变				"社交宅、宅女""秒盗"
E. 假借	1. 外语借词	（1）直接借入	保留外语的语义特征与意义,能准确表达所需要表达的信息	"C位"
		（2）音译类	把英语单词用汉语中与其发音相同或相似的词表示	"生肉""熟肉"
		（3）义译类	按照汉语构词方式,采用汉语构词材料创造的词	"硬核"
	2. 方言借词——网络草根文化的语言呈现			"尬舞""尬唱""尬酒""尬王""尬点"
F. 旧词新意——借助汉语原有词表达新意义,是语义系统的内部变化				"老司机""辣眼睛""店小二""撒狗粮""锦鲤""拔草"

2. 利用预学任务单中网络新词搜集表单,按照词语构成方式给搜集的网络新词分类。

（1）自创新词。

一是语素造新词,即以既有语素为材料,按照现代汉语构词方式创作出来新词。人们理解该类新词不存在什么困难,因此,它流传得比较快。以下重点介绍派生词和合成词。

A. 派生词:"杠精"是网友对热衷于抬杠、抬杠成瘾的一类人的称呼,类似的表达包括狐狸精、马屁精、戏精、柠檬精、学人精等。"杠精"中的"精"是类词缀。类词缀具有类型固化指人及类推性的特征,即指某类型的人。逆行者指不走寻常路,反着众人的方向前行的人。逆行者是指由于职责或信念所系,在发生重大危险时不顾个人安危,去拯救他人的生命、财产安全的人。

B. 合成词:"剁手""房奴""躺平"。其中,"躺平"指无论对方做出什么反应,你内心都毫无波澜,对此不会有任何反应或者反抗,表示顺从心理,在部分语境中表达瘫倒在地,不再热血沸腾、渴求成功了。

二是模仿成语造词。如"洪荒之力"是一个四字成语,具有四字成语巧妙、优美的格式特点。"洪荒之力"与俯仰之间、即兴之作、道义之交、不毛之地、九五之尊、不速之客、白首之心、独到之处等四字成语类似,都使用了"××之×"的结构。这样的四字结构具有一种语音上的韵律美和协调感。另外,有些四字成语中的复音词是双声词或叠韵词,如"踌躇满志"中的"踌躇"便是双声词。"洪荒之力"中的复音词"洪荒"同样属于双声词,在音节上富有韵律美。

三是比喻造词,如"长草""种草""拔草"。

(2) 缩略词。

这是指通过缩减词语的方式来达到意义不变但形式上用字减少的目的,类似于现代汉语中的缩略语,如"高大上"(高端、大气、上档次)、"友尽"(友谊走到尽头)、"土肥圆"(气质土、体型又胖又圆)、"爷青回"(爷的青春回来了)、"自鸽选手"(连自己的鸽子都会放)。还有一些谐音借代词,如"GG"(哥哥)、"MM"(妹妹)、"LG"(老公)、"ZQSG"(真情实感)、"YYDS"(永远的神)、"XSWL"(笑死我了)。

(3) 假借词。

① 假借词之外来词:一是衍生新义。"EMO"(忧郁、伤感)是借形词,全称Emotional Hardcore,即情绪硬核或情绪化硬核。这是一种与朋克相似的摇滚乐,从 Hardcore Punk(硬核朋克)中派生出来,但包含更为复杂的改编曲,歌词更多触及情感主题。"凡尔赛"是音译词,用委婉方式表达不满或不经意地向外界展示自己的优越感,一般用来调侃。

二是保留原义,从英文缩写中借形。GF 可译为 girl friend 女朋友,也可译为 good friend 好朋友。BF 可译为 boy friend 男朋友,也可译为 best friend 最佳朋友。

② 假借词之方言词:显摆、老铁、给力(东北方言)、吃瓜(山东方言)。

(4) 转类词。

转类词有两大显著特征:一是词形、基本含义和发音不发生改变;二是词性和语法意义发生改变。例如:

【宅】名词　社交宅(动词):社交(动词)＋宅(动词)

　　　　　　宅女(形容词):宅(形容词)＋女(名词)

【秒】量词　秒盗(动词):秒(动词)＋盗(动词)

(5) 旧词新义。

在网络交流中,一些"似曾相识"的语言材料被曲解,词的意义发生改变。如"可爱"指可怜没人爱、"偶像"指呕吐的对象、"蛋白质"指笨蛋＋白痴＋神经质、"天才"指天生蠢材、"贤惠"指闲闲的什么也不会、"讨厌"指讨人喜欢＋百看不厌、"白骨精"指白领骨干＋精英。①

任务二:探究辨析网络新词兴起与消亡的原因。

(任务首席导师1人,任务探究成员12人)

1. 选取自己感兴趣的领域形成的网络流行词语,查阅资料,分析所选新词产生的缘故,探讨其与社会变化的关联。

提供范例——教师呈现疫情期间出现的各种网络新词范例,分析其产生原因。

后浪:后浪源于"长江后浪推前浪"。当前流行的后浪是指"90后""00后"曾让人觉得不着调、太叛逆。但他们在面对疫情时却能奋不顾身,冲锋在前,用实际行动证明自己。后浪承担起了历史赋予他们的责任和使命,是时代的"新希望"。

逆行者:逆行者指不走寻常路,反着众人的方向前行的人。逆行者是指由于职责或信念所系,在发生重大危险时不顾个人安危,去拯救他人的生命、财产安全的人。

神兽:本指民间传说中的动物。流行语中的神兽指疫情期间上网课的孩子们活泼可爱,但有些孩子比较顽皮,经常做一些出格的事,让家长心力交瘁,很是头疼,盼望早日复课,让神兽出笼。因此,神兽就成为疫情期间居家上网课的孩子的代名词。

探讨缘由:由新事物、新现象出现而产生的新词,如博客、点赞;由社会热点事件而产生的新词,如"躲猫猫""……门"。

---

① 王丽.网络新词生成机制的认知阐释[J].长春理工大学学报(社会科学版),2011(4).

新词产生的原因分析:社会背景,如社会新事物与现象的出现、专业术语的通用化、外来概念观念的引入;语言系统,如词汇系统的组合聚类(语言经济性)、汉语的系统性与汉字表意性(修辞方式的作用);人类认知心理,如趋新求异、模仿从众、压力释放;文化传播,如新媒体、信息共享、流行文化。

2. 从积累的网络流行语中筛选出正在或已消亡的网络新词(如《咬文嚼字》2008 年至 2022 年流行语中曾经很火爆而现已很少出现的网络新词),查阅资料,分析其消亡的原因。

新词在不断产生,也在不断消亡。有些新词甚至已退出了历史的舞台,从人们的视野中消失了。如《新华字典》(第十一版)就把一些网络新词,如"房奴""考试门""晒隐私"收录进来,而把"马力""马达""合作社"等使用频率较低的传统词语请了出去。

分析原因:新现象、新事物的消亡;没有固定的意义;缺乏固定的普通话读音;和正在使用的常用词重复或矛盾;粗俗不雅。

任务三:预测网络流行词的发展趋势。

(任务首席导师 1 人,任务探究成员 13 人)

基于对网络流行词的探究经验,选择您最感兴趣的领域预测您认为当前最火爆的网络流行词的未来演进趋势——走向兴盛成为正规新词,还是走向沉寂,最终消亡,制作词语探究卡片,阐明具体原因并向班级讲解展示。

环节二:互助合作小组内部教学活动

完成研讨任务探究的学生回到各组。各组的组长在五分钟内组织本组三位探究任务讲授员,依据上一环节归集的探究成果记录,向组员讲授相关内容,相同任务承担者作为辅助人员,组内记录员完成学习笔记记录。组内三个任务的学习成果合并呈现在纸上并贴在白板上。

环节三:任务探究性成果复盘活动。

按照三个探究任务的先后逻辑,各组选派汇报员借助白板粘贴展示本组成员探究成果,其他组的学生评价、补充、修正。未完成具体任务单复盘的小组呈现对整堂课的学习成果总结与学习经验提炼,白板粘贴或黑板板书。

课堂学习成果总结与学习经验提炼包括:(1)汉语构词方式的思维导图(工

具);(2)网络新词对社会发展的表征(认识);(3)词语形式、含义与语境的关系(认识);(4)网络新词发展演进的影响要素(思维模式);(5)对网络流行词汇应有的态度(学习探究中的感受与收获)。

环节四:网络新词档案成果展示。

各组修改完善形成的网络新词档案,在白板上展示,全班依据评价量表(见表4-3)来投票,遴选出最佳网络新词档案。

表4-3 网络新词档案评价量表

评价类目	词1	词2	词3	词4	词5	词6	词7	词8	词9
词语素材新颖性(25分)									
探究类目完整性(25分)									
系统解析科学性(25分)									
趋势预测准确性(25分)									
总计得分									

课后作业:根据课上探究学习内容继续修改完善各自的网络新词档案,上传到课程群"最优网络新词档案评选"公共空间,给所有"晒"出的网络新词档案投票,并给投票的网络新词档案附上50至100字的简评。

(撰写者:上海市嘉定区安亭高级中学 柏荣)

第三节 教学设计与实践思考

一、教学设计思考

(一)任务群分析

语言积累、梳理与探究任务群旨在培养学生丰富语言积累、梳理语言现象的习惯,让学生在观察、探索语言文字现象和发现语言文字运用问题的过程中,自主积累语文知识,逐步掌握并探究祖国语言文字特点及其运用规律,形成个体言语经验,发展在具体语言情境中正确、有效地运用祖国语言文字进行交流沟通的能力,增强语言文字运用的敏感性,提高探究、发现的能力,感受祖国语言文字的独特魅力,增强热爱祖国语言文字的感情。

（二）教材分析

语言积累、梳理与探究任务群涉及的教材单元是高中语文统编教材必修（上册）第八单元和选择性必修（上册）第四单元。该任务群的任务分散在其他任务群中,在所有任务群中处于枢纽地位,既与语文课程的性质紧密相连,又直接体现了语文学科核心素养,是语文学科核心素养的主要支柱,与其他任务群相辅相成,关系密切。

1. 单元主题分析

"词语积累与词语解释"是一个以"语言家园"为主题的非文本阅读学习活动板块单元。教材由学习活动和学习资源组成,内容指向语言积累、梳理与探究任务群,核心素养紧扣语言建构与运用,学习方式指向梳理与探究,引导学生围绕词义的探源和辨析来开展学习活动,引导学生积累并搜集资料,寻找古今词义演变的规律性,在语境使用中辨析词义,注重培养学生的语言应用能力。

2. 单元大概念

词义演变是指一个词从诞生起其语言意义的发展变化。普通语言学将词的语义演变分为历时演变（如历史语言学的语义研究）与共时变化（如实践语言学的语义研究）。本单元探究的词义演变主要是指词义的历时演变,即词的语义（语言意义）在不同历史时期所发生,且不受一时一地语境制约的历时性变化,当然,在具体语境下的语义（语言意义）分析也会涉及词义的共时演变。[①]

词义的发展变化总是从原来的核心义项引申出相关联的新义项。古今词义演变主要体现在词义扩大、词义缩小、词义转移、感情色彩变化等。

语义是语言形式和言语形式表现出来的意义。

语境即语言环境,是指人们用语言进行交际时的具体环境。词义在语境中的变化模式可以总结为具体义、虚化义、反义、转义四种。

---

① R. H. Robins.普通语言学概论[M].申小龙,译.上海:复旦大学出版社,2008.

3. 任务群的基本理念

从积累到建构是指积累、梳理要有系统、有计划,建构语言运用规律和个人言语体系。

从语感到语理是指从语感到语理引导学生发展语言的自觉性。

从零散到结构是指将零散的现象、材料整合起来,形成结构化的知识。

4. 单元知识图谱

根据语言积累、梳理与探究任务群的特点,在"古今词义演变"大概念统领下,借助积累丰富的词语、把握古今词义变化的规律、正确辨析和运用词语三大任务来落实语言建构与运用的核心素养。积累丰富的词语涉及语素、字、词的内涵关系与词义关联、特殊词类相关知识。把握古今词义变化的规律涉及词义时空演进相关知识。正确辨析和运用词语涉及词语情境语义与实践语义迁移规律等知识。单元知识图谱见图 4-5。语言学习需要时刻关注现实生活,运用积累的语言材料、建构的经验、发现的语言问题,分析、解释语言现象,参与语言建设,形成语言素养。

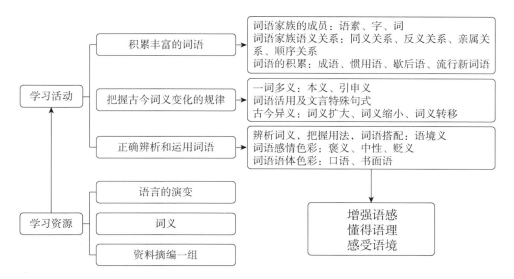

图 4-5 单元知识图谱

二、教学实践思考

(一) 教学建议

一是增强语言积累和梳理意识，善于发现语言问题，积累语言材料。本任务群与其他任务群关系紧密，在所有任务群中处于枢纽地位。教师要引导学生增强语言积累和梳理意识，善于发现语言问题，积累语言材料，在与其他任务群融合的基础上进一步提升探究能力。

二是创设情境，以任务为驱动引导学生开展自主学习活动。教师要找准关键点，提升学生的言语实践品质。该任务群的教学"不追求知识点的全面与系统"，反对单向传递的讲授方式和机械的训练方式。教师要找准关键点进行点拨，引导学生自主积累，让学生在积累的零散材料中发现关联，探究语言的规律，建构自己的言语经验和体系。

三是根据学情，因地制宜，因材施教，灵活调整教学设计。教师需要根据学情灵活调整教学设计，可围绕具体的学习任务分项落实，可围绕核心学习任务整体探究，可把教材作为抓手进行板块式推进，还可联系其他任务群进行教学。

四是引导学生建立现实世界与语言世界的深度联系。教师在本任务群教学中要引导学生关注现实生活，运用所积累的知识、建构的经验、发现的语言问题，分析、解释语言现象，参与语言建设，形成语言素养，建立现实世界与语言世界的深度联系。

(二) 学法归纳

本单元在教学时要充分考虑语言积累、梳理与探究任务群的特点，创设语言活动情境，组织语言活动，具体学习方法见图 4 - 6。[①]

分类摘记法是指要确定语料的标准体系及其层级，如汉字、词语、语言、修辞等宏观分类和语音、字形、来源、结构、运用等微观分类。符号标记法是指要用不同符号标记不同语料，如词类活用、古今异义、一词多义等，快速清晰分类与整理。

思维导图法是指将积累梳理的语素合理归并后建立各要素间的联系，构建

---

① 张安群."语言积累、梳理与探究"学习任务群活动设计原则及方式初探[J].语文教学通讯(高中),2021(1).

规律体系,如归纳助词使用方法。语境分析法是指引导学生关注语境交流,根据具体语境理解词句表层层义、深层含义,区分词句意义、情感,基于语境与情感表达需求选择恰当语体,如贬褒、反语、谐音等。

撰写笔记法是指引导学生思考、整合零散语料或经验素材以发现问题、探究语用规律,如探究成语原义、引申义、当前使用义。课题研讨法是指让学生在语料梳理基础上从文字、文学、文化层面观察语料、分析实践、查阅文献,进行专题探究,如"姓氏审美文化""春联民俗文化"等。

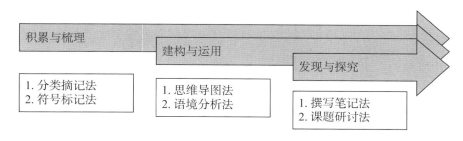

图 4-6 学法归纳图

（三）课程评估①

1. 课前评价:目标的合理设定与多样化工具的运用

设定评价目标时,教师应根据课程标准,整体把握本任务群的学习目标与内容,参考不同的学业质量水平,提出符合必修阶段要求的评价目标,课时目标紧扣单元目标与本任务群部分评价目标,体现目标层级性与整体性。教师可采用对话交流、问卷调查、思维导图、调查研究等多样化工具,了解学生的语言储备、学习动机、学习愿景。

2. 课中评价:多元主体参与评价,发挥发展性评价效能

多元主体参与评价包括:(1)学生对自身学习的反思反馈、自我评价与认知管理;(2)合作组内与组间相互评价,良性竞争,活跃课堂;(3)教师对学生学习情况的评价。发展性评价能指示学生学习改进的方向与方法,引导学生调整学习策略,强化学习信念,提升学习品质。

---

① 方珍.新课程背景下"语言积累、梳理与探究"课堂学习评价策略探究[J].高考,2022(19).

3. 课后评价：基于跟踪反馈、分层训练的重点强化

教师可采用思维导图、评价量表、纸笔检测等评价工具跟踪反馈学生课堂学习情况，为学生下一阶段的学习提供依据。

（四） 问题反思

一是如何将该学习任务系统化地贯穿整个高中教学过程，尤其是在必修、选修等阶段根据学情与学力差异设计出相互关联且具有层次性的学习任务，以有效落实语言积累与运用的核心素养。

二是如何更好地选择与教材中学习活动相匹配的语言素材来引导学生进入阶梯式语言学习，尤其是在学习与生活情境中选择能激发学生学习兴趣且有经典示范意义的课内语料素材或课外语料素材。

三是如何更好地将该任务群和其他任务群进行融合，是采用分散式学习方式还是采用集中式学习方式，或先集中再分散落实，抑或先分散再总结归纳。

四是如何检测学生对该任务群的学习达成度，是采用固定化知识本位的测试卷，还是采用情境化任务的表现性评价；是关注学生学习过程中的表现，还是更关注成果的探究水平；是针对语言学习成果专业化水平的评价，还是对语言现象的趣味、敏感、探究等学习态度、观念、意识的评价。

（撰写者：上海嘉定区安亭高级中学　倪春凤、柏荣）

▶ 第五章

文学阅读与写作
任务群的设计与实施

❋ 内容概要

文学阅读与写作任务群设计与实施中,板块一任务群教学实践模型分为教学设计流程和学习任务结构,前者从教学设计应该关注的角度、设计的基本流程和方法、设计的要素和资源等角度,聚焦必修教材中该任务群教学形成教学设计的要素和框架;后者从学习者视角形成设计的结构化思考和探索。板块二单元教学设计案例基于教学实践回溯教学设计,关注单元教学整体设计,并建构范式。板块三以教学实践为依据,结合具体的案例形成该任务群教学的理论范式和模型。

❋ 教学导读

在实施单元教学的过程中,教师始终要以单元主题、所选文本的个性特征、任务群学习要求、单元学习任务、单元导语等为依据,从学情出发,以学习任务设计为脉络,指向单元目标中的课时目标,借助学习活动的结构化设计与支撑学习的支架、资源等,了解设计的基本流程、原理,以优化自身的设计与课堂实施。本章依据三个板块的内容,梳理出教学设计过程中需要关注的要点、模型、路径和策略,从而引导教师依据学情完善优化教学设计。

总的来说,本模块的设计依据任务群学习的目标、单元目标、学情等,较为完整地呈现了文学阅读与写作任务群教学设计与实施的总体流程与框架,对一线教师教学有着案例呈现与实践反思的价值。

(撰写者:上海市嘉定区第二中学　许正芳)

第一节 任务群教学实践模型

一、教学设计流程

文学阅读与写作任务群旨在引导学生阅读古今中外诗歌、散文、小说、剧本等不同体裁的优秀文学作品，使学生在感受形象、品味语言、体验情感的过程中提升文学欣赏能力，并尝试文学写作，撰写文学评论，借以提高审美鉴赏能力和表达交流能力。

课程标准中对这一任务群的学习目标与内容有较为明确的界定。在文学阅读方面，课程标准强调精读的重要性，希望学生能通过对相关作品的学习，从语言、构思、形象、意蕴、情感等角度欣赏作品，从而加深对作品的理解，认识到作品的审美价值；能通过养成写读书提要和笔记的习惯，积累、丰富、提升文学鉴赏经验。在文学写作方面，课程标准希望学生能够通过对相关作品的学习，把握诗歌、散文、小说、戏剧不同的文体特征，并在此基础上，结合自己的独特感受与体悟进行相应的文学创作。

本任务群涉及教材单元主要有必修（上册）第一单元、第三单元、第七单元和必修（下册）第二单元、第六单元。五个单元同为文学阅读单元，涉及不同体裁的文学作品，师生可以从诗歌、散文、小说、剧本等不同的艺术表现方式着手品读文学作品：从把握意象到赏析诗歌富有表现力的语言；从品味散文作品的人物、景物或场景到赏析散文作者的个性化语言及独特的情感与追求；从把握小说人物形象的特征到体会小说独特的构思，再到赏析小说的艺术手法与语言个性和风格特色；从品读人物个性化的语言到理解人物形象的社会意义和作品的审美价值，再到理解戏剧冲突、赏析戏剧冲突、体会创作风格。师生要多方位、逐层深入地品读经典的文学作品，从经典范例中发掘规律，激发创作灵感。

本任务群教学设计流程见图 5-1。教师可以从理解人文主题、聚焦单元学习目标与内容、关联单元写作任务、分解课时目标、实施课时目标、设计学习评价几方面着手进行教学设计,在此过程中,运用专题阅读和比较阅读的方式,关注本任务群的个性特色,展开文学欣赏、文学写作和文学评论,从而深化对"审美鉴赏和表达"的理解。

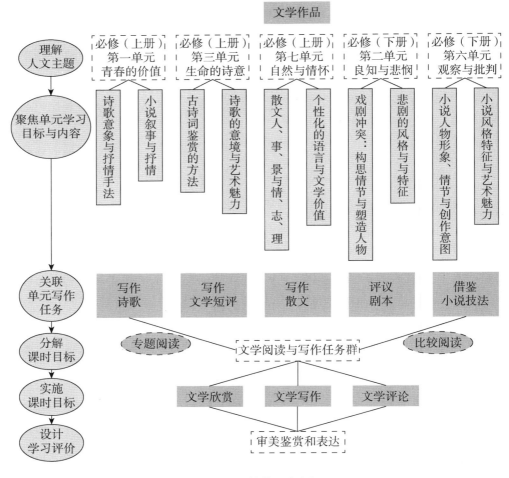

图 5-1 教学设计流程

二、学习任务结构

教师要以单元学习任务为核心,结合学情进行课时学习任务的分解与推进。以文学阅读与写作任务群在必修(上、下册)所涉及的单元为例,结合单元导语、文本、学习提示、学习任务等方面的要求，教师大体可以从三方面推进学习任务，深度把握文学作品的语言、构思、形象、意蕴、情感，学习任务结构对应"阅读与鉴赏""表达与交流""梳理与探究"三方面的要求，见图5-2。

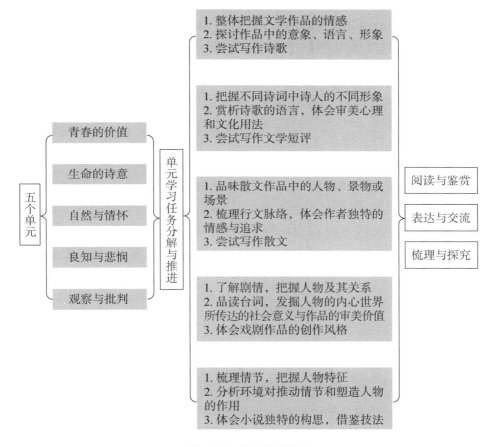

图5-2　学习任务结构

（撰写者：上海市嘉定区第二中学　许正芳）

第二节　单元教学设计案例

一、高中语文统编教材必修(上册)第一单元教学设计

（一）单元活动结构

本单元的活动设计主要分为四大板块：单元导入、鉴赏新诗、鉴赏小说、综合实践探究。其中，鉴赏新诗又细分为内容和形式两个维度，鉴赏小说主要聚焦其中的人物形象、艺术手法和作品风格，综合实践探究主要包括新诗的诵读、创作与分享。这种结构化的单元活动设计旨在让学生能更有针对性地开展每个课时的学习，做到"一课一得"，并在内化知识的基础上具备深度迁移知识、举一反三的灵活运用能力。单元活动结构见图 5 - 3。

（二）单元认知结构

高一年级的学生对新诗和小说这两种文学体裁并不陌生，但相较初中语文，高中语文无疑对学生提出了更高的学科要求。换言之，无论是在广度上还是在深度上，高中语文教学都需要为学生提供一个更为系统和结构化的知识框架，进一步提升学生的语文学科核心素养，帮助学生更加深入地理解难度更高的文本和语言现象。因此，针对高中语文统编教材必修(上册)第一单元，本教学设计试图通过建构"知识卡片—知识运用—知识迁移""以读促写—以写促读"等逻辑链，逐渐引导学生形成"具体课文—抽象的学科知识与技能—跨文本运用"的学科思维，提升学生的语文学科核心素养。这种单元认知结构模式依托的是布鲁纳提出的认知结构理论。布鲁纳认为，学习不是简单地接受眼前的信息，而是要将新信息与头脑中同类的事物联系起来，形成新的编码系统或改变原来的编码系统，推导出更多有意义的联系①。

---

① 陈琦,刘儒德.当代教育心理学[M].北京:北京师范大学出版社,2019.

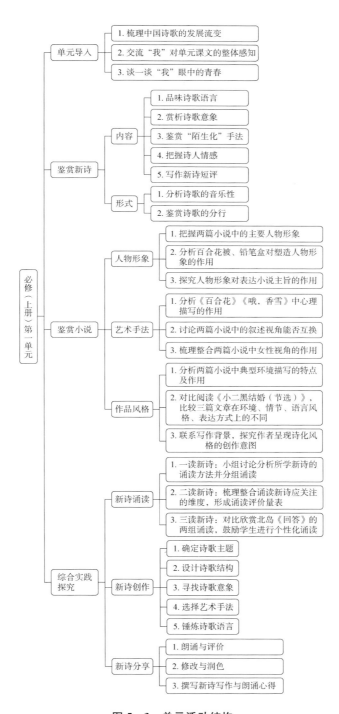

图 5-3　单元活动结构

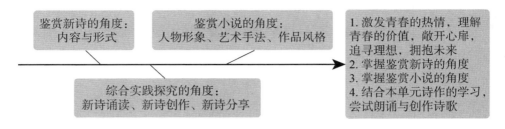

图 5-4   单元认知结构

（三）单元学习规划样本

本单元隶属于文学阅读与写作任务群。课程标准中指出，本任务群旨在引导学生阅读古今中外诗歌、散文、小说、剧本等不同体裁的优秀文学作品，使学生在感受形象、品味语言、体验情感的过程中提升文学欣赏能力，并尝试文学写作，撰写文学评论，借以提高审美鉴赏能力和表达交流能力。这就明确了该任务群的两大教学方向，即提升学生的文学鉴赏能力和表达写作能力。单元知识结构见图 5-5。

本单元的篇目有《沁园春·长沙》《立在地球边上放号》《红烛》《峨日朵雪峰之侧》《致云雀》《百合花》《哦，香雪》，人文主题为"青春激扬"，文体涉及诗歌和小说，单元写作任务是"学写诗歌"。其中，《沁园春·长沙》抒发了豪迈向上的青春激情；《立在地球边上放号》《红烛》《峨日朵雪峰之侧》《致云雀》分别表达了"五四"时期狂飙突进的时代精神、为革命理想献身的"红烛"精神、面对人生的艰难坎坷时执着坚韧的精神，以及对云雀代表的欢乐、光明、自由和理想的歌颂与向往；《百合花》《哦，香雪》书写了不同时代背景下青年人的生活与追求。本单元需要学生通过对不同体裁的具有青春情怀作品的学习，感受并思考不同时代各具特色的青春价值，从而激发自己的青春激情。此外，学生还需要掌握鉴赏诗歌的方法，尝试书写属于自己的青春诗篇。

据此，本设计在本单元的学习目标和重难点组织上分两条主线进行架构。第一条主线是对新诗和小说的系统鉴赏，旨在提升学生的文学鉴赏能力。第二条主线是围绕新诗展开的诵读与写作活动，旨在提升学生的写作表达能力。

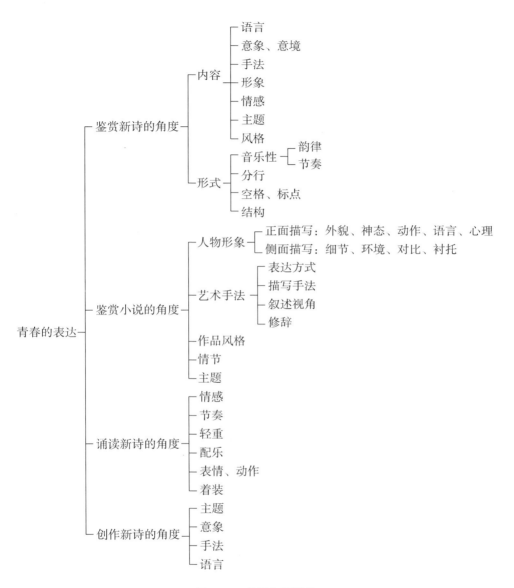

图 5-5 单元知识结构

　　本设计试图把本单元课文放置在文学史的脉络中,通过纵向和横向的把握与比较最终锚定作品所处的历史位置,让学生不仅仅局限于单篇学习和单点学习。通过梳理中国诗歌的发展流变,让学生了解新诗诞生的历史背景和形式特点;通过把不同时期的新诗《百合花》《哦,香雪》放在一起比较,让学生把握其"异中之同"和"同中之异";通过把课内外的诗歌、文本放在一起比较,让学生在大量阅读中感知和把握文本的共性,从而产生"以篇通类"的学习效果。单元学习规划见表5-1。

表5-1　单元学习规划

课时	栏目	具体内容
第一课时 单元导入	目标	1. 了解中国诗歌的发展流变 2. 初步感知单元课文
	任务	了解中国古典诗歌、新诗的发展流变过程,并从青春的视角整体感知单元课文
	活动	1. 梳理中国诗歌的发展流变 2. 交流"我"对单元课文的整体感知 3. 谈一谈我眼中的"青春"
	评价要求	梳理整合
	资源	—
第二课时 鉴赏新诗的角度: 内容	目标	对新诗的内容进行较为深入的鉴赏
	任务	学会从语言、意象、"陌生化"、情感等维度鉴赏新诗
	活动	1. 品味诗歌语言 2. 赏析诗歌意象 3. 鉴赏"陌生化"手法 4. 把握诗人情感 5. 写作新诗短评
	评价要求	作业评价
	资源	文本资源:《论中国现代诗歌对古典意象的继承与改造》《意象的帝国:诗的写作课》《诗路花雨——中国新诗意象探论》《诗的八堂课》《中国现当代新诗文本细读》

（续表）

课时	栏目	具体内容
第三课时 鉴赏新诗的角度： 形式	目标	对新诗的形式进行较为深入的鉴赏
	任务	学会从音乐美、建筑美等维度鉴赏新诗
	活动	1. 分析诗歌的音乐性 2. 鉴赏诗歌的分行
	评价要求	作业评价
	资源	文本资源：《论中国现代诗歌对古典意象的继承与改造》《意象的帝国：诗的写作课》《诗路花雨——中国新诗意象探论》《诗的八堂课》《中国现当代新诗文本细读》
第四课时 《百合花》《哦，香雪》中的青春人物形象	目标	1. 把握小说中的人物形象 2. 明确小说主旨
	任务	学会从人物形象的角度鉴赏小说
	活动	1. 把握两篇小说中的主要人物形象 2. 分析百合花被、铅笔盒对塑造人物形象的作用 3. 探究人物形象对表达小说主旨的作用
	评价要求	作业评价
	资源	文本资源：《小二黑结婚(节选)》《现代中国诗化小说研究》
第五课时 《百合花》《哦，香雪》中的艺术手法	目标	1. 把握小说中细节描写和心理描写的作用 2. 把握不同叙述视角产生的不同效果 3. 把握女性视角的作用
	任务	学会从心理描写、叙事视角等维度鉴赏小说
	活动	1. 分析《百合花》《哦，香雪》中心理描写的作用 2. 讨论两篇小说中的叙述视角能否互换 3. 梳理整合两篇小说中女性视角的作用
	评价要求	小组讨论 梳理整合
	资源	文本资源：《小二黑结婚(节选)》《现代中国诗化小说研究》

（续表）

课时	栏目	具体内容
第六课时《百合花》《哦，香雪》中的诗意之美	目标	把握诗化小说的特点
	任务	学习小说语言诗歌化的写作效果与意图
	活动	1. 分析两篇小说中典型环境描写的特点及作用 2. 对比阅读《小二黑结婚（节选）》，比较三篇文章在环境、情节、语言风格、表达方式上的不同 3. 联系写作背景，探究作者呈现诗化风格的创作意图
	评价要求	课堂展示 梳理整合
	资源	文本资源：《小二黑结婚（节选）》《现代中国诗化小说研究》
第七课时新诗诵读	目标	结合对本单元诗歌的理解，有感情地诵读新诗，读出诗歌的意境，在诵读中感受诗歌的魅力
	任务	学会诵读新诗，并进行单元知识梳理
	活动	1. 一读新诗：小组讨论分析所学新诗的诵读方法并分组诵读 2. 二读新诗：梳理整合诵读新诗应关注的维度，形成诵读评价量表 3. 三读新诗：对比欣赏北岛《回答》的两组诵读，鼓励学生进行个性化诵读
	评价要求	小组讨论 课堂展示 梳理整合 评价量表
	资源	文本资源：《中华朗诵艺术十五讲》

（续表）

课时	栏目	具体内容
第八课时 新诗创作	目标	运用本单元所学内容,创作以"青春"为主题的新诗
	任务	新诗创作
	活动	1. 确定诗歌主题 2. 设计诗歌结构 3. 寻找诗歌意象 4. 选择艺术手法 5. 锤炼诗歌语言
	评价要求	新诗创作评价量表
	资源	文本资源:《意象的帝国:诗的写作课》《进入诗歌:关于读诗和写诗的六堂课》
第九课时 新诗分享	目标	在朗诵、评价、交流、反思的过程中进一步内化所学,并进一步感受诗歌的魅力
	任务	新诗创作分享与交流
	活动	1. 朗诵与评价 2. 修改与润色 3. 撰写新诗写作与朗诵心得
	评价要求	课堂展示 交流分享 学生互评 心得写作
	资源	—

（四）典型课时案例

第二课时教学设计

【教学目标】

教学目标是让学生学会对新诗的内容进行较为深入的鉴赏。

【教学重难点】

教学重难点是让学生学会对新诗的内容进行较为深入的鉴赏。

【教学过程】

情境导入：×××中学漪园文学社准备出一期"诗歌"专刊。该刊物设有"经典重温""涵泳新诗""诗心荟萃"三大板块。现就"涵泳新诗"板块面向全校学生征稿，要求针对给定的两首新诗，或自行选择一首你喜欢的新诗，撰写一篇不少于300字的诗歌短评。为了提高学生的投稿成功率，学校拟进行新诗赏析辅导。辅导共分为以下几个活动。

给定篇目：(1)顾城《远和近》；(2)舒婷《双桅船》。

活动一：品味诗歌语言

1. 比较阅读以下几则材料，思考：你觉得哪几则材料更像诗？为什么？

(1) 赵丽华《傻瓜灯——我坚决不能容忍》，具体内容略。

(2) 赵丽华《想着我的爱人》，具体内容略。

(3) 里尔克《寂寞(节选)》，具体内容略。

(4) 北岛《回答(节选)》，具体内容略。

2. 你最喜欢课本中哪首诗的语言？为什么？

活动二：把握诗歌意象

1. 知识卡片

意象在中国古典诗学中指的是意中之象，或意之象。"意"就是诗人的主观情志，"象"即客观事物或形象。[①] 意象是诗人主观情志与客观形象的融合。

2. 知识运用

(1) 朗读《沁园春·长沙》，思考：这首作品中选择了哪些意象？这些意象具有怎样的特点？营造了一种怎样的意境？抒发了作者怎样的情感？

表5-2 《沁园春·长沙》梳理结果

篇目	意象	意象特点	意境	作者情感
《沁园春·长沙》				

---

① 周宪.文学理论导引[M].北京:高等教育出版社,2014.

（2）试运用同样的方法赏析其他作品中的意象。

表 5 - 3　其他作品梳理结果

篇目	意象	意象特点	意境	作者情感
《立在地球边上放号》				
《红烛》				
《峨日朵雪峰之侧》				
《致云雀》				

3. 知识迁移

试运用同样的方法赏析戴望舒《雨巷》中的意象。

活动三:鉴赏"陌生化"手法

1. 知识卡片

"陌生化"就是要将本来熟悉的对象变得陌生起来,使读者在欣赏过程中感受到艺术的新颖别致,经过一定的审美过程完成审美感受活动。①

2. 知识运用

对比阅读以下诗句,试运用"陌生化"理论赏析 B 句的表达效果。

（1）A. 有一棵树在雨中挺立着

　　　在倾洒的灰色中匆匆掠过我们

　　B. 有一棵树在雨中四处走动

　　　在倾洒的灰色中匆匆掠过我们

（2）A. 当我的紫葡萄逐渐萎缩

　　　当我的鲜花依偎在别人的情怀

　　B. 当我的紫葡萄化为深秋的露水

　　　当我的鲜花依偎在别人的情怀

（3）A. 明天当第一扇百叶窗

　　　让太阳光照进来

　　　他不知该做些什么

---

① 朱立元.当代西方文艺理论[M].上海:华东师范大学出版社,2010.

B. 明天当第一扇百叶窗

　　将太阳拉成一把梯子

　　他不知往上走还是往下走

3. 知识迁移

试运用"陌生化"理论赏析课本中的诗作。

活动四:把握诗人情感

1. 请在课前查找相关资料,完成表 5-4,并据此进一步完善诗作中表达出的作者情感。

表 5-4　课前任务单

篇目	作者	写作时间	年龄	时代背景作者处境	作者情感
《沁园春·长沙》	毛泽东	1925 年			
《立在地球边上放号》	郭沫若	1919 年 9、10 月间			
《红烛》	闻一多				
《峨日朵雪峰之侧》	昌耀	1962 年 8 月 2 日初稿 1983 年 7 月 27 日删定			
《致云雀》	珀西·比希·雪莱	1820 年夏			

2. 试运用同样的方法完善戴望舒《雨巷》中表达出的作者情感。

活动五:写作新诗短评

×××中学漪园文学社准备出一期"诗歌"专刊。该刊物设有"经典重温""涵泳新诗""诗心荟萃"三大板块。现就"涵泳新诗"板块面向全校学生征稿,要求针对给定的两首新诗,或自行选择一首你喜欢的新诗,撰写一篇不少于 300 字的诗歌短评。请选择课上所学的鉴赏诗歌的一个或多个角度,完成诗歌短评的写作。

给定篇目:(1)顾城《远和近》;(2)舒婷《双桅船》。

【教学反思】

目前国内已有的关于鉴赏新诗的教学设计普遍流于碎片化、单薄化,不够系统和深入。出现这种情况主要有三点原因:一是新诗在教材中所占比重较低,也未被列入高考范畴,未能受到足够的重视;二是许多教师自身就对新诗缺少系统化的认识和了解,面对系统的教学设计与实践自然是有心无力;三是相较小说、散文、剧本等文学体裁,学生的诗歌鉴赏能力普遍比较薄弱。需要指出的是,无论是何种类型的语文教学,其最终指向的目标都是要提升学生的语文核心素养,而诗作为较凝练的语言,虽较难鉴赏但也极具鉴赏价值。因此,如果一线教师能够在提升学生的新诗鉴赏能力上多花费一点时间,学生在语文关键能力提升上也会受益。

基于此,本次教学设计试图在第一单元新诗教学的过程中融入系统的新诗鉴赏指导,以期让学生具备更加深厚的诗歌鉴赏素养,同时为完成本单元后面的新诗写作任务打下一定的基础。这是读写结合的一次有益尝试。

本课时的教学目标是让学生学会对新诗的内容进行较为深入的鉴赏。为了达成这一教学目标,我们设置了情境化的学习任务来激发学生的学习兴趣,并提供了结构化的学习支架,从诗歌的语言、意象、手法和形象四个维度入手进行教学设计,降低学生的学习难度。我们通过提供知识卡片和表格,引导学生对课内外的文本进行知识的运用和迁移。我们以群文阅读的方式较为高效地实现学生的举一反三、以篇通类,增强学生对新诗的感受能力和鉴赏能力。

(撰写者:上海市嘉定区第二中学　金泱、李帅)

二、高中语文统编教材必修(上册)第三单元教学设计

(一) 单元活动结构

本单元活动设计把文学短评撰写作为核心任务。其中,第一至二课时让学生了解并尝试把握意象的分析和知人论世两种解读方法,佐以诗歌鉴赏的常见方法,让学生形成对诗歌鉴赏基本方式方法的结构化认知。之后利用第三至四课时进行方法的练习,让学生对李白和杜甫的诗歌语言进行探究从而理解诗人的情感。前四个课时学习完之后,在第五至六课时,学生基本可以做到利用知人论世、诗歌语言等常见手法等进行诗歌分析,并且可以辨析体式与情感之间的关系。在第七课时中,尝试让学生学会表格等工具的使用,并且利用第八课时让学生在浅层解读的基础上进行再理解,并明确类似的意象可以造就不同的诗词风格。最后再利用文学短评撰写活动进行进一步的测评和反馈。单元活动结构见图5-6。

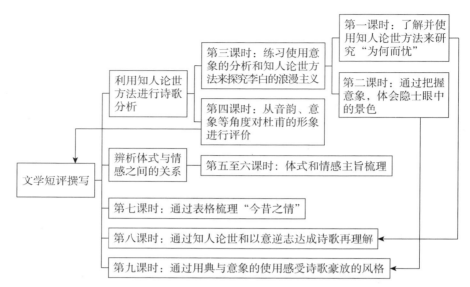

图 5-6　单元活动结构

（撰写者：上海市嘉定区第二中学　邵晓伟）

（二）单元认知结构

单元认知结构见图 5-7。

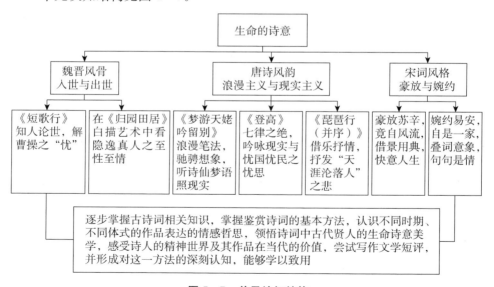

图 5-7　单元认知结构

（撰写者：上海市嘉定区第二中学　刘静思）

（三）单元学习规划样本

1. 单元概述

本单元属于文学阅读与写作任务群，人文主题是"生命的诗意"。该单元以时间为序，多篇组合，共包含三课：（1）第七课，魏晋时期诗两首；（2）第八课，唐朝诗三首；（3）第九课，宋词三首。该单元的写作任务为学写文学短评。

本单元所选的古诗文都是经典名篇。本单元的总体目标是体悟古人丰富的情感和深邃的思想，加深对社会的思考，增强对人生的感悟，激发对中华优秀传统文化的热爱之情。但要达成这一总体目标，势必要先理清每课之间的关系。

第七课聚焦魏晋时期的诗歌，学生要学会使用知人论世方法来把握诗歌情感，体察诗人的生命追求。第八课是体式不同、风格各异的三首唐诗。学生要利用之前所学的方法来理解诗人不同的情感以及诗歌风貌。第九课选择了三首宋词，其中包含了豪放、简约的风格，在写作手法上则使用了咏史、写景、抒情等。教师可以通过剖析相同手法不同使用方法的特点，让学生把握住宋词不同的风格特点和时代特征。

以上文本的安排摆脱了之前单纯以文学体式编排的形式，更加注重让学生在掌握鉴赏手法、理解作者思想感情后反思人生。学习重点由文本转向了学生自己。而这一转向要通过创作文学短评来检验。学生在文学短评的写作中要结合该单元两个重要的鉴赏方法，即知人论世和以意逆志。

2. 单元情境

以第三单元文本内容为中心，依据学生不同水平补充同类型的其他文学作品，以掌握情境分析手法为主要学习任务，从而达到深入阅读文本的目的。学生在文本对比中形成独属于自己的情境体验。通过对比分析以及材料补充进一步加深学生对学科的认知，形成学科认知情境。最后让学生通过文学短评的方式进行输出，形成社会生活情境。

3. 课程资源

课程资源包括：（1）陶渊明《归园田居》《咏贫士·万族各有托》《饮酒》《咏荆轲》；（2）李白《蜀道难》《将进酒》《夜泊牛渚怀古》《月下独酌》；（3）杜甫《春日忆李白》《哀江头》《野老》《秋兴八首》《江南逢李龟年》；（4）《中国韵文史》；（5）《诗境浅

说》;(6)《唐宋词欣赏》;(7)《唐宋词名家论稿》;(8)《登高课堂实录》;(9)《〈梦游天姥吟留别〉之"梦"与"实"微探》;(10)《苏东坡突围》;(11)《苏东坡传》;(12)《稼轩长短句》;(13)《蒋勋说宋词》;(14)《李清照集校注》。

表 5-5　单元学习规划

课时	栏目	具体内容
第一课时《短歌行》	目标	1. 把握《短歌行》中的重点字、词、句,理解其中典故的运用,可以独自描述诗歌的大意 2. 从多个维度赏析诗歌的词句,从而全面地把握诗歌的情感主旨,以此来提升反思和批判性思维能力 3. 引导学生使用知人论世方法了解诗歌创作背景,体会作者不同于他人的愁与忧,反思自己的人生理想
	任务	1. 把握《短歌行》中的重点字、词、句,理解其中典故的运用,可以独自描述诗歌的大意 2. 使用知人论世方法体会作者不一样的愁与忧,感受当时士族文人的时代变化及个人生命的选择,品味作者的劝说艺术
	活动	1. 理解品味作者因为什么而"忧" 2. 探索《短歌行》中"忧"的内涵
	评价要求	知人论世背景材料来源清单及评价
	资源	文本资源:《龟虽寿》《观沧海》《短歌行(两首)》《汉魏六朝诗讲录》
第二课时《归园田居(其一)》	目标	1. 学习诗歌写景技法,体会诗歌淡而有味的语言特色 2. 通过诗歌意象,体会生命境界,通过技法联想,感受作者心中田园般的理想世界 3. 体会诗歌的深邃情感,感受作者田园隐居理想,领悟作者洗尽铅华回归生活的人生境界
	任务	1. 通过把握意象,体会作者人生意境,感悟作者融情于景的笔法 2. 感受作者田园隐居理想,领悟作者洗尽铅华回归生活的人生境界

（续表）

课时	栏目	具体内容
第二课时 《归园田居(其一)》	活动	1. 引出关于理想田园生活的思考 2. 探究作者辞官归隐的原因 3. 描绘作者笔下的田园风光
	评价要求	基于知人论世和以意逆志的鉴赏方法,梳理新知识的内容及评价
	资源	文本资源:《归园田居》《咏贫士·万族各有托》《饮酒》《咏荆轲》
第三课时 《梦游天姥吟留别》	目标	1. 把握文章字词,可以通畅、恰当地翻译诗歌 2. 通过字句的赏析,体会意象在该诗中起到的作用 3. 通过篇章分析和背景知识补充,体会李白蔑视权贵的傲岸情怀及追求个性自由的浪漫主义精神
	任务	1. 通过字句的赏析,体会意象在该诗中起到的作用 2. 通过篇章分析和背景知识补充,体会李白蔑视权贵的傲岸情怀及追求个性自由的浪漫主义精神
	活动	1. 明确游览天姥山的形式、内容、目的 2. 探究梦境中发生了什么以及作者是如何进入梦境的 3. 李白的浪漫主义从何而来
	评价要求	通过朗诵传递诗人情感,朗诵评价角度及评价标准
	资源	文本资源:《蜀道难》《将进酒》《夜泊牛渚怀古》《月下独酌》《唐宋词欣赏》
第四课时 《登高》	目标	1. 咬文嚼字,领略语言的表现力 2. 知人论世,把握诗作的背景及诗人的情感 3. 比较互鉴,鉴赏本诗高妙独到之美
	任务	1. 把握诗作的背景及诗人的情感 2. 鉴赏本诗高妙独到之美
	活动	1. 复原杜甫所在秋日的环境 2. 八赏杜甫形象 3. 对比辨析杜甫的深意

（续表）

课时	栏目	具体内容
第四课时 《登高》	评价要求	从音韵、意象、意境、手法、主题等角度比较梳理的内容及评价
	资源	文本资源:《春日忆李白》《哀江头》《野老》《秋兴八首》《江南逢李龟年》《诗境浅说》
第五课时 单元活动一:知人 论世活动设计	目标	1. 深入理解知人论世的内涵及使用方法 2. 学会使用知人论世方法来分析文章的异同 3. 利用知人论世方法梳理意象,感受意境,理解诗人的人生态度
	任务	利用知人论世方法对比理解前四首诗歌中人物情感的不同
	活动	通过引入孟子关于知人论世的论述来比较梳理前文所学的知识内容,并对其诗歌风格和人生态度进行分析
	评价要求	基于知人论世和以意逆志的鉴赏方法,梳理新知识的内容及评价
	资源	文本资源:教材
第六课时 单元活动二:体式 与情感活动设计	目标	1. 能判断出前四首诗歌的体式 2. 比较四首作品在语言风格上的异同 3. 理解体式与情感表达的关系,深入理解不同作品的风格特点
	任务	1. 了解古典诗歌的体式概念及特点 2. 明确体式与情感的关系
	活动	1. 了解古典诗歌的体式概念 2. 辨析体式,比较《短歌行》《归园田居(其一)》《梦游天姥吟留别》《登高》四首诗歌在语言风格上的异同 3. 比较《诗比兴笺》《六朝选诗定论》《古诗赏析》《四言诗与曹操的〈短歌行〉(其一)》中对《短歌行》的点评,小组合作完成表格填写 4. 小结

（续表）

课时	栏目	具体内容
第六课时 单元活动二:体式 与情感活动设计	评价要求	利用表格梳理远近景内容和时空转换的内容
	资源	文本资源:《诗比兴笺》《六朝选诗定论》《古诗赏析》《四言诗与曹操的〈短歌行〉(其一)》
第七课时 《琵琶行(并序)》	目标	1. 掌握文章重点字、词、句,根据文本结构理清文本内容 2. 鉴赏作品中描写琵琶曲高超技法的内容,学以致用 3. 品析作者与琵琶女的情感,提升作品鉴赏能力,能把相关方法运用到课外文本鉴赏中
	任务	1. 鉴赏作品中描写琵琶曲高超技法的内容,学以致用 2. 品析"同是天涯沦落人,相逢何必曾相识"中蕴含的情感
	活动	1. 欣赏视频,进入本文的情境 2. 整体感知,概括故事梗概 3. 总结
	评价要求	利用表格梳理"今昔之别"的情感
	资源	文本资源:教材
第八课时 《念奴娇·赤壁怀古》《永遇乐·京口北固亭怀古》	目标	1. 了解苏轼、辛弃疾的生平和思想,掌握词的写作背景和内容,感受豪放派词作的风格特点 2. 学习词作情景交融、运用典故等手法,并能灵活运用 3. 体会苏轼壮志难酬又积极豁达的复杂情感,体会辛弃疾关心时事、抗敌救国、忧国忧民的爱国热情,从而激发爱国情感
	任务	1. 认识苏轼、辛弃疾其人其作品 2. 对比鉴赏两首豪放派词作的风格异同点 3. 借助相关资料,形成对豪放派词作的结构化知识认知并能学以致用
	活动	1. 情境导入,走进作者 2. 把握词作内容,质疑解疑 3. 比较鉴赏两首豪放派词作的异同点 4. 领略豪放派词作的典型特点 5. 课堂总结

（续表）

课时	栏目	具体内容
第八课时 《念奴娇·赤壁怀古》《永遇乐·京口北固亭怀古》	评价要求	1. 通过知人论世和以意逆志了解诗歌的内容，对诗歌进行再理解 2. 学会比较鉴赏作品之间的异同点，形成相关知识的认知结构系统
	资源	文本资源：《苏东坡突围》《苏东坡传》《四库全书总目提要》《稼轩长短句》《蒋勋说宋词》
第九课时 《声声慢》	目标	1. 了解李清照生平，联系作家其他作品理解她的"愁" 2. 反复诵读，揣摩词人在词中用叠词、意象表达"愁"情的方法 3. 比较阅读，赏析豪放派和婉约派词作的风格差异，由篇到类
	任务	1. 比较阅读，感受婉约派的艺术风格，体会词人前后期作品中的别样"愁"情 2. 感受诗歌中凄美的意境
	活动	1. 课前查阅资料，诵读李清照词作，以学习小组为单位，写一份介绍李清照一生的文案，配以图示，展现其一生的历程 2. 展示课前学习成果 3. 鉴赏婉约派词作风格的独到之处 4. 课堂总结
	评价要求	1. 能借助方法准确读出作品的情感 2. 通过对作品内容的学习和对作品情感的体悟，选择一首自己喜欢的诗歌进行深情朗诵
	资源	文本资源：《李清照集校注》

（续表）

课时	栏目	具体内容
第十课时 单元活动三："妙笔生花，再现诗人及作品的灵性"活动设计	目标	1. 明确文学短评的路径有圈画、眉批、点评等 2. 可以结合个人阅读经验写出自己对作品的独到感受 3. 可以理清手法与意蕴之间的关系
	任务	1. 采用圈画、眉批、点评等方法阅读作品；结合个人阅读经验，运用已经领悟到的创作和鉴赏规律写出自己对作品的独到感受 2. 写文学短评，把握经典作品的独特艺术手法
	活动	1. 梳理第三单元古诗词的分类，寻找多角度比较的方法 2. 归纳共性，预设比较点 3. 师生共同研制文学短评的评价维度和评价方式 4. 比较阅读评论 5. 短评写作
	评价要求	1. 讨论梳理评价量表 2. 体式与情感活动设计评价
	资源	文本资源：《六朝选诗定论》《古诗赏析》《四言诗与曹操的〈短歌行〉(其一)》《白石诗说》

（撰写者：上海市嘉定区第二中学　邵晓伟、刘静思）

（四）典型课时案例

案例一　《梦游天姥吟留别》教学设计

【教材分析】

这首诗是高中语文统编教材必修（上册）第三单元第八课中的第一首诗，同样也是李白浪漫主义风格的代表之作。教师不仅要让学生理解本诗独特的艺术手法，还要让学生体会李白蔑视权贵的傲岸情怀以及追求个性的精神。据此，本节课确定了"理解本诗的艺术手法并赏析李白的浪漫主义精神"和"探究李白浪漫主义诗歌的内核"两项重点内容。

【学情分析】

高一年级的学生在以前的学习中已接触了一定的古体诗，对于一些表达手法和思想感情比较熟悉,但鉴赏深度不够。通过前两课的学习,学生应该可以掌握以意逆志和知人论世两种鉴赏方法。然而,学生对于浪漫主义诗歌的理解不够深入,往往难以触及问题本质。因此,对李白意象的梳理是这节课的重点之一。教师可以通过这样的意象分析带领学生走进一个独属于李白的浪漫主义诗歌世界。

【教学思想】

以体验人生思考选择为根本目标,以单元整体设计为基础,以课文为主要载体,创设真实的学习情境,使学生更积极自主地参与到课堂活动中来,完成特定的学习任务,积累言语经验,可以通过涵泳、联想感受诗歌的高远意境,进而独立欣赏诗歌的艺术手法及情志内涵。

【教学目标】

教学目标包括:(1)把握文章字词,可以通畅、恰当地翻译诗歌;(2)通过字句的赏析,体会意象在该诗中起到的作用;(3)通过篇章分析和背景知识补充,体会李白蔑视权贵的傲岸情怀及追求个性自由的浪漫主义精神。

【教学重难点】

教学重点是通过字句的赏析,体会意象在该诗中起到的作用。教学难点是通过篇章分析和背景知识补充,体会李白蔑视权贵的傲岸情怀及追求个性自由的浪漫主义精神。

【教学安排】

学习任务一:导入文本,明确要求

余光中在《寻李白》中说:"酒入豪肠,七分酿成了月光,剩下的三分啸成了剑气,绣口一吐就是半个盛唐。"同样是诗人惜诗人,余老的这几句豪言,可以说是对李白最好的赞誉。当年这位号称"谪仙人"的诗人依然光耀这诗国,旷达古今。时隔千年,继开创浪漫主义先河的诗人屈原之后,另一位被称作"谪仙人"的浪漫主义诗人向我们展示了他的才情。今天,我们就走入他的另外一首经典名篇《梦游天姥吟留别》。

学习任务二:探究情感,深入理解

1. 从题目中我们可以得出哪些信息?

明确：形式是梦游，内容是游天姥山，目的是留别，吟是歌行体的一种，所以也叫《梦游天姥别东鲁诸公》。

2. 既然要游天姥山，那么天姥山是什么样的呢？请用文中的原句来回答，再概括。

明确：神秘，雄伟，高大。

3. 作者用了什么样的表现手法描写天姥山？

明确：对比，夸张。夸张的运用是李白浪漫主义的体现之一。

4. 高大、神秘的天姥山让纵情山水的"谪仙人"产生了神往之情，一句"我欲因之梦吴越"昭示着他开始了这段奇幻的梦之旅。梦本身可以派生出无限的想象，想象是浪漫主义的一个重要体现。在这段奇特的旅行中暗含了一个时间顺序，请大家寻找关键字眼并找出这个顺序。

明确：月夜—清晨—白昼—青云梯。

5. 我们先看月夜部分，诗人是如何进入梦境的？在梦境里又发生了什么？

明确：飞渡，湖月送，谢公屐，青云梯。

飞——急切的心情和飘逸似仙的姿态。

湖月送——李白一生喜月，增添神秘色彩。

谢公屐——追慕先贤。

青云梯——直上云霄的山路，说明山之高。

6. 邀明月为伴，着谢公之木屐，登青云之梯，想象已初现神奇，神思飘飘进入天姥山。这时天色已明，作者所见所闻说明了什么？奇诡在哪里？

明确：海日，千岩万转，花，石，天鸡。

7. 诗歌至此，有声有色，好一派奇景，怎一个乐字了得！那诗人是不是一直都乐呢？入夜之后诗人又有怎样的所见所闻？

明确：一洞隔开了两个世界，外面阴沉恐怖。殷、栗、惊是使动用法。

8. 洞内又有什么奇幻美景呢？

明确：极尽想象，在诗中营造了一番奇妙的仙境。

9. 诗人有没有参与到这场盛宴之中呢？

明确：好景不长，好梦不再，恍惚中醒转过来，仍惊叹不已，枕席还在，梦中烟霞盛景已全部消散,梦已尽而思无穷。

　　小结:从诗人整个梦游的历程来看,使用了大胆的夸张和惊人的想象,极尽浪漫主义特色,作者也继承并发展了屈原的浪漫主义,将古典诗歌的浪漫主义创作手法推向了无比绚丽的高峰。严羽曾评价李白:"一往豪情,使人不能句字赏摘,盖他人作诗用笔想,李白但用胸口一喷即是,此其所长。"①我们尝试把这些内容填入表 5-6,以期更加明确李白的情感。

表 5-6　《梦游天姥吟留别》等第打分表

项目	梦游天姥吟留别	等第			
		A	B	C	D
意象					
意境					
手法					
主题					

　　学习任务三:反向思辨,梳理景情

　　1. 李白是浪漫的,他的诗情诗韵无不透露着浪漫,所以连同诗人的人生选择也是浪漫的,最后一段中有两句直接点明了他的人生选择:"安能摧眉折腰事权贵,使我不得开心颜。"请大家结合李白生平谈一谈你对这两句话的看法。

　　明确:诗歌作于李白赐金还乡东游梁宋、齐鲁即将南下途中,开始吴越游历之际。

　　2. 游一座山值得以梦境入手吗? 在现实中,李白难道不能真实地游玩之后再吟诗一首吗? 因留别而赋诗,那么诗人到底要以书面来留别东鲁诸公什么呢? 因此,为什么要写梦,要借梦留别一些什么才是本文的核心部分,我们不妨重读一次文章。

　　明确:洞天的石扉只有訇然的巨响才可以打开,因为只有伟力才能涤荡污秽,一扫胸中愤懑,也才能开启一个仙境。

---

　　①　康怀远.李白豪放解读[J].绵阳师范学院学报,2009(1).

洞内日月照耀炫彩夺目——向往的生活。

洞外熊咆龙吟阴暗恐怖——宫廷经历。

学习任务四：重新体悟，浪漫自由

1. 当我们沉醉在仙境之时，李白却突然醒了，是他才思枯竭了吗？ 我想以李白的才情不至于如此。请大家再读"忽魂悸以魄动，恍惊起而长嗟"，思考李白长嗟的内容。

明确：天姥一梦，李白经历了由喜而惊、由惊而怨的奇诡变化，这与李白在长安的经历相似。所以，回望梦中，他震惊了，也失望了。

2. 诗人自然而然吟诵出了"世间行乐亦如此，古来万事东流水"。诗歌的结尾，大家都知道是主旨所在，但从语气上来讲，这一句似乎带有疑问的味道。作者为什么要这样设计？ 要解决这个问题，我们不妨先来看一下它的上一句。

明确：骑仙鹿的必然是仙人，仙人怎么会被世间的聚别所羁绊呢？ 须行即骑是何等的自由，时空又怎能阻隔你我之间的聚散呢？

梦醒一句也佐证了这样的快乐才是真正的快乐，那么世间的荣华富贵还值得我们去摧眉折腰吗？ 所以，这一句，诗人既注意了结构上的起承转合，暗中回答了之前的设问，宽慰了离别的双方，又为最后的惊天呐喊做好了铺垫和蓄势。诗人一扫之前的颓丧而发出振奋昂扬之声，告诉友人那个个性自由、浪漫不羁的李白又回来了。

【作业】

作业是：(1)写一篇"我心中的浪漫李白"小短文，字数不少于 600 字；(2)背诵全诗。

【板书】

板书见图 5-8。

图 5-8　板书

【推荐阅读】

推荐阅读《蜀道难》《将进酒》《夜泊牛渚怀古》《月下独酌》《唐宋词欣赏》。

【教学反思】

这首诗是高中语文统编教材必修(上册)第三单元第八课的第一首诗。教学重点是通过对已学诗词的重新审视,总结体会意象在该诗中起到的作用,学会运用意象进行赏析。我在教学本课时根据学情和教材的编排目的,把教学重点放在学习方法的教授上,在此基础上希望引导学生利用知人论世的方法解读意象。

梳理清楚意象在文本中的意义及其所起到的作用是本课的重点,而体会课内诗词是怎样运用意象来表现诗人的浪漫主义则是本课的难点。因此,我在讲授时给学生提供了思维工具,让他们从诗中找出来哪些意象表达了什么样的主题,然后再分析两者之间的关系。但是在这里教师不能简单贴标签,而是要进行具体的追问,找到学生思维的难点所在,再进行解疑。本单元《短歌行》《归园田居(其一)》两篇诗词分析完之后,学生对意象有了基本的理解,应用分析起来也可以有的放矢。

掌握这个部分的内容后,学生就要应用实践了。我尝试以梦境入手,让他们按照之前的思路来进行分析。但是在实操的时候,我发现学生的迁移能力不强,当面对陌生诗词的时候,由于句意理解问题,他们会有很多意象分辨不清,或者能分辨出来但表达不清晰。这是我在下一节课要继续强化的一个点。

在学习这部分内容的时候,我采用了课前预习和分组讨论的方式,这样可以保证学生有足够的时间来研读文本并进行分析。但是在课堂讨论的时候,我没有指导到位,有些小组的讨论以个人为主,组员没有展开真正的交流。因此,我需要重新设计问题讨论的环节,让班级大部分学生可以有效参与讨论。

(撰写者:上海市嘉定区第二中学   邵晓伟)

案例二   同为豪放,竟自风流
——《念奴娇·赤壁怀古》《永遇乐·京口北固亭怀古》教学设计

【教材分析】

高中语文统编教材必修(上册)第三单元第九课共三首宋词,分别是《念奴娇·赤壁怀古》《永遇乐·京口北固亭怀古》《声声慢》。从风格来说,前两首属于豪放派词作,后一首为婉约派词作,词作格调和音韵各不相同。苏轼的《念奴娇·赤壁怀古》咏古抒怀,雄浑悲壮,意境开阔,历来被视为豪放派的代表作品,在很大程度上体现了苏轼的人生理想,是理解苏轼及苏词风格的一把钥匙。《永遇乐·京口北固亭怀古》是同为豪放派代表词人辛弃疾的杰出代表作。整首词豪壮慷慨,词意丰富,字里行间体现出作者深沉的爱国情。教师在教学时应重点指导学生通过分析典故,全面准确把握作者情感。

【学情分析】

学生对古典诗词的兴趣不算特别浓厚,古诗词中又常引用历史素材、典故等较为久远的知识点,学生历史知识储备不足,对典故的认知有限,这加大了其对作品的理解难度,导致他们无法很好地通过词作的具体内容深入理解词人的思想情感。因此,在学习本课时,教师在课前需要留给学生充分的时间,让他们阅读相关史料、材料,以便更好地理解历史人物或事件与作品、词人情思的关系;在课堂上也需要给学生提供足够的时间,让学生以不同的方式精心、静心诵读,在反复吟咏中细细品味,读出词作的"滋味"。

【教学思想】

基于课程标准,立足单元学习目标,准确定位每节课的学习目标,以"学生怎么学"为导向,以培育学生语文学科核心素养、建立学生语文高阶思维为首要任务,让学生在课堂上通过参与学习活动学会学习,构建本学科学习的思维方法。教师的主要任务是做好学习活动的统筹安排。

【教学目标】

教学目标包括:(1)借助课下注释,反复吟诵,准确理解相关词作的具体内容;(2)比较阅读相关词作,分析其异同,感受其艺术魅力。

【教学重难点】

教学重点是:(1)引导学生小组合作,把握词作的具体内容,准确理解词作中典故的具体内涵;(2)引导学生通过比较阅读,把握豪放词风的共性特征,辨析不同作家作品的个性化特征。

教学难点是引导学生通过比较阅读,把握豪放词风的共性特征,辨析不同作家作品的个性化特征。

【教学方法】

教学方法包括词语替换比较法、读赏结合法、小组合作学习法、对比阅读鉴赏法。

【课前预习任务】

课前预习任务包括:(1)阅读作者相关的辅助资料,认识苏轼、辛弃疾其人其事其作品,并做好阅读批注;(2)阅读《苏东坡突围》《蒋勋说宋词》中关于苏轼、辛弃疾的内容,并做好阅读批注。

【教学过程】

教学过程是"典故导入—对比鉴赏—学以致用—总结"。

【教学安排】

学习活动一:典故导入

东坡在玉堂日,有幕士善歌,(苏轼)因问:"我词何如柳七(柳永)?"对曰:"柳郎中词,只合十七八女郎,执红牙板,歌'杨柳岸晓风残月';学士词须关西大汉,铜琵琶,铁绰板,唱'大江东去'。"东坡为之绝倒。①

学习活动二:把握词作内容

1. 借助课下注释,反复诵读,准确理解两首词作的具体内容。

2. 学生质疑,教师解疑。

疑难预设:

(1) 辛弃疾写刘义隆草率出征"赢得仓皇北顾"的目的是什么?

(2) 怎么理解"风流总被雨打风吹去"?

(3) 作者写"佛狸祠下,一片神鸦社鼓",其用意何在?

解疑点拨:

(1) 借典故表明草率出征不可取,面对着严峻的北伐形势,他虽主战却不主张沽名钓誉、急躁冒进,以刘义隆草率出征最后失败的结果警示当朝,必须做好充分准备。

---

① 俞文豹.吹剑录全编[M].上海:上海古典文学出版社,1958.

（2）结合上下文语境，此处的"风流"是一个较为抽象的概念，如一切辉煌的过往、英雄的壮志功业、国家层面的太平盛世等。今昔对比，昔盛今衰，伟业不在。

（3）词人借典故表沉重的悲痛，叹朝廷无能，悲百姓无知，给人一种"时不我待"的急迫感。

学习活动三：比较鉴赏两首豪放派词作的异同点

1. 对比阅读，鉴赏《念奴娇·赤壁怀古》和《永遇乐·京口北固亭怀古》异同点。

同为豪放派词作代表，《念奴娇·赤壁怀古》和《永遇乐·京口北固亭怀古》在内容选材、艺术手法、情感志向、风格特点上有何异同点？小组合作探究，完成鉴赏。

表 5-7 异同梳理表

异同	作品	内容选材	艺术手法	情感志向	风格特点
异	《念奴娇·赤壁怀古》	描写赤壁古战场的风景，缅怀敬仰三国英雄，尤其是年轻有为、风流倜傥的周瑜	1. 借景抒情（长江怀古写意图，赤壁江山工笔画） 2. 衬托、反衬（周瑜谈笑破敌图） 3. 把叙事、写景、抒情、议论融为一体	借怀古仰慕英雄自慰自我人生的不称意，但又表达了不过分执着于功业、寄情山水的超脱旷达。"一尊还酹江月"反映出作者虽然身处人生困境，仍能积极地进行自我拯救，依然积极达观	雄浑苍凉 壮阔激昂 豪放飘逸 同为豪放，苏词的超旷飘逸、狂放不羁、雄壮横阔，给人豪壮之意；辛词则是推刚为柔、潜气内转、力度深厚，给人以悲壮之感①

① 詹海菊.苏轼辛弃疾豪放词风的异同[J].南都学坛（人文社会科学学报），2003(5).

（续表）

异同	作品	内容选材	艺术手法	情感志向	风格特点
异	《永遇乐·京口北固亭怀古》	同属怀古类作品，词中引用较多典故来进行叙述	辛弃疾词，则多叙事、用典。词中从孙权写到刘裕，写到刘义隆，写到霍去病，写到廉颇，无处不用典，以至不太长一词竟多用五典，可谓是典故入词的大胆突破与典范示例。其用典以叙事，其叙事以抒情，实属自然之势。尽管如此，也能让我们透过他的屡屡用典，窥见其欲说还休的难言之隐与艰难心曲，洞见其志在收复河山的铁石肝胆。前人评辛弃疾词，多道其沉郁悲壮之风如唐朝之老杜，很为中肯①	表面怀古，实质内核是抒发建功立业的雄心抱负。通过用典怀古，表现了辛弃疾渴望抗金救国、收复失地的强烈愿望，以及对南宋朝廷偏安一隅和统治者昏庸腐朽、不思进取、用人不才、忠邪不分的满腔愤懑与无可奈何	辛弃疾独特的词作风格被称作"稼轩体"，其词热情洋溢，慷慨悲壮，苍凉沉郁，笔力雄厚，境界开阔，语言富有表现力，情感悲壮但不萎靡，艺术风格丰富多样，体现其深广的精神境界，给人以强烈的情感撞击和人生启迪
同	两首词意境皆阔大雄浑，都塑造阳刚豪放之人，抒发的情感虽不同，但性质都是豪迈奔放之属				

---

① 杜成怀.同为豪放，竟自风流——《念奴娇·赤壁怀古》与《永遇乐·京口北固亭怀古》比较阅读[J].现代语文，2007(2).

表 5-8 《永遇乐·京口北固亭怀古》中典故的内涵

词句	人物	情感寄托
英雄无觅孙仲谋处	孙权	表现作者希望能像孙权一样建功立业的豪情
寄奴曾住	刘裕	表达作者收复中原的远大抱负
元嘉草草,封狼居胥,赢得仓皇北顾	刘义隆	借鉴历史,委婉劝韩侂胄不能草率行事,规劝统治者行兵要用谋略,不可盲目
四十三年,望中犹记,烽火扬州路	拓跋焘	对早年驰骋沙场、纵横中原的战斗回忆,显露作者对收复中原的渴望与期待
佛狸祠下,一片神鸦社鼓	拓跋焘	对南宋统治者偏安一隅、不思进取、苟且偷生的担忧与愤怒
廉颇老矣,尚能饭否	廉颇	自比廉颇,表达胸有大志但报国无门的苦闷,始终洋溢着爱国深情

2. 领略豪放派词作的典型特点。

诵读《江城子·密州出猎》《定风波》《破阵子·为陈同甫赋壮词以寄之》《鹧鸪天·壮岁旌旗拥万夫》《沁园春·叠嶂西驰》《水龙吟·登建康赏心亭》《沁园春·长沙》,思考探究豪放派词作的典型特点。

明确:(1)题材内容广泛,花间月下、山川风物、借古感怀、陈述道理、叙述事情等都能作为题材;(2)气势恢宏、铿锵有力、节奏灵动,打破音律的束缚;(3)语言风格质朴自然,明白晓畅;(4)写景状物较多粗笔勾勒,画面宏大,境界宏阔;(5)结构上具有跳跃性,意境阔大健朗,格调豪迈;(6)情感多基调昂扬,悲壮慷慨,豪迈洒脱。

3. 小结

苏辛豪放词风的相异在词史有着重要的意义。苏轼不囿于传统偏见,开创独树一帜的豪放词风,在扩大题材的同时,刷新了词的意境,使词风格多样化,促进了词的发展,在词曲上引进不少慷慨豪放的长篇曲词,使词的结构开阔变化,音律也相继繁复顿挫,提高了词的社会地位,在词的发展史上起到了里程碑的作用。而辛弃疾在继承苏轼高唱大江东去的同时,又以词的本色出之加以改造豪放而谐音律,他立足"本色"加以创新,寓雄心高调于传统词风的"温婉"之中,从而独成悲凉之调,表现为一种悲壮苍凉、沉郁顿挫的词风。他又能兼取各家之长,不断地在悲凉的主旋律中奏出婉丽、清新之调。他们刚柔相济、创新与传统风格相结合,确立了各自在词史上的大师之位。①

【课堂总结】

《念奴娇·赤壁怀古》和《永遇乐·京口北固亭怀古》同为豪放派词作代表,适合运用同中求异、异中求同的方法来进行阅读赏析。教师要引导学生了解两首作品豪放中的差异,即作家作品的个性,让学生学会运用比较阅读的方法,对比同一作者不同时期的作品或同一时期不同类型的作品,拓宽知识面,从而更全面地理解豪放词风的典型特点,以便由篇到类,构建对豪放词的认知体系。

【课后作业】

反复阅读李清照的《声声慢》、柳永的《雨霖铃·寒蝉凄切》,比较分析其与《念奴娇·赤壁怀古》《永遇乐·京口北固亭怀古》在风格上的不同,结合课堂所运用的方法,写出要点。

【教学反思】

本课教学目标的设定基于课程标准中对文学阅读与写作任务群教学目标的要求,"精读古今中外优秀的文学作品,感受作品中的艺术形象,理解欣赏作品的语言表达,把握作品的内涵,理解作者的创作意图",以及本单元的学习目标,并立足宋词中的豪放派词风这一主题,将同为宋词豪放派代表人的两位词人苏轼、辛弃疾的经典作品《念奴娇·赤壁怀古》《永遇乐·京口北固亭怀古》进行对比式教学,让学生在理解内容的基础上比较分析两首词在内容选材、艺术手法、情感志向、风格特点等方面的异同点。通过把两位作家的作品组成群文阅读,让学生把握豪放派词风的典型特点,形成对该类作品的结构化认知,掌握相应的鉴赏方法,从而学以致用,强化认知。

教学设计上关注学科大概念"豪放词的风格特点",让学生通过两个核心学习活动来完成对这一核心任务的认知、理解、掌握;借助课外相关联的资源设计

① 詹海菊.苏轼辛弃疾豪放词风的异同[J].南都学坛(人文社会科学学报),2003(9).

群文阅读,让学生在阅读、体会、交流、表达、反思、总结等思维活动中形成结构化认知,并把学习经验和方法运用到具体的学习实践中。

因为两首词中都运用了典故,学生在理解内容时需要花费大量时间,课堂四十分钟难以承载这样的资源学习和作品探究的容量,所以,教师要提前打包、下发相关资料,帮助学生理解作品,让学生有较好的知识储备后再进行深度探究。这样的课堂活动、深度探究更有效,更能促成学生的个性化认知和深度化感悟。

(撰写者:上海市嘉定区第二中学　刘静思)

三、高中语文统编教材必修(上册)第七单元教学设计

(一) 单元活动结构

本单元指向的学习任务群是文学阅读与写作,人文主题为"自然情怀"。作为必修单元,本任务群的学习要让学生在感受形象、品味语言、体验情感的过程中提升文学欣赏能力。因此,本单元的单元活动应突出品味与鉴赏、比较与整合,让学生能根据不同文学体裁、不同的艺术表现形式,从语言、构思、形象、意蕴、情感等角度欣赏作品,获得审美体验,认识作品的美学价值,发现作者独特的

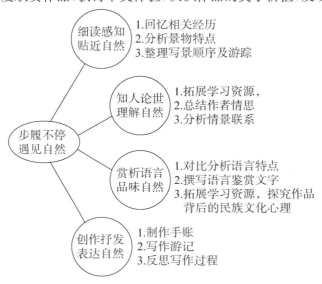

图 5-9　单元活动结构

艺术创造。在"步履不停，遇见自然"的单元教学设计中，学生将结合自身的体验，走近这些散文，分析其景物特点。通过了解文章背后的故事，学生能理解作者为何缘景生此情，感知、理解作者的情思。接着，教师可以引导学生精读这些作品，通过鉴赏其语言特点、品味每篇作品个性化的语言表达，让学生理解其背后的民族文化审美。最终落点到学生与大自然接触的经历，唤醒学生具体细微的感受，让学生书写自己与大自然接触时的独特感受。

（二）单元认知结构

本单元指向的学习任务群是文学阅读与写作。聚焦文学阅读与写作任务群的本质特征（即阅读教学与写作教学的结合），结合本单元"自然情怀"的人文主题，本单元的单元认知应牢牢抓住景语与情语的交融，由具体的自然情景出发，引导学生体会情景交融的散文特点，反观散文独特的情感与语言美，并通过反思和深化对情语的理解，探求情语背后的文化意义及审美心理，最终再次落实到以情语写景语的心理认知及实践的反复迭代。

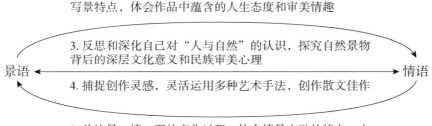

1. 整体感知文学作品，品味作品的内涵，关注不同作品的写景特点，体会作品中蕴含的人生态度和审美情趣

3. 反思和深化自己对"人与自然"的认识，探究自然景物背后的深层文化意义和民族审美心理

景语 ←——→ 情语

4. 捕捉创作灵感，灵活运用多种艺术手法，创作散文佳作

2. 关注景、情、理的变化过程，体会情景交融的特点，由作者的人生态度和情怀反观散文独特的语言美

图 5-10　单元认知结构

（三）单元学习规划样本

情境创设：自然是我们无声的朋友，古往今来，无数文人墨客在自然中获得灵感和慰藉。在与自然亲密接触的过程中，我们为湖光山色陶醉，为崇山峻岭惊叹，为潮涨潮落惋惜。本单元选取的五篇散文都是写景抒情的名篇，有郁达夫对故都秋味的吟唱，有朱自清对荷塘月色的沉醉，有史铁生在地坛的人生思考，有苏轼夜游赤壁的吊古伤今，有姚鼐登临东岳的畅快。由此可见，在自然的旅途

中,我们可以遇见美好,治愈内心。假设你与同小组的同学共同运营一个名为
"步履不停,遇见自然"的公众号。在运营前,你们组织了一场以"自然旅行"为主
题的讨论会,你们需要收集自然旅程里的点滴,在公众号里设计相应的板块并展
示。单元学习规划见表 5-9。

表 5-9　单元学习规划

课时	栏目	具体内容
第一至二课时	目标	1. 进入阅读情境,通过阅读本单元与自然有关的作品,整体感知每篇作品中描写对象的特点 2. 通过细读文章景物描写片段,感受这些景物的特点
	任务	阅读本单元写景抒情的文学作品,梳理写景顺序及分析景物特点
	活动	1. 话题畅想:回忆自己与自然接触的经历,与同学分享令你印象深刻的经历 2. 梳理五篇文章的写景顺序图或游踪图 3. 以表格的形式具体介绍作者与自然的故事 4. 请任选一篇课文中的地点,为它附上一篇导游词(400 字左右)
	评价要求	在教师评价的基础上,学生以"自评+互评"的方式对导游词进行评价
	资源	—
第三至五课时	目标	1. 通过课下查找写作背景资料,结合教师提供的学习资源,从多个角度了解作者及写作背景 2. 分析不同作者对自然的独特表达,感知、理解作者的情思,学会欣赏不同作者传递出的对自然的不同感受和思考
	任务	阅读课外资料,拓展学习资源里的作品,分析作者面对自然兴发不同情思的原因,梳理景、情(理)之间的关系
	活动	1. 结合查找的作者及写作背景资料,补充完善表格 2. 通过对作家及写作背景的了解,思考作者为什么面对此景会生发出此情,在分享会上与大家共同交流 3. 请任选一篇课文中的地点,为它制作一张明信片
	评价要求	用投票的方式选出"最美明信片"设计奖
	资源	文本资源:《悲剧的出生——自传之一》《达夫日记集》《一封信》《哪里走》《合欢树》《好运设计》《后赤壁赋》《岁除日与子颖登日观观日出作歌》《与胡雏君书》

（续表）

课时	栏目	具体内容
第六至七课时	目标	1. 鉴赏文章所用写景手法及用词、句式特点 2. 分析每篇作品独特的语言特点，品味每篇作品个性化的语言表达，探究作者的民族文化心理
	任务	从景物选取、字词、句式、手法等入手，品读不同文章的个性化语言表达，体会不同作家所具有的独特气质、性情
	活动	1. 合作探究：结合具体语句对比分析《故都的秋》《荷塘月色》两篇文章的语言特点（可从修辞手法、用词、句式等方面分析）；结合具体语句对比分析《赤壁赋》《登泰山记》两篇文章的语言特点（可从修辞手法、用词、句式等方面分析） 2. 个人自主探究：《我与地坛》语言深沉真挚，选取最触动你的段落，反复朗读，细加品味，自选角度写一段鉴赏文字 3. 结合对课文"情景关系"的分析和发现，阅读补充材料，与同学分享交流在写作中怎么将景和情融合起来，可尝试选择一个景物写一个片段，在写景中表达自己的情感
	评价要求	在教师评价的基础上，学生以"自评＋互评"的方式对鉴赏文字进行评价
	资源	文本资源：《文心雕龙·物色》《二十四诗品·实镜》
第八至九课时	目标	分享自我求知探索中的经验与思考，唤醒自己内心具体细微的感受，从与自然接触的过程中，合理选择契合心境的景物入文，让所描绘之景与所抒发之情能够和谐统一，呈现出情感与景色的和谐共存
	任务	1. 结合阅读感受，形成自己感悟大自然的独特视角，提升自然感受力和审美力 2. 回顾本单元阅读欣赏文学作品和文学创作的过程，不断反思总结自己文学阅读和创作中的进步与不足
	活动	1. 请制作一本旅行手账，将某次旅行中的点点滴滴收集起来，如旅行中拍的照片、自己画的游览线路图、景点门票、纪念品等 2. 为这本旅行手账创作一篇800字左右的游记，记录自己旅行后的内心感受 3. 回顾梳理五篇写景抒情散文对你这篇游记创作的影响，完成"习作自我反思评价表"，根据该表继续完善修改自己的创作
	评价要求	1. 以量表评价的方式，师生共同评价 2. 借助习作自我反思评价表，完成自评
	资源	—

（四）典型课时案例

"步履不停，遇见自然"教学设计

【教学目标】

教学目标包括：(1)借助写作背景资料和相关学习资源，从多个角度了解作者及写作背景；(2)分析不同作者对自然的独特表达，感知、理解作者的情思，欣赏不同作者传递出的对自然的不同感受和思考；(3)联系作者的情思和景物特点，把握情景交融的手法。

【教学重难点】

教学重点为知人论世，分析不同作者对自然的独特情思。教学难点为欣赏不同作者传递出的对自然不同的感受和思考，把握情景关系。

【教学资源】

教学资源包括《悲剧的出生——自传之一》《一封信》《合欢树》《好运设计》《后赤壁赋》《岁除日与子颖登日观观日出作歌》《与胡雒君书》。

【教学过程】

1. 情境导入

借助描摹、歌咏自然山水来叙述人生际遇、抒发人生感悟是中国文人写作的一大特点，他们笔下的自然都投射了其不同的人生经历与独特的情思。本单元五篇散文中，作者是如何把自己的情思融入景物之中的？这对我们有哪些人生启示呢？

2. 学习过程

（1）完善导览手册，结合查找的作者及写作背景资料，与小组同学共同填写"他们与自然的遇见"梳理表第四至五列，思考作者为什么面对此景会生发出此情。

表5-10 "他们与自然的遇见"梳理表

课文	课文语句摘录（3句）	所写景物	景物特点	写作时间及背景	作者情思
《故都的秋》					

（续表）

课文	课文语句摘录（3句）	所写景物	景物特点	写作时间及背景	作者情思
《荷塘月色》					
《我与地坛》					
《赤壁赋》					
《登泰山记》					

（2）根据课前布置的补充篇目，更深入地了解每个作家及写作背景，横向观察"他们与自然的遇见"梳理表，可借助情景关系表（见表5-11），从情与景关系的角度写下你的看法，在分享会上与大家共同交流。

表5-11 情景关系表

项目	篇目		
	景物内容	景物特点	作者情感
1			
2			
3			
……			

（3）明信片是旅行中美好的点缀，一张小小的卡片上承载着美妙的风景及寄件人在旅程中的感悟。"遇见自然"公众号计划向读者征集"自然寄语"明信片，请任选一篇课文中的地点，撰写明信片，制作完成后与同学分享交流，同学互评。评价量表见表5-12。

表5-12 评价量表

项目	优（5分）	良（4分）	中（3分）	差（2分）
寄语能真实、独特、细微地体现心情	寄语十分贴合心境，语言表述恰如其分	寄语基本贴合心境，语言表述基本得体	寄语与心境之间并无紧密关联，语言表述完整	寄语与心情无关，语言成分缺失

（续表）

项目	优(5分)	良(4分)	中(3分)	差(2分)
所选风景图与文章关联密切	图片清晰、色彩丰富、构图巧妙,图文主题配合得当	图片清晰、画面完整,能与文章细节形成照应	图片基本与文章内容相关	所选图片与文章内容关联不大或无关
介绍语能简要表达此地点的独特之处	语体恰当,语言精练,直击要点,语言表述有独到之处或亮点	基本符合语体要求,语言简洁,能涵盖此地点所具备的特征	基本能涵盖此地点所具备的特征	与此地点的特征关联不大或无关
加入的设计元素与文章关联密切	设计元素美观新颖,有较强的审美价值,加入位置巧妙,与文章融为一体	设计元素美观,具有一定的审美价值,与文章具有一定的关联	设计元素基本完整,与文章部分内容具有一定的关联	设计元素与文章关联不大或无关
加入的设计元素具有独创性	设计元素具有原创性,创意新颖、风格鲜明,有辨识度	设计元素具有原创性,在风格与辨识度上略有欠缺	设计元素存在部分借鉴点,但基本具有原创性	设计元素与其他同类型元素有雷同

【课后作业】

中国古代文人都不约而同地在山水中寻求生命困境的突围,请结合本单元所学内容,选择一篇学过的其他文学作品,从情景关系角度写一篇800字左右的文学评论。

【教学反思】

此课时重在对作者情思及情景关系的分析,通过补充相关阅读资料,引导学生从多个角度理解作者情思,分析情景之间的关系。在教学实施过程中,因经验不足,还存在不少问题,以下将从两方面进行教学反思。

1. 阅读与写作任务的衔接

在"从情与景的关系角度写下你的看法"这一环节中,很多学生一时间无从下笔,虽然教师提供了表格支架,但直接跳到分析"情景关系",有些突兀。教师在阅读任务中需要先引导学生观察表格,再结合示例进行分析,分析课文中有什么"景"

和体现了什么"情","景"与"情"之间有什么样的联系,结合作家背景去探讨出现某种情景关系的原因。这样,学生才会清楚情景关系的分析文字是怎么写出来的,才能顺畅地完成写作任务。在今后的教学中,教师需要更加注重"读写结合"学习任务的精准性,采用科学的"读写结合"方式,在阅读任务和写作任务之间体现具体的迁移过程,给学生提供更明确的学习指导,使教学更为高效。

2. 学习资源种类

本设计的补充资源以同一作家同一时期的作品为主,辅助学生更好地理解作者的情思。从作家作品这一视角整合学习资源,有利于学生全面了解作者经历和写作背景,深入认识文中"情"生发的原因,透彻分析情景关系。但是整合的这些学习资源种类不够丰富,阅读量较大。学生难以在两个课时内完成阅读任务,即使完成了,也是走马观花。在接下来的教学中,教师可以提供一些阅读支架表格,让学生养成边读边记、整合阅读的习惯。在整合学习资源时,教师不仅要考虑学习资源的内容与学习目标是否有本质联系,还要把学习资源作为一个整体来考虑,从类型、理解程度等方面入手,尽可能地使之系统化、科学化、丰富化,满足学生多样化的阅读和写作需要。

（撰写者：上海市嘉定区第二中学　谢文瑛、丁怡君）

四、高中语文统编教材必修（下册）第二单元教学设计

（一）单元活动结构

大概念就是一个概念、主题或问题,它能够使离散的知识和技能相互联系并统合起来,由此,本单元的大概念可以提炼为"戏剧文学的基本特点"。在这个大概念的指导下,我们可以进一步细化相关内容。

本单元的设计以内容类型、结构要素、人文精神和戏剧演出的过程为子概念,旨在让学生在阅读实践中切实、完整地把握"戏剧文学的基本特点"这一大概念。其中,三篇选文分别涉及社会悲剧、命运悲剧、性格悲剧三种内容类型。以三篇选文为依托,在阅读技能和方法的学习中融入戏剧语言表达、情节结构等方面的概念。在最后的整体感知课中,让学生在课本剧改编演出活动中体会戏剧从编排准备到登台演出、评价反思的整体过程。单元活动结构见图 5-11。

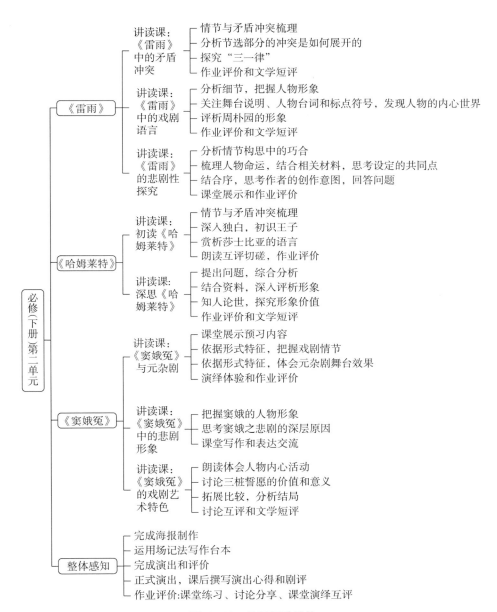

图 5-11　单元活动结构

　　单元活动结构几乎涵盖了各篇课文的所有活动,详细且复杂。我们可以简单呈现相关内容,即略去具体到每一课时的活动内容,仅呈现各课文的主要任务目标,对应"戏剧文学的基本特点"这一大概念下的内容类型、结构要素、人文精神三项子概念,形成单元三篇课文关系图,见图 5-12。

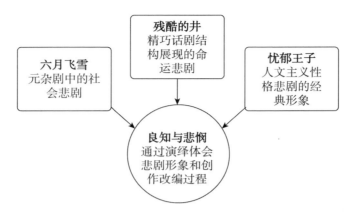

图 5-11　单元三篇课文关系图

（二）单元认知结构

在三篇课文的学习目标和重难点组织上，分两条主线，进行由简单到复杂、由易而难的编制和梳理。第一条主线是悲剧的内容主旨，主要体现悲剧的类型，《窦娥冤》是社会悲剧，学生比较容易理解；《雷雨》是命运悲剧，学生可以借助悲剧类型的讨论和作者的自序辨析、理解命运悲剧；《哈姆莱特》是性格悲剧，其中充满了人文主义思想，学生需要借助大量的知识才能理解。第二条主线是阅读悲剧的方法，这条主线也是学习戏剧的构成要素。《窦娥冤》是富有民族、时代特色的元杂剧，学生需要深入理解元杂剧的形式特征等，但由人物形象总结概括主旨和悲剧类型的任务较为简单，学生可以通过情节梳理和唱词说白品味把握窦娥形象，难度不高；《雷雨》作为现代话剧经典，其结构和语言极具代表性，同时也更复杂精巧，矛盾、突转、巧合和潜台词、戏剧说明的使用让整篇话剧极具深入探索的价值，学生在学习这些专业概念的过程中能一步一步地体会话剧的阅读和鉴赏方法；《哈姆莱特》是文艺复兴时期的经典戏剧，学生在学习的过程中应更多地品味感知莎士比亚独特的戏剧语言，借此把握复杂的人物形象，同时需要对莎士比亚及其特殊的时代有深入的认识。单元认知结构见图 5-12，单元概念关系见图 5-13，内容与手法关系见图 5-14。

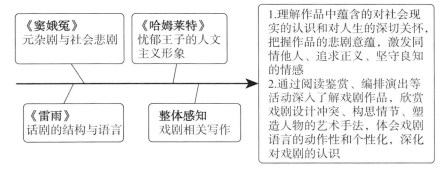

图 5-12 单元认知结构

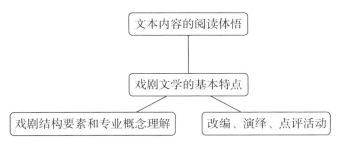

图 5-13 单元概念关系

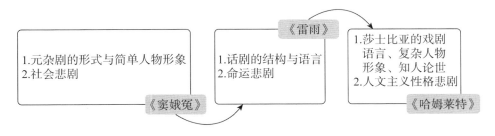

图 5-14 内容与手法关系图

（三）单元学习规划样本

课程标准以学习任务群组织课程内容，高中语文统编教材必修（下册）第二单元属于文学阅读与写作任务群，单元选文为戏剧体裁。该任务群主要任务为"引导学生阅读古今中外诗歌、散文、小说、剧本等不同体裁的优秀文学作品"，从中可看出课程标准把戏剧放在了和小说、散文、诗歌等文学体裁同等重要的位置。

课程标准中对该任务群的学习目标和内容表述如下："旨在引导学生阅读古今中外诗歌、散文、小说、剧本等不同体裁的优秀文学作品，使学生在感受形象、品味语言、体验情感的过程中提升文学欣赏能力，并尝试文学写作，撰写文学评论，借以提高审美鉴赏能力和表达交流能力。"从这段话中可以看出，文学阅读主要指向的是不同体裁的文学作品；而文学写作主要指向的是文学创作，两者都渗透了语言、思维、文化、审美四大核心素养。课程标准提出"文学知识结构化"，这是一个重要的命题。就戏剧知识结构化而言，"结构化"必须借助对戏剧知识的梳理与整合。这样的梳理与整合，必须以一定数量的戏剧阅读与一定数量的知识积累为前提，且需要进行必要的关联、对比与归纳。在推行大单元、大活动教学的背景下，文本之间的关联与比较具有特别的价值与意义。大情境的设置、大任务的设计必须以文本的内在关联为前提。未能发现文本之间的内在关联，仅仅满足于文本外在的、表面的相似性与相关性，这样的大单元教学必然会架空语文学习本身，这对阅读素养的发展是很不利的。以三篇课文的教学为契机，引导学生阅读作为"整本书"的戏剧，对本单元的教学来说是极其重要的。对片段的理解离不开对整体的把握，只有对"整本书"有了总体的把握，才能更清晰地理解片段的来龙去脉和前因后果，对人物的理解才不会片面武断。

《窦娥冤》是中国传统戏曲（元杂剧）的代表作品，《雷雨》是中国现代话剧的名作，《哈姆莱特》则是西方戏剧史上具有重要地位的经典剧作。三部剧作都是悲剧，有着深厚的思想、情感意蕴和高超的艺术成就，而又分别呈现出不同时代、地域的风格特点，能够启发学生更好地认识戏剧这一体裁独特的艺术表现方式和一般规律[①]。教师要引导学生学会"从语言、构思、形象、意蕴、情感等多个角度欣赏作品，获得审美体验，认识作品的美学价值，发现作者独特的艺术创造"[②]。

本单元的首要任务是体现戏剧的"戏剧味"，以落实课程标准的要求。王荣生教授认为，教学内容的选择和确定有两个依据，其中一个便是依据文本体式确

---

① 苏革.高中语文大单元教学的实践尝试[J].中学语文,2022(33).

② 中华人民共和国教育部.普通高中语文课程标准(2017 年版 2020 年修订)[S].北京：人民教育出版社,2020.

定教学内容①。戏剧是一种综合舞台艺术,剧本则是这一综合舞台艺术的总设计,也是总纲、落实到文字上的依据。教师在教学时应抓住这一特殊的文体特征,引导学生深入阅读剧本,体会戏剧语言,把握戏剧结构,理解戏剧要素。这一切的先决要素便是理解掌握戏剧艺术的概念。教师要引导学生理解戏剧相关的专业概念,从剧本结构、内容组成、表演形式、舞台布置等角度总结不同类型戏剧创作的规律,从外在形式上体验感知,进而品味戏剧语言,走近戏剧人物,最终把握戏剧的思想和主旨。

表 5 - 13　单元学习规划

课时	栏目	具体内容
第一课时 讲读课:《窦娥冤》 与元杂剧	任务	1. 了解元杂剧的文体形式 2. 整体感知,把握本剧的剧情和结构
	活动	1. 课堂展示预习内容 2. 依据形式特征,把握戏剧情节 3. 依据形式特征,体会元杂剧舞台效果
	评价要求	演绎体验和作业评价
	资源	文本资源:《窦娥冤赏析》《论元杂剧》《元明杂剧》
第二课时 《窦娥冤》中的悲剧 形象	任务	1. 通过窦娥这一形象的毁灭,体味悲剧的含义 2. 通过窦娥冤这一历史冤案,分析导致这一悲剧的原因,认识当时社会的黑暗和统治者的残暴
	活动	1. 把握窦娥的人物形象 2. 思考窦娥之悲剧的深层原因 3. 课堂写作和表达交流
	评价要求	课堂写作和表达交流
	资源	文本资源:《窦娥冤赏析》《论元杂剧》《元明杂剧》

① 王荣生.阅读教学教什么[M].上海:华东师范大学出版社,2016.

（续表）

课时	栏目	具体内容
第三课时《窦娥冤》的戏剧艺术特色	任务	掌握《窦娥冤》现实主义与浪漫主义相结合的艺术风格
	活动	1. 朗读体会人物内心活动 2. 讨论三桩誓愿的价值和意义 3. 拓展比较，分析结局
	评价要求	讨论互评和文学短评
	资源	文本资源：《窦娥冤赏析》《论元杂剧》《元明杂剧》
第四课时《雷雨》中的矛盾冲突	任务	1. 理清情节结构，了解戏剧主要人物之间的关系 2. 理解矛盾冲突和情节设定的巧思，由此体会《雷雨》凝练精巧的戏剧结构
	活动	1. 情节与矛盾冲突梳理 2. 分析节选部分的冲突是如何展开的 3. 探究"三一律"
	评价要求	作业评价和文学短评
	资源	文本资源：《雷雨》《雷雨的舞台艺术》《曹禺选集》《简论雷雨》
第五课时《雷雨》中的戏剧语言	任务	学会通过关注细节、揣摩戏剧语言来把握人物形象
	活动	1. 分析细节，把握人物形象 2. 关注的舞台说明、人物台词和标点符号，发现人物的内心世界 3. 评析周朴园的形象
	评价要求	作业评价和文学短评
	资源	文本资源：《雷雨》《雷雨的舞台艺术》《曹禺选集》《简论雷雨》
第六课时《雷雨》的悲剧性探究	任务	把握作品的主题和创作意图，鉴赏作品的悲剧性
	活动	1. 分析情节构思中的巧合 2. 梳理人物命运，结合相关材料，思考设定的共同点 3. 结合序，思考作者的创作意图，回答问题
	评价要求	课堂展示和作业评价
	资源	文本资源：《雷雨》《雷雨的舞台艺术》《曹禺选集》《简论雷雨》

（续表）

课时	栏目	具体内容
第七课时 初读《哈姆莱特》	任务	1. 梳理情节,把握戏剧冲突 2. 体会用形象生动的戏剧语言表达的强烈的感情,理解人物语言对表现人物性格的作用
	活动	1. 情节与矛盾冲突梳理 2. 深入独白,初识王子 3. 赏析莎士比亚的语言
	评价要求	朗读互评切磋,作业评价
	资源	文本资源:《关于哈姆莱特》《论哈姆莱特与希腊悲剧》《莎士比亚——他的作品及其时代》《莎士比亚评论汇编》
第八课时 深思《哈姆莱特》	任务	理解哈姆莱特形象的复杂性,引导学生吸收人文主义思想中的精华
	活动	1. 提出问题,综合分析 2. 结合资料,深入评析形象 3. 知人论世,探究形象价值
	评价要求	作业评价和文学短评
	资源	文本资源:《关于哈姆莱特》《论哈姆莱特与希腊悲剧》《莎士比亚——他的作品及其时代》《莎士比亚评论汇编》
第九课时 单元整体感知	任务	通过编排演出,在阅读的基础上尝试进行各类文学点评、创作,激发心中的良知与悲悯情怀
	活动	1. 完成海报制作 2. 运用场记法写作台本 3. 完成演出和评价 4. 正式演出,课后撰写演出心得和剧评
	评价要求	作业评价:课堂练习、讨论分享、课堂演绎互评
	资源	—

（四）典型课时案例

整体感知教学设计

【教学目标】

教学目标是通过编排演出，让学生在阅读的基础上尝试进行各类文学点评、创作，激发心中的良知与悲悯情怀，以落实文学阅读与写作任务群的相关要求。

【教学重难点】

教学重点是在排演课本剧的过程中进行文学鉴赏、点评的创作。教学难点是创作合乎文体并在课本内容的框架上有所创见。

【教学过程】

情境导入：每个人对剧本的认识都是不同的，这种不同也会显现在对人物的演绎上。如果大家常去看话剧就会发现，不同剧组对同一部经典话剧的演绎是有所不同的。即使有原著剧本的限制，在演出者的角度依旧有"一千个哈姆雷特"。演出者对剧本的解读会直接影响演出的效果，同样，我们从演出者的演绎也可以推测出他对剧本的理解。本课为活动课，以戏剧演出和评价为主任务：全班学生分成四个演出组（每个小组十人），分别对应三篇课文中的任选一幕。组内的成员有具体分工，包括演员、导演、编剧等。

环节一：完成海报制作

教师出示在网上搜到的《雷雨》《哈姆莱特》《窦娥冤》的演出海报，让学生对这些演出海报进行评价。评价海报的目的是让学生了解演出海报的制作必须考虑如下内容：受众的特点，整体的色调、布局，图片和文字的匹配。海报中应注明演出的时间、地点、演出者等基本信息。小组分工，完成演出海报的草图，课前做出成品。

环节二：运用场记法写作台本

在演出团队完成组建后，就需要有相应的演出台本。因为原著在灯光效果、穿着、演员动作、表情等方面都没有做详细的规定，在具体的演出排练过程中，导演和演员需要讨论、商定一系列的细节问题，这就出现了原著剧本之外的台本。

在教学中，教师可以引导学生认真阅读《雷雨》"相认"（第二场）的相关内容，重点关注末体字部分，进行点批注，在此基础上请学生模仿《雷雨》"相认"（第二幕)场记为所选一幕添加场记,将灯光效果、穿着、演员动作、表情等方面的内容细化出来。

环节三:演出结束后进行评比,教师给出评价量表

表5-14　评价量表

评价维度	细则说明	得分
文本选取、理解与改编 (50分)	能在课文中择取矛盾冲突尖锐、人物性格呈现鲜明的文本段落作为剧本素材(10分)	
	能读懂所选文本,准确把握人物形象、矛盾冲突,主旨情感表达突出(20分)	
	情节忠实于原著,改编合情合理有特色,体现创新性思维(20分)	
演绎的表现力 (50分)	独白符合人物形象,设计精妙,旁白串联情节效果明显,人物对白有特色,有利于推动情节发展,精心设计潜台词(20分)	
	动作、表情自然且生动,能精准展现剧中人物形象(10分)	
	感情丰富,能从语言、动作、神态等方面展现人物内心世界(20分)	

本环节中,先由每组的导演和演员代表谈一谈自己对剧本的看法和对角色的理解,之后,学生依据量表打分,教师给分数最高者颁发奖品、奖状。

环节四:演出后撰写演出心得和剧评

正式的演出结束后,请学生模仿示例,完成一篇不少于800字的演出心得或剧评,可以谈一谈自己对剧本中人物形象的理解,说一说自己对所排剧本的认识,也可以谈一谈自己排演时的感受以及自己在观看别人演出时的感受等。

【课后作业】

对创作的台本、海报、心得、剧评等进行互评和自评。

【教学反思】

课程标准把戏剧教学提到了一个非常重要的位置,我们可以在当代文化参

与、中国现当代作品研习、文学阅读与写作三个任务群的教学提示中寻找到明确的相关要求,其中提到了"组织开展戏剧或话剧表演"。

戏剧教学中的演绎法旨在让学生通过戏剧表演完成一定的语文学习任务,教师可以根据语文课堂学习的要求来检视课本剧表演的价值。很多时候,教师在戏剧教学中引入课本剧仅仅是图个热闹,这与学生语文能力的培养事实上是脱节的。

一节课的核心要素包括学习目标的设置、目标达成的路径、目标达成度的评价等。引入课本剧表演的作用在于,让学生能自主挖掘语文教材中矛盾冲突明显、故事性强、人物性格突出的文本,运用独白、对白、旁白、配乐,甚至是舞蹈、演唱等戏剧表演的方法,体现对文本内容的理解、对人物形象的把握、对主旨情感的领悟。该过程也是学生深入理解、揣摩、迁移、运用文本知识的过程。在评价方面,教师要重视学生对文本的理解和运用。

把课本剧引入戏剧教学,应该"整个活动立根于语文,用语文知识创作剧本,用语文能力再塑形象,以语用实践提高语文素养,以语文素养反哺语文活动,语文学习始终是整个活动的主旋律和主基调"[1]。

因此,教师在设计中应该引入可视、可评的机制。不仅仅是一次表演,教师要将编剧、海报设计、剧本排练、灯光服装安排等一整套的专业化戏剧排演范式引入课堂。编剧、排演之前,教师就应该在讲读课上剖析戏剧表演的基本知识,包括文本中的人物形象及形象塑造的方式、主旨情感和作者的立场态度等。教师要把戏剧演出背后的过程教授给学生,如场记的方法、台本的创作方法、海报的设计方法等。

另外,戏剧演绎的评价也十分重要,评价本质上是对戏剧学习成果的一次检验。课本剧表演中如果评价失当,就会给学生展演和学习效果带来指向性的误导,甚至会让讲读课的努力前功尽弃。评价应该围绕学习目标,关注表达精度、思维品质、审美趣味、创新突破等。

(撰写者:上海市嘉定区第二中学　龚晟)

---

① 蒋兴超.课本剧创演:学习能力的重大攀越[J].基础教育课程,2020(19).

五、高中语文统编教材必修（下册）第六单元教学设计

（一）单元活动结构

本单元的人文主题是"观察与批判"，所选五篇小说旨在让学生通过感受形象、鉴赏情节、体验情感来认识小说的独特价值，并引导学生关注现实生活，尝试小说写作，在读写结合中提升审美和鉴赏能力。本单元有三个学习任务：任务一指向关注小说的环境与人物的共生关系；任务二指向鉴赏小说的多种表达方法，如突发性情节、细节、语言等；任务三聚焦故事写作，设置"叙述要引人入胜"的写作任务，让学生学以致用。基于此，笔者尝试以"人的异化与反思"为核心，落实单元学习目标和学习任务。第一课段（第一至六课时）"异化之必然性"旨在完成任务一，通过分析祥林嫂、林冲、别里科夫、成名父子、格里高尔形象的前后变化，探究造成他们悲剧命运的社会根源，认识他们被"异化"的必然性。第二课段（第七课时）"描绘异化之表达手法"旨在完成任务二，分析描绘异化的表达手法，鉴赏小说作者叙述异化的方法。第三课段（第八至九课时）"异化之反思"旨在完成任务三，通过梳理异化面临的困境，反思突破困境的可能性，并联系日常生活，借鉴小说笔法，进行小说写作。单元活动结构见图 5 - 15。

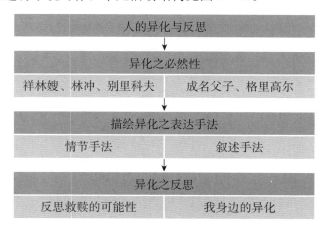

图 5 - 15　单元活动结构

（二）单元认知结构

本单元整体设计时，在单元人文主题"观察与批判"下，把"人的异化与反思"作

为主要概念,贯穿整个单元设计。整个教学由"异化之必然性""描绘异化之表达手法""异化之反思"三部分构成,三部分逻辑链条清晰,引领学生不断提升审美与创作能力。第一部分引导学生梳理异化相关情节,分析人物形象变化,结合作者的创作背景分析异化的必然性;第二部分基于学生对异化的理解,引导学生鉴赏异化的手法;第三部分让学生基于前两部分的学习,深入进行反思和批判,并联系生活中的异化现象,借鉴小说创作方法,进行小说创作。单元认知结构见图 5-16。

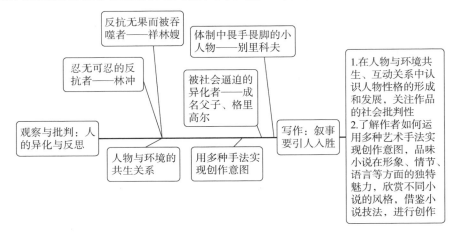

图 5-16 单元认知结构

这也符合"双新"背景下中国高考评价体系的"四层",即核心价值、学科素养、关键能力、必备知识。单元认知结构见图 5-17。

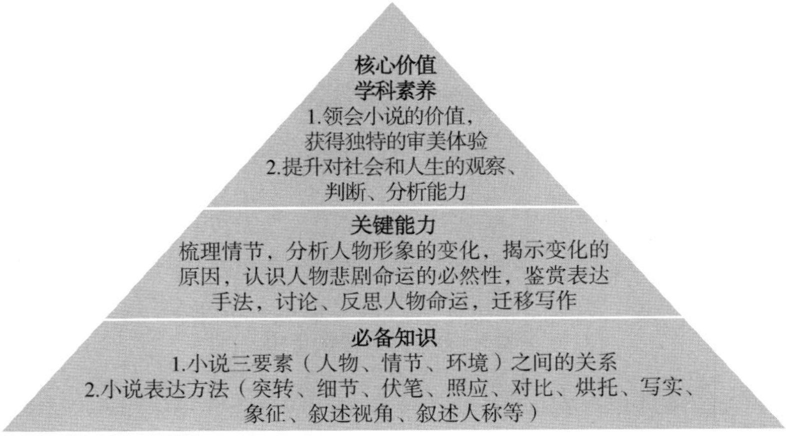

核心价值
学科素养
1.领会小说的价值,获得独特的审美体验
2.提升对社会和人生的观察、判断、分析能力

关键能力
梳理情节,分析人物形象的变化,揭示变化的原因,认识人物悲剧命运的必然性,鉴赏表达手法,讨论、反思人物命运,迁移写作

必备知识
1.小说三要素(人物、情节、环境)之间的关系
2.小说表达方法(突转、细节、伏笔、照应、对比、烘托、写实、象征、叙述视角、叙述人称等)

图 5-17 单元认知结构

（三）单元学习规划样本

表 5－15　单元学习规划

课时	栏目	具体内容
第一课时 反抗无果而被吞噬者——祥林嫂	目标	1. 通过梳理故事情节,了解祥林嫂一生的遭遇 2. 通过情节分析,探究祥林嫂形象的发展和变化
	任务	引导学生全面分析祥林嫂的形象
	活动	主问题:祥林嫂究竟是一个怎样的人 1. 找出祥林嫂不同时期的外貌描写,分析祥林嫂的外貌发生了哪些变化,其精神状态如何,性格如何 2. 找出祥林嫂不同时期的神态描写,进一步体会她的精神状态
	评价要求	课堂展示与交流
	资源	文本资源:《〈祝福〉:"我"的故事与祥林嫂的故事》《彷徨》
第二课时 反抗无果而被吞噬者——祥林嫂	目标	通过分析次要人物形象,理解造成祥林嫂悲剧命运的社会根源,把握小说的深刻主题
	任务	探究祥林嫂悲剧的必然性和普遍性
	活动	主问题:造成祥林嫂死亡的凶手是谁 1.(小组讨论)分析小说中的其他人物,思考谁是杀死祥林嫂的凶手 2. 探究祥林嫂的死因,分析祥林嫂有没有对自己不幸命运的抗争 3. 聚焦文章中的"我",再次探究祥林嫂的死因
	评价要求	分组讨论,课堂展示与交流
	资源	文本资源:《礼教的三重矛盾和悲剧的四层深度》
第三课时 忍无可忍的反抗者——林冲	目标	1. 通过情节分析林冲形象及其形象变化的原因 2. 体会作者塑造这一人物形象的价值和意义
	任务	分析林冲被"逼上梁山"的原因,理解小说深刻的社会意义
	活动	主问题:林冲是如何一步步被逼上梁山的 1. 分组探究林冲的人物形象,第一小组关注李小二店中的林冲,第二小组关注天王堂(点视厅)里的林冲,第三小组关注草料场里的林冲,第四小组关注古庙里的林冲 2. 分析林冲性格转变的原因

（续表）

课时	栏目	具体内容
第三课时 忍无可忍的反抗者——林冲	评价要求	分组讨论,课堂展示与交流
	资源	文本资源:《〈林教头风雪山神庙〉赏析》《水浒传》
第四课时 体制中畏手畏脚的小人物——别里科夫	目标	1. 通过品读典型事件,深入理解别里科夫的形象塑造 2. 探究作者塑造别里科夫这一典型人物形象的价值和意义
	任务	探究作者塑造这一典型人物形象的价值和意义
	活动	主问题:作者为什么要塑造别里科夫这一人物呢 1. 别里科夫是一个怎样的人 2. 产生这样的人的社会土壤是怎样的 3. 分析作者塑造别里科夫这一典型人物形象的价值和意义
	评价要求	课堂展示和作业评价
	资源	文本资源:《〈装在套子里的人〉赏析》
第五课时 被社会逼迫的异化者——成名父子	目标	1. 通过梳理情节,体会人物的生存状况 2. 通过人物命运变化原因的分析,理解作者的写作意图
	任务	理解作者虚幻与现实相融合的手法,把握小说的现实意义
	活动	主问题:作者借助一只蟋蟀,究竟想要告诉我们什么呢 1. 梳理情节和人物情感变化,体会人物的生存状况 2. 探究异化问题 (1) 分析小小蟋蟀决定一家人命运,导致人物命运变化的原因 (2) 分析面对变形主体“化身为虫”的事实,其他人的反应如何,最终的结果又如何 3. 异化的现实意义
	评价要求	作业评价,过程性评价,学生互评
	资源	文本资源:《神秘情节中的因果逻辑——重读〈促织〉》《对于〈促织〉的新思考》

（续表）

课时	栏目	具体内容
第六课时 被社会逼迫的异化者——格里高尔	目标	1. 通过"人化为虫"的情节分析,理解社会环境对人的异化 2. 通过《促织》与《变形记》的异同比较,深入理解小说主旨
	任务	通过研读格里高尔及其身边人的心理态度变化,认识小说塑造格里高尔这一人物形象的意义,分析这种荒诞写法的艺术效果
	活动	主问题:作者为何一定要将格里高尔变形为虫 1. 分析格里高尔自己及其家人对"变形为虫"的反应 2.《促织》与《变形记》都借看似荒诞的情节表现现实世界,手法相似但揭示的主旨有所不同,请加以比较分析
	评价要求	作业评价,过程性评价,学生互评
	资源	文本资源:《〈变形记〉赏析》《卡夫卡短篇小说选》《小说的艺术》
第七课时 描绘异化之表达手法	目标	从情节角度鉴赏小说,领会作者独特的艺术创造,获得独特的审美体验
	任务	鉴赏小说情节
	活动	1.《促织》和《变形记》描绘被压迫者"变形"的情节是否可以置换 2.《祝福》和《装在套子中的人》的叙述者都是"我",哪个"我"给你留下了深刻的印象,请说明理由,如何换成第三人称全知视角去写,效果如何 3. 梳理本单元的表达手法,完成一份叙事写作主题备忘录
	评价要求	分组讨论,学生互评,教师点评
	资源	—
第八课时 异化之反思	目标	通过梳理本单元课文中人物面临的生存困境,能结合当下生活进行反思
	任务	总结、反思异化之困境
	活动	主问题:如何帮助被压迫者们突破生存困境 1. 梳理本单元课文中人物面临的生存困境,思考他们有没有试图反抗 2. 请根据自己的生活经验,设计出一套能让小说中人物冲破困境的方案(小组合作,探讨可能性) 3. 借鉴本单元作品的表达手法,结合自身生活经历,写一篇关于"异化"的小说,字数 800 字左右

（续表）

课时	栏目	具体内容
第八课时 异化之反思	评价要求	分组讨论、展示，学生互评，教师点评
	资源	—
第九课时 我身边的异化	目标	1. 回顾本单元的五篇小说，从人物与环境的关系、情节叙事方法、作者的主旨表达等角度来思考小说写作中"叙事要引人入胜"的路径，通过小组合作制定评价量表 2. 根据评价量表，对习作进行修改
	任务	制定评价量表，交流、修改习作
	活动	1. 回顾单元五篇小说，制定评价量表 2. 依据评价量表，小组合作，评价组内成员习作并给出修改意见 3. 当堂展示修改提纲或片段，再次进行交流、讨论
	评价要求	小组互评，教师点评
	资源	—

（四）典型课时案例

微小说习作评改
——"叙事要引人入胜"教学设计

【教学目标】

教学目标包括：（1）回顾本单元的五篇小说，从人物与环境的关系、情节叙事方法、作者的主旨表达等角度来思考小说写作中"叙事要引人入胜"的路径，通过小组合作制定评价量表；（2）根据评价量表，对习作进行修改。

【教学重难点】

教学重点是回顾本单元的五篇小说，制定评价量表。教学难点是对习作进行修改。

【教学过程】

1. 情境导入

同学们，在前面的课时中，我们从人物与环境的关系、情节叙事方法、作者的主旨表达等角度对本单元的五篇小说进行了学习,了解了小说中人物异化的必然性和描写异化的方法。在此基础上,我们要进行当代反思,借鉴小说创作笔法,完成"我身边的异化"微小说创作。今天,我想邀请各位同学作为评价微小说的"专家",对同学们的习作进行评价、交流。

2. 学习过程

学习活动一:回顾本单元的五篇小说,梳理制定评价量表。

表 5-16 回顾梳理表

篇目	人物 (描写人物的方法)	环境 (自然、社会)	情节 (叙事方法)	主旨
《祝福》				
《林教头风雪山神庙》				
《装在套子里的人》				
《促织》				
《变形记》				
总结				

表 5-17 评价量表

项目	水平 A	水平 B	水平 C	水平 D
人物	具有较高典型性、现实性、丰富性	比较有典型性、现实性、丰富性	有一定的现实性,典型性和丰富性程度较低	人物描写比较模糊,典型性、现实性、丰富性程度较低
情节 (叙事方法)	叙述视角恰当,情节曲折,叙事方式多样,引人入胜	叙述视角合适,情节环环相扣,叙事方式较为多样,符合逻辑	叙述视角有一定的合理性,情节较为直白,叙事方式单一	叙述视角错乱,情节不符合逻辑
环境	自然环境或社会环境描写能准确地与人物形象、情节推进、主旨表达相结合	自然环境或社会环境描写能较好地与人物形象、情节推进、主旨表达相结合	关注到环境描写,与人物形象、情节推进、主旨表达关联程度较低	环境描写与文本内容割裂

（续表）

项目	水平 A	水平 B	水平 C	水平 D
主旨	主旨表达十分鲜明，能深刻地反映出一个时代的特征	主旨表达较为准确，能较为深刻地反映出某一群体的社会生存状况	主旨表达清晰，能反映一定的社会现象	主旨表达不清晰

学习活动二：依据评价量表，小组合作，评价组内成员习作并给出修改意见。

学习活动三：当堂展示修改提纲或片段，再次进行交流、讨论。

3. 反思学习过程

提示：(1)通过本节课的学习与交流，在"叙事要引人入胜"的小说写作方面，我通过＿＿＿＿＿＿＿＿＿学习到了＿＿＿＿＿＿＿＿＿；(2)反思自身习作，我仍需要在＿＿＿＿＿＿＿＿＿方面有所改进。

【课后作业】

利用小说评价量表，对自己的习作进行评价并修改，可以与教师、同学进行交流。

【教学反思】

"双新"背景下的单元设计指向大单元教学。课程标准中更新了教学内容，进一步精选了学科内容，重视以学科大概念为核心，使课程内容结构化，以主题为引领，使课程内容情境化，促进学科核心素养的落实。大单元大概念改变了以往教学中知识零散化、碎片化的情况，能够帮助学生从整体上理解所学内容，有利于学生进行迁移运用，提升语文学科核心素养。

在进行大单元教学时，教师要根据课程标准、学习任务群、单元内容、单元目标提炼出单元贯通的主题，即单元大概念。教师要基于大概念设计学习任务，并设计具体的学习活动。在具体的学习活动中，教师要设计恰当的学习支架，帮助学生完成学习活动。在学生完成学习活动时，教师要给予学生及时、准确、有效的反馈与评价。

本节课关注单元整体，聚焦单元大概念"人的异化与反思"，在学生尝试创作"我身边的异化"这一主题微小说的基础上，让学生小组合作完成习作修改任务。

具体学习活动为:通过回顾本单元的五篇小说,梳理制定评价量表,并根据评价量表对小组习作进行评价、交流、修改,在此过程中加深学生对小说叙事内在肌理的感受,深化学生对小说的理解,让学生更加深入地对社会生活进行观察与批判。本节课主要从以下几方面进行反思。

1. 依据学情确定教学目标与内容

在课程标准和任务群的要求下,对学情进行研判。学生在学习本单元前,已经基本掌握小说写作的方法要素。但在具体习作过程中,学生在小说写作,特别是叙事方面基础薄弱,导致人物、环境、情节的描写比较牵强,主题凸显不深刻。基于此,我合理设计本节课的教学目标与内容,引导学生制定评价量表,对小说进行修改。

2. 适时给予学习支架

在学习活动一中,学生需要基于本单元的五篇小说提炼小说写作中"叙事要引人入胜"的路径,并制定评价量表。教师可以设计恰当的表格支架,帮助学生提炼要素,制定评价量表。在学生反思学习过程中,教师要及时给予问题支架,帮助学生梳理课堂所学内容。

3. 及时进行迁移运用

在学习活动二中,教师要引导学生当堂依据评价量表进行迁移,通过小组合作,对小组成员的习作进行评价,并给出修改意见。此时,小组成员已经意识到习作存在的问题,但至此还没有结束,学习活动三指向运用,让学生当堂修改并展示小组成员的习作。

4. 关注对学习过程的反思

在课堂总结中,教师要引导学生反思学习过程,梳理学习心得,巩固已知,发现新知。学生要对自己的习作进行反思,发现需要改进的问题,真正实现知识的迁移与运用。

(撰写者:上海大学附属嘉定高级中学　韦艳艳)

第三节　教学设计与实践思考

课程标准中多次出现体验、经验、感知等关键词。文学阅读与写作任务群明确提出"使学生在感受形象、品味语言、体验情感的过程中提升文学欣赏能力"，同时让学生"结合自己的生活经验和阅读写作经历"，"加深对作品的理解"，对不同的文学体裁，能从"多个角度欣赏作品，获得审美体验"。

由此可见，文学阅读与写作任务群对学生体验的关注已经达到了一定的高度。对学生体验的关注可以促使学生成为阅读主体，提升语文学科核心素养。

一、文学阅读与写作任务群教学的问题现状

（一）问题现状

与其他任务群不同，文学阅读与写作任务群更具有可体验性的特点。文学作品不是将道理或者事实告诉读者，而是作者运用含蓄委婉的表现手法，将自身的体验、情感融进作品，力图使读者能够通过阅读与自己产生情感共鸣。

在教学实践中，我们发现教师往往忽视任务群的特点，学生体验不充分。一是先入为主，忽视体验。教师把文本中的"精华"提炼出来教给学生，导致知识完全脱离文本、情境和生活体验，学习过程枯燥乏味。二是各种作秀，假作体验。为了体验而体验，教师让课堂变成形式上的体验学习，看似热闹，却偏离教学目标，最终影响学生对知识的学习。三是浅尝辄止，无效体验。学生体验不够深入，且没能把阅读中的一系列知识点运用到其他的学习和生活中，这样的体验毫无价值。

（二）原因分析

文学阅读与写作任务群教学中出现"学生体验不充分"现象的原因如下：（1）教师忽视学生主体，急功近利，在课堂上占据主导地位，忽视学生的主体性，进而导致学生阅读体验缺失；（2）缺乏理论指导，国内的体验学习研究及其教学实施依然停留在经验层面，教师缺乏对理论的正确认识，在实际应用过程中，只会使用一些既定的策略。

二、文学阅读与写作任务群教学的设计理念

（一）体验学习理论的内涵

心理学家大卫·库伯在总结经验学习模式的基础上提出了体验学习理论，认为学习应是由具体经验、反思观察、抽象概括、行动应用四个环节组成的不断螺旋上升的过程。体验学习理论模型见图 5－18。

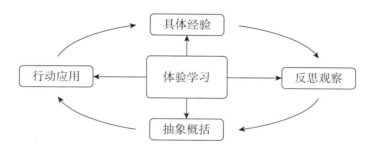

图 5－18 体验学习理论模型

（二）体验学习理论的可行性

体验学习理论注重学生的学习过程，强调学习者的个人体验，主张学习者在反思、概括中连接个人体验和新知，最后在实践中检验学习成果。该理论在文学阅读与写作任务群教学中具有一定的可行性。

1. 注重体验，联系新旧知识

体验学习理论关注学生的个人体验，强调教育者要充分考虑学生的个人经验积累，创设学习情境，促使学生把自己的经验融入新的学习情境，联系新旧知识。因此，体验学习理论有助于学生在阅读过程中提取个人经验，增强参与感。

2. 多种风格，适应个体差异

体验学习理论关注学生学习风格的差异，满足学生的学习需求。学生可以根据自身的学习风格，从四个环节中任选一个环节开始学习，最终完成整个学习过程。因此，体验学习理论有助于学生在阅读中保持积极主动的心态，开启相对快乐的阅读之旅。

3. 强调过程，关注意义生成

体验学习理论关注知识在学习者头脑中的形成过程。体验学习理论主张通

过暗示、提示的方式引导学生自主探究，形成学习能力，主张学生在体验的基础上生发新的知识，能够保证学生的主体地位，有利于学生反思能力、概括能力和小组合作能力的提高。因此，把体验学习理论应用于文学阅读与写作任务群教学很有必要。

4. 师生参与，提升学习效率

体验学习理论注重教学过程中的师生互动、小组合作探究，整个学习过程要求学生积极参与、主动思考。教师在学生思维遇到障碍时进行必要的引导，为学生提供互相帮助、互相启发的机会。因此，体验学习理论能有效规避因参与度不高而导致的学习效率低的问题，对学习效率的提升有积极影响。

三、文学阅读与写作任务群教学的实践反思

（一）体验学习理论的实践策略

有效的体验教学策略能在不同学习风格的学生和文本之间搭建桥梁，追踪学习者头脑中知识的形成过程，适应学习者的个体差异，引导学生提高学习能力。

1. 体验策略：情境创设

教师要关注以下几点。一是营造氛围，获得体验。在教学中，教师要借助教具或其他辅助手段营造氛围，将学生引入某种情境。二是了解背景，激发经验。学生了解作品的创作背景，有利于其代入个人情感，理解文本。三是多样诵读，生成体验。朗读在阅读教学中占有重要地位，朗读也是学生获得具体体验的一种便捷、有效的方法。如学习《百合花》时，教师可以创设如下情境：大家在读完《百合花》这篇小说后，肯定对小说中的三位主要人物有了一定的认识和了解。如果此刻你手中有一束鲜花，你会把它送给谁？为什么？

2. 反思策略：任务驱动

教师要关注以下几点。一是任务驱动，引发反思。语文实践任务有利于引发学习者的深入思考，能够促使学习者联系上下文的内容，反思自己的学习过程。二是发现问题，促进反思。在教学中，教师引导学生发现问题，有利于培养学生的反思能力。三是小组交流，拓展反思。课堂上，小组合作讨论、探究问题也是一种有效的反思方式，可以拓展反思角度。如学习必修（上册）第一单元时，根据单元学习

任务,教师可以在第一课时设计如下任务:我们将踏上一段无比精彩的青春长廊。漫步完青春长廊后,请同学们从中挑选一件你认为最具有青春代表性的纪念品带回到 21 世纪的青春博物馆,并为它写一段展览说明(400 字左右)。

3. 概括策略:支架辅助

教师要关注以下几点。一是提示方法,指导概括。教师要注意对学生概括方法的指导,帮助学生总结要点和巩固知识。二是对比还原,总结概括。对比还原法可以缩短读物和读者之间的距离,使读者身临其境,与作者同历悲欢离合,可以揭示文本本质,将其应用在反思阶段,能够拓宽反思途径。三是绘制图表,整理概括。绘制图表可以更清楚地呈现对比情况,反映数据,进而让学生发现变化和不同,弥补语言表达的不足。教师要帮助学生掌握学习重点,使学生的语文知识更加系统化。如学习《归园田居》时,教师可以让学生借助“表格”这个支架,从音韵、意象、意境、手法和主题等角度比较梳理的内容。

4. 应用策略:平台搭建

教师要关注以下几点。一是提供练习,操练应用。教师需要提供一些练习,把文本的抽象记忆点内化为学生个体的知识,提高学生举一反三的能力。二是安排写作,转化应用。教师可以利用写作练习的方式检验学生的学习效果,并根据学生的思维发展情况进行指导,帮助学生完成写作。三是拓展阅读,合理应用。教师可以组织学生进行拓展阅读,梳理知识脉络。教师还能通过学生对拓展内容的整理,检验其学习效果。如学习必修(上册)第三单元时,教师可以进行资料的补充,指导学生依据资料,理解《短歌行》《归园田居(其一)》《梦游天姥吟留别》《登高》的创作背景,比较辨析不同来源资料的作用。

(二) 体验学习理论的实践反思

一是关注个体差异。教师应关注学生的个体差异,了解学生偏好哪种学习风格,保证其在学习过程中完整体验四个环节,不让学生因学习风格的偏好,偏向或者缺少其中的某一环节,造成学习能力的短板。

二是发挥教师主导作用。教师要精心备课,选择教学内容,明确教学目标和设计四个环节。教师要在课上承担设计者和引导者的责任,课后及时与学生交流课堂学习体验,适时调整教学环节,设计更有利于学生提高阅读能力的教学方法。

三是灵活设计教学。教师不仅要做好引导者，还要做好观察者，根据学生的接受情况，把握好引导的时机，灵活安排四个环节。

四是修正教学模式。基于体验理论的文学阅读与写作任务群教学模式主要根据理论推演而来。在建构时联系一线教师教学案例，兼顾理论与实践，具有一定的合理性，但还有很多细节需要完善。教师要结合教学流程、学生反馈等，反思并修正。

四、体验学习理论的模式建构

库伯把学习过程归纳为四个环节的循环反复，即具体经验、反思观察、抽象概括、行动应用。我们根据文学阅读与写作任务群的教学特点，在教学实践中归纳出四个不同起点的体验式教学实践模型，即"经验型"体验学习理论模型（见图5-19）、"反思型"体验学习理论模型（见图5-20）、"概念型"体验学习理论模型（见图5-21）和"问题型"体验学习理论模型（见图5-22）。

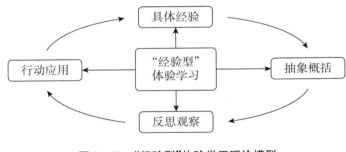

图 5-19 "经验型"体验学习理论模型

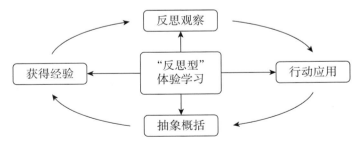

图 5-20 "反思型"体验学习理论模型

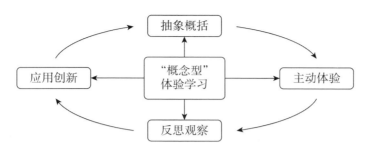

图 5－21　"概念型"体验学习理论模型

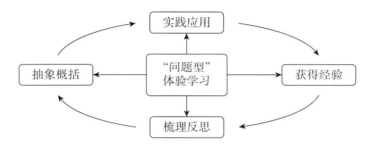

图 5－22　"问题型"体验学习理论模型

五、结语

教学有法,教无定法。在文学阅读与写作任务群教学中,体验学习理论的模型和策略不是固定不变的。教师要根据文本特点、教学内容、学情等适当调整,这样才能真正贯彻落实体验教学,提升学生的语文学科核心素养。

（撰写者:上海大学附属嘉定高级中学　王娇林）

▶ 第六章

思辨性阅读与表达
任务群的设计与实施

❈ 内容概要

本章以"基于理解的教学设计"理论为设计模型,根据思辨性阅读与表达任务群在高中语文统编教材必修(上、下册)三个单元中潜在的编写线索(即"如何有针对性地说理—如何阐明自己的观点—如何有效展开论证"),提炼出该任务群学习的大概念(即"如何理性表达观点"),以此整体勾连三个单元的人文主题、写作主题、思维发展逻辑主题,并为这三个单元设定相匹配的单元教学任务。

❈ 教学导读

项目团队在实践过程中提炼了基于理解的单元教学设计与实践范式,即在该任务群整体设计与实施过程中,教师始终坚持从培育学生语文学科核心素养的视角出发,根据学生在不同阶段的学习特征绘制单元教学目标结构图,形成知识、能力和素养培育的层进图谱,再结合任务群内容与目标制定评价标准,以此统筹各单元、单篇学习任务,横向实现单元单篇内容的关联,纵向实现理性思维与表达的升阶,并在实践中持续改进与优化。

教师在教与学的评价环节引入了华东师范大学崔允漷教授团队的LICC深度课堂观察模型①,聚焦对每课时任务达成成效的评价,以此不断提升单元教学设计与实践范式的科学性和有效性,切实发展学生语文学科核心素养。

(撰写者:上海大学附属嘉定高级中学　李孝华)

---

① 华东师范大学崔允漷教授团队从实践中演绎出课堂的四个要素,即学生学习(Learning)、教师教学(Instruction)、课程性质(Curriculum)、课堂文化(Culture),将其命名为LICC深度课堂观察模型。

第一节　任务群教学实践模型

一、教学设计流程

图6-1是从教师视角来设计单元教学的。需要注意的是，教师在提炼学习目标时要遵循"任务群教学目标—单元教学目标—单篇教学目标"的路径，在综合考虑每个单元主题以及学情的基础上，从人文主题、写作主题、思维发展逻辑主题维度梳理该任务群关联的三个单元之间的区别和联系，以及同一单元内单篇教学目标之间的区别和联系，确保核心问题、学习任务的呼应与贯通。

组织学习评估
·提供学习过程的评估量规等
·设计有助于达成目标的检测任务等

提供学习支持
·开发呈现学习路径的工具表、任务书等
·提供能引发思辨的拓展类学习资料等

设计学习任务
·关联真实情境，有驱动性、可操作性和可检测性
·关注本任务群内不同单元的区别和联系

明确核心问题
·基于任务群关键能力与必备品格发展
·围绕人文主题、写作主题、思维发展逻辑主题，提炼大概念，设计具有开放性、思辨性的单元学习问题链

提炼学习目标
·基于课程标准
·基于单元主题
·基于学情

图6-1　教学设计流程

二、学习任务结构

在立足学习任务的基础上,身为设计者、组织者、评价者的教师和身为核心学习者的学生要积极主动地完成不同环节的实践活动。原则上,教师要为学生创设相关的学习情境和学习任务,并提供学习支架,给予学生学习评价。

学生在小组合作学习前,要在教师指导下掌握思辨性阅读与表达常用学习策略并制定学习目标达成规划,细化学习任务。在小组合作学习过程中,学生要善于发现他人不同的观点,能运用教师示范教学时采用的比较、关联等支架,发现异见问题表征所在;运用推理、实证、批判等学习支架,由表及里、由浅入深地完成学习任务。学习任务结构见图 6 - 2。

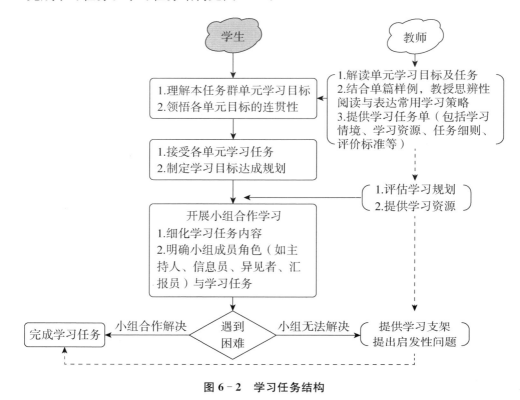

图 6 - 2　学习任务结构

（撰写者:上海大学附属嘉定高级中学　李孝华）

第二节 单元教学设计案例

一、"学习之道"单元教学设计案例

（一）单元活动结构

本单元选文中，两篇为古代论说文，两篇为现代论说文，两篇为现代散文。在设计单元整体活动时，教师把两篇古代论说文确立为"探索学习的意义"模块，引导学生在荀子和韩愈的论说中把握观点，思考学习的意义；把两篇现代论说文确立为"改进学习的方法"模块，引导学生通过梳理文章结构、准确把握观点等方式探寻改进学习的方法；把两篇现代散文确立为"体悟学习的旨趣"模块，让学生在现代散文中比较、思考学习的意义，反思自身的学习经历，借鉴先贤的学习经验，获得自己的学习之道。单元活动结构见图6-3。

图6-3 单元活动结构

（二）单元认知结构

本单元在思辨性阅读与表达任务群中承担着引导学生明白"说理要有针对性"的任务。教师要引导学生在阅读作品时准确把握作者观点，理清行文思路，有针对性地运用多种方法说理。"探索学习的意义""改进学习的方法""体悟学习的旨趣"三个模块由感性认知到理性思辨，由宏观总体结构的梳理到微观论证手法的运用，让学生在理解、比较、分析中形成思考与评价。单元认知结构见图6-4。

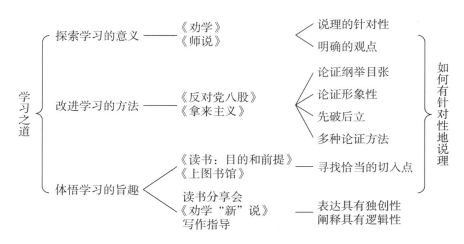

图 6-4　单元认知结构

（三）单元学习规划样本

表 6-1　"学习之道"单元学习规划

课时	栏目	具体内容
第一课时《劝学》《师说》	目标	明确作者的观点,学习他们有针对性地表达观点的方法
	任务	探索学习的意义
	活动	1. 对比两篇文章,韩愈和荀子对学习的认识有哪些异同 2. 思考:对"耻于从师"的现象,韩愈是如何进行批判的 3. 讨论:士大夫之族认为"自己不需要学习"的认识,为什么不是正确的
	评价要求	能以"先贤之辩"为题,为荀子或韩愈写一段 200 字左右的评价
	资源	文本资源:《康震讲韩愈》《荀子的人性恶论和劝学为善——读〈劝学〉篇》

（续表）

课时	栏目	具体内容
第二课时《劝学》《师说》	目标	通过对比阅读,比较不同论证方法的论证力度
	任务	探索学习的意义
	活动	1. 梳理《劝学》《师说》的论证方法,评析其表达效果2. 合作探讨:如果《劝学》《师说》的论证方法互换一下,对文章的论证力度有何影响
	评价要求	能列表梳理两文说理方式的独特性
	资源	文本资源:《荀子集解释》《荀子鉴赏辞典》
第三课时《反对党八股》	目标	1. 能准确分析全文的论证过程:明确八条罪状的论述整体呈现了"先破后立"的论证思路2. 能准确提炼分论点和全文的核心观点,并概括各分论点的论述角度
	任务	改进学习的方法
	活动	1. 本文的中心论点和中心论题是什么2. 作者罗列了党八股的八条罪状,分别是什么,你能从这八条罪状中发现什么3. 讨论交流:解析这八条罪状中的"破"和"立"4. 总结
	评价要求	能画出本文的金字塔结构图
	资源	文本资源:《〈反对党八股〉的语言观》
第四课时《反对党八股》	目标	1. 体会幽默生动的语言风格2. 尝试使用文中的论证方法解决现实中存在的问题
	任务	改进学习的方法
	活动	1. 本文批评的是党八股,而文章本身就是反对党八股、倡导马克思主义生动活泼新鲜有力文风的典范,这篇文章的文风有什么特点2. 小组合作,仿照课文结构,结合班级实际情况,如现在要整顿班级的学风,可以从哪些方面来论述,请以《反对学八股》为题,理清结构,做到有破有立3. 总结
	评价要求	能撰写"反对学八股"作文提纲,与大家分享
	资源	文本资源:《毛泽东文稿语言运用的辩证法——〈反对党八股〉语言赏析》

（续表）

课时	栏目	具体内容
第五课时《拿来主义》	目标	1. 理解"送去""拿来"等概念的内涵及文化意义 2. 梳理文章结构，把握作者观点，学习"破立结合"的论证方法
	任务	改进学习的方法
	活动	1. 速读全文，找出与"拿来主义"类似的概念，明确概念的内涵 2. 梳理文章写作思路，以思维导图的方式呈现
	评价要求	能运用思维导图理清文本脉络
	资源	文本资源：《鲁迅与20世纪中国学术转型》
第六课时《拿来主义》	目标	1. 学习举例论证、对比论证、比喻论证等多种论证方法 2. 引导学生思考传统文化和舶来文化的辩证关系和在当下的意义
	任务	改进学习的方法
	活动	1. 通读全文，画出你认为精彩的语段或句子，并做赏析 2. 合作探究：有人认为当下社会中存在外来文化入侵、传统文化减弱的情况，作为高中生，你如何看待这种观点 3. 辩论研讨：读几则材料，说一说它们给我们怎样的启发
	评价要求	能开展小组合作学习，完成辩论稿
	资源	文本资源：《〈拿来主义〉的逻辑魅力》
第七课时《读书：目的和前提》《上图书馆》	目标	1. 了解黑塞及其作品，了解随笔的知识，体会亲切自然的谈话风格，品味文中具有哲理性的句子 2. 梳理黑塞读书感受与思考，领会作者的思想观点，思考阅读经典对一个人的意义
	任务	体悟学习的旨趣
	活动	1. 理清文章脉络，感知文章内容 2. 思考黑塞读书感受对当下的自己有怎样的启发
	评价要求	能就作者提及的一个观点补充论据
	资源	文本资源：《追求多极统一的黑塞》

（续表）

课时	栏目	具体内容
第八课时《读书:目的和前提》《上图书馆》	目标	理解作者的观点态度,品味真正的图书馆之乐,思考自己的读书生活,树立积极的人生观
	任务	体悟学习的旨趣
	活动	1.《读书:目的和前提》和《上图书馆》两篇文章都与读书有关,它们阐述的内容有什么不同 2. 导图引路,概览全文 3. 把握观点及说理方法
	评价要求	能至少列举三点自己对当下图书馆作用的认识
	资源	文本资源:《〈王佐良文集〉序》
第九课时《劝学“新”说》写作指导	目标	1. 落实本单元任务群的要求,引导学生对自我“学习之道”进行反思 2. 用论说文的方式,让学生总结对“学习之道”的理解和体悟,能力要求从阅读欣赏升级到思辨性表达
	任务	体悟学习的旨趣
	活动	小组合作,选取一个组内认为最迫切的问题,联系当下的实际生活,思辨当前学习所需要的条件以及学习对我们的意义等,完成《劝学“新”说》写作,字数不少于800字
	评价要求	能整合单元学习内容,形成自己的认识,写出不少于800字的文章
	资源	文本资源:学生课堂学习笔记、学习过程中的相关思维导图

（撰写者:上海大学附属嘉定高级中学　刘宏）

二、“中华文明之光”单元教学设计案例

（一）单元活动结构

本单元选文中,三篇为先秦儒家和道家著作(节选),两篇为经典史传人物传记。在设计单元整体活动时,教师把三篇先秦儒家和道家著作作为一个整体,确立为“思辨先哲智慧”模块,让学生在儒家孔孟思想的比较中看到儒家思想的发展,进而从儒、道两家不同立世态度的思辨中提炼中华文明的底色;把两篇经典

史传人物传记确立为"领略史传精华"模块,引导学生去探寻儒、道两家思想在真实历史事件中的痕迹,进一步领略史传作品所传递的人格精神对奠定中华文明基因的重要贡献。最后,在梳理、比较、提炼、思辨前人文明智慧的基础上,进一步引导学生思考中华文明之光在当下的魅力,帮助学生从他人的思想中生发出自己的认识,并清晰阐述自己的观点。单元活动结构见图6-5。

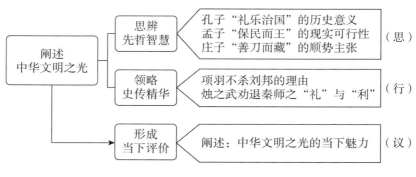

图6-5 单元活动结构

（二）单元认知结构

本单元在思辨性阅读与表达任务群中承担着引导学生学会"阐明自己的观点"的任务。因此,在单元认知结构绘制中,结合"思辨先哲智慧""领略史传精华""形成当下评价"三个进阶式的学习活动,遵循布鲁姆的认知层次理论,建构起"从认知、理解到应用、分析,再到综合、评价"的认知升阶过程,引导学生经历从梳理他人的观点到最终形成自己观点的思维发展过程,帮助学生在学习过程中把握"如何阐明自己的观点"。单元认知结构见图6-6。

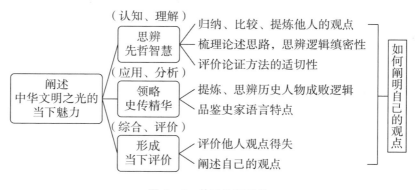

图6-6 单元认知结构

（三）单元学习规划样本

表6-2　"中华文明之光"单元学习规划

课时	栏目	具体内容
第一课时《子路、曾皙、冉有、公西华侍坐》	目标	1. 能概括孔子"为国以礼"思想的具体内涵 2. 能从历史发展的视角辩证地评价孔子"礼乐治国"思想的意义与历史局限性
	任务	思辨先哲智慧(一)孔子思想的价值之辨
	活动	讨论:法国启蒙思想家伏尔泰曾在《哲学辞典》中盛赞孔子:"东方找到一位智者……他在公元前六百余年便教导人们如何幸福地生活。"今天,我们一起去探寻孔子思想具有什么样的幸福密码
	评价要求	能整合多种观点,形成自己的观点
	资源	数字资源:古诗文网 文本资源:《丧家狗:我读〈论语〉》
第二课时《齐桓晋文之事》	目标	能概括孟子思想的内涵并赏析孟子譬喻说理的意义与作用
	任务	思辨先哲智慧(二)孟子思想的价值之辨
	活动	1. 梳理:与前一篇"语录体"课文相比,这篇"对话体"课文在语言形式方面有什么不同 2. 思辨:孟子"保民而王"思想的核心是什么,你是怎么理解的
	评价要求	能将自己的观点写成300字以上的小论文
	资源	数字资源:古诗文网

（续表）

课时	栏目	具体内容
第三课时《齐桓晋文之事》	目标	1. 能用思维导图梳理孟子阐述"保民而王"观点的思路，评价孟子论述过程的严密性 2. 能从历史发展的视角辩证评价孟子"保民而王"思想的意义与历史局限性
	任务	思辨先哲智慧（二）孟子说理艺术动人处的探究
	活动	1. 梳理：分析《齐桓晋文之事》中孟子论述"保民而王"观点的思路，并用思维导图的形式表示出来 2. 思辨：你觉得孟子的论辩过程是否具有说服力，齐宣王能否被他说服
	评价要求	有一定的思维逻辑与语言表达逻辑
	资源	数字资源：古诗文网
第四课时《庖丁解牛》	目标	1. 能概括庖丁形象的特点及意义 2. 能从历史发展的视角辩证评价道家"依乎天理""游刃有余"思想的意义与历史局限性
	任务	思辨先哲智慧（三）庄子说理方式和思想意义的丰富性
	活动	1. 梳理：你觉得庄子讲这则寓言的目的是什么 2. 思辨：这些思想与我们之前所学的两篇儒家学说中的安身立命思想有何不同
	评价要求	有一定的思维逻辑与语言表达逻辑
	资源	数字资源：古诗文网
第五课时单元学习小结	目标	能结合具体案例，对本单元涉及的道家"依乎天理"观点和儒家"为国以礼""保民而王"的治国观点进行阐释和辨析，探究这两种学说在当下的意义
	任务	单元学习活动：儒道之辨的当下价值
	活动	1. 梳理：从第一课三篇课文内容来看，儒、道两家学说在内容与论说方式方面有哪些异同 2. 思辨：在先秦的历史天空下，孔子、孟子、庄子谁实现理想的可能性最大；在当下，谁的思想更容易让人接受
	评价要求	能形成两家学说比较的思维导图
	资源	文本资源：《中国哲学简史》

（续表）

课时	栏目	具体内容
第六课时 《烛之武退秦师》	目标	1. 探究文中"礼"的内涵,并结合孔子的"为国以礼"进行辨析 2. 从《左传》人物对话中揣摩左丘明对历史人物和事件的褒贬之意 3. 能从新时代的视角评价烛之武临危受命,以一己之力维护国家安全的爱国主义精神
	任务	领略《左传》精华:礼与利
	活动	1. 梳理:请各小组梳理烛之武的劝说逻辑,用思维导图的形式演示 2. 思辨:(1)文中多处涉及"礼",请结合具体内容,说一说文中之"礼"与孔子"为国以礼"观点之间的异同;(2)"烛之武退秦师"这一历史事件,在《春秋·公羊传》《春秋·谷梁传》中只寥寥几个字:"晋人、秦人围郑",但左丘明却详细记录呈现,你觉得左丘明为什么这样叙写
	评价要求	能理解与梳理相关内容,并在小组研讨过程中整合多种观点,形成自己的观点
	资源	数字资源:古诗文网
第七课时 《鸿门宴》	目标	梳理《鸿门宴》主要情节及事件,赏析司马迁"张弛有度"的叙事艺术
	任务	领略《史记》精华(一)善叙事
	活动	1. 梳理:请从选文的事件密度、两大阵营的时空距离变化角度思考鸿门宴惊心动魄的叙事效果是怎么产生的 2. 思考:你最欣赏文中哪个人物,为什么,你觉得司马迁最欣赏谁
	评价要求	有一定的思维逻辑与语言表达逻辑
	资源	数字资源:古诗文网

（续表）

课时	栏目	具体内容
第八课时《鸿门宴》	目标	对项羽坚守之"义"进行深度分析,思考其在当下的现实意义,感受项羽人性中的高贵性
	任务	领略《史记》精华(二)扬道义
	活动	1. 梳理:项羽为什么不杀刘邦 2. 思辨:项羽坚守的"义"与左丘明笔下的"义"是否相同,大家觉得项羽的坚守是否值得
	评价要求	有一定的思维逻辑与语言表达逻辑
	资源	数字资源:古诗文网
第九课时《鸿门宴》	目标	1. 赏析太史公独特的叙事艺术,感知司马迁对项羽等历史人物的褒贬态度,理解传统文化中对道义美德的褒扬 2. 梳理《史记》"无韵之离骚"特点的具体内涵:善叙事,善写人,以克制含蓄的笔法表达复杂的情感 3. 评价史传文学书写者的"史识"和"叙事艺术中的作家立场"
	任务	领略《史记》精华(三)评史识
	活动	1. 梳理:太史公善叙事、善写人的笔法主要有哪些 2. 思考:"寓褒贬"的笔法是否影响"秉笔直书"的史学价值
	评价要求	能将自己的观点写成300字以上的小论文
	资源	文本资源:《史记讲读》《士人风骨》
第十课时单元写作指导	目标	1. 梳理分析本单元涉及的诸子名家及历史人物表达观点的逻辑思路 2. 形成新的认知
	任务	形成为人处世的当下评价
	活动	1. 总结本单元课文的论说逻辑及规则 2. 本单元的课文中涉及诸多历史人物的意见和经验,请结合课文内容,理清自己的观点,写一篇不少于800字的文章
	评价要求	能把本单元所学内容融会成自己的思想,并用规范的思辨性写作呈现出来
	资源	文本资源:《士与中国文化》

（撰写者:上海大学附属嘉定高级中学　李孝华）

三、"责任与担当"单元教学设计案例

（一）单元活动结构

本单元选文隶属于思辨性阅读与表达任务群。教师以"责任与担当"为人文主题，设计了"倾听理性的声音"这一核心任务，选取了两组四篇古代思辨性文本。其中，"倾听理性的声音"引导学生在把握各篇主要观点的基础上理清思路；"探寻理性的表达"引导学生鉴赏分析作品理性表达的方法策略，领略思辨表达的魅力；"形成理性质疑之声"引导学生理性思考，大胆质疑，评估作者观点、论证的合理性，养成批判性阅读的习惯；"表达理性之思"让学生在梳理、比较、总结中学会心怀天下、勇担责任、坚守道义，主动发现问题，独立思考，形成理性的表达。单元活动结构见图6-7。

图6-7　单元活动结构

（二）单元认知结构

教材中的三个思辨性阅读与表达单元在任务群的目标落实中是逐层递进的。本单元在思辨性阅读与表达任务群中承担着引导学生"来到复杂的历史、政治现场，通过阅读较为复杂的政论性文章，把握其解决现实问题的理性思维方式"的任务。因此，在单元认知结构绘制时，围绕"如何展开论证"这一主线，结合课文的学习，让学生先理解后分析再反思评价，融会贯通，借鉴作品论证个人观点的方式、方法，由一般策略的把握进而形成思维习惯，学会思辨性阅读与表达。单元认知结构见图6-8。

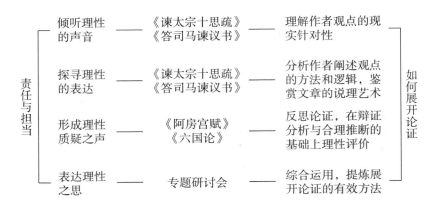

图6-8 单元认知结构

(三)单元学习规划样本

表6-3 "责任与担当"单元学习规划

课时	栏目	具体内容
第一课时《谏太宗十思疏》	目标	1. 积累重点词句,把握文章大意,提高文言文阅读能力 2. 把握文章的论证特点和语言特点,领会文章高超的讽谏艺术
	任务	倾听理性的声音
	活动	1. 辨识比喻论证和对比论证的妙用 2. 讨论"作为谏臣,魏征如何合理得体地表达自己的观点",请从语言的措辞、语气、句式等方面深入品读
	评价要求	学生的观点与语言表达有一定的逻辑
	资源	数字资源:《百家讲坛》之《贞观之治》(五)视频

（续表）

课时	栏目	具体内容
第二课时 《谏太宗十思疏》	目标	1. 理解魏征劝谏的"十思"及其所针对的现实问题 2. 把握文章的论证思路,理清行文逻辑
	任务	倾听理性的声音
	活动	1. 查阅初唐史料,找出十思所对应的唐太宗思虑欠明的相关史实,进而体会魏征所言的"十思"并非虚发,而是体察国情、切中时弊的谏臣直言 2. 讨论"为什么魏征要把最重要的'十思'置于篇末,而不是置于篇首",结合十思内容,以小组讨论的形式梳理,在"海报纸"上呈现,并请一位小组成员阐释说明,各小组互评
	评价要求	学生在小组研讨过程中,整合多种观点,形成自己的观点
	资源	文本资源:《贞观政要》《忠谏人生魏征》《大唐名相魏征传》
第三课时 《答司马谏议书》	目标	1. 把握观点、态度,分析文章思路 2. 分析作者是如何针对写作对象理性表达的
	任务	倾听理性的声音
	活动	1. 圈画梳理书信中的文言谦敬词、语气词等,深入体会王安石在书面回信背后的潜台词 2. 王安石与司马光私交笃厚,然而我们在《答司马谏议书》中读出的更多是针锋相对、言辞犀利。对于这种特点,你如何理解,请结合历史背景和回信往复,结合文章内容进行分析
	评价要求	学生的观点与语言表达有一定的逻辑
	资源	文本资源:《与王介甫书》
第四课时 《答司马谏议书》	目标	1. 鉴赏驳论的艺术 2. 学会有针对性地阐发自己的观点
	任务	探寻理性的表达
	活动	探讨"作者是怎样驳斥司马光对自己的指责的",并从文中找出依据
	评价要求	学生在小组研讨过程中,整合多种观点,形成自己的观点
	资源	文本资源:《与王介甫书》

（续表）

课时	栏目	具体内容
第五课时《阿房宫赋》	目标	1. 积累实词、虚词和语言现象，掌握文言基础知识 2. 深入体会本文"体物"与"写志"部分的内容
	任务	形成理性质疑之声
	活动	梳理文章脉络，形成初步的认识
	评价要求	学生能绘制思路图
	资源	文本资源：《史记·秦始皇本纪》
第六课时《阿房宫赋》	目标	1. 鉴赏词语、句子的表现力 2. 体会本文描写角度、句式表达效果、叙事中寓褒贬等特点
	任务	形成理性质疑之声
	活动	1. 细读文本中对"人""物"的刻画，理解赋的文章特点 2. 品析语言，明确手法 3. 结论与小结
	评价要求	学生有一定的思维逻辑与语言表达逻辑
	资源	文本资源：《史记·秦始皇本纪》
第七课时《阿房宫赋》	目标	1. 分析"体物"与"写志"的关系 2. 理解作者是如何运用"赋"来实现创作意图的
	任务	形成理性质疑之声
	活动	小组合作：分析段落之间的逻辑关系，思考作者感慨遥深的兴叹是怎么表达出来的
	评价要求	学生在小组研讨过程中，整合多种观点，形成自己的观点
	资源	文本资源：《史记·秦始皇本纪》
第八课时《六国论》	目标	1. 掌握重点实词，能正确把握词句含义 2. 梳理文章脉络，学习借古谏今的写作方法
	任务	形成理性质疑之声
	活动	小组合作探究：梳理本文的结构层次和逻辑联系，结合对文章观点和脉络的梳理，与《阿房宫赋》比较，两篇文章立论的共同点和独创性表现在哪里
	评价要求	学生能画出文章论证逻辑图
	资源	文本资源：《过秦论》《六国论》

（续表）

课时	栏目	具体内容
第九课时 《六国论》	目标	1. 体会苏洵心忧天下的博大情怀,探究古代史论"经世致用"的特点 2. 学会在辩证分析与合理推理的基础上做出理性判断,体悟作者借史谏今的意图
	任务	形成理性质疑之声
	活动	辩论:对比阅读《养士论》《六国论》,你更赞同谁的观点,请说明理由
	评价要求	学生能大胆质疑、缜密推断,对自己的观点进行逐层剖析
	资源	文本资源:《养士论》《六国论》
第十单元 单元学习活动: 理性思考,辩证表达	目标	1. 能理性、有条理地表达自己的观点,与他人平等地探讨话题 2. 多角度、辩证地看待事物,在具体问题具体分析的基础上,提升论辩能力和水平
	任务	表达理性之思
	活动	小组讨论和分享,拟定发言提纲:你觉得怎样表达观点更容易被他人理解
	评价要求	学生能将本单元所学内容融合成自己的思想,并有逻辑地表达出来
	资源	——

（撰写者:上海大学附属嘉定高级中学 栗晓南）

四、典型课时案例

探索学习的意义

——《劝学》《师说》第二课时教学设计

【教学目标】

教学目标是运用质疑、分析、归纳等方式,探讨、评析两篇文章有关学习之道的说理方式及其说服力,把握两篇文章论述的针对性。

【教学重难点】

教学重难点是通过质疑、分析、归纳等方式,探讨、评析两篇文章中设喻说理和对比论证的特点及其说服力。

【教学资源】

教学资源包括学习任务单、多媒体设备和《劝学》《师说》《韦中立论师道书》等文章。

【教学设计】

"探索学习的意义"教学设计见表6-4。

表6-4 "探索学习的意义"教学设计

教学环节	教师活动	学生活动	设计说明
链接旧知 引入任务	上节课我们了解了《劝学》《师说》的基本内容,以及它们在儒家"学以成圣"学习观上的一致性。《劝学》"学不可以已",《师说》开篇即说"学者必有师",这两篇文章都要说服人们去学习,那它们有没有打动你、说服你	谈一谈对两篇文章说理方式及其说服力的初步感受	回顾上节课的内容,从聚焦人文主题转向关注说理方式,自然引出这节课的主要任务
设置情境 探讨说理	1. 设置情境 知乎:《劝学》《师说》的说理是否具有说服力;《劝学》全篇运用比喻,能否阐明"学不可以已"的抽象道理;《师说》用多组对比,能否论证"从师"的必要性 2. 学习任务 小组探讨两篇文章的说理方式及其说服力。要求:可以反对,可以支持,但无论持哪种态度都需要答之有理,言之有据。要有逻辑、有条理地阐述理由,且有相应的文本依据作为支撑	小组活动: 小组选择一篇文章进行讨论,推选一位代表从说理方式的特点和效果、说理的充分性、论述的合理性等方面回答知乎题主对两篇文章的质疑	把学科认知的真实问题置于社会生活交往的语用情境,让学生通过小组合作与碰撞,对两篇文章说理方式、语言表达的异同进行辨析;引导学生在具体的文本语言中阅读与鉴赏;让学生学会在梳理中比较分析,明白两种说理方式在表现形式、表达效果、说服力上的差异与联系,又能勾连整合,把握其说服力与论述的针对性的关系,从而从一篇走向一类,丰富、深化已有的认知

（续表）

教学环节	教师活动	学生活动	设计说明
归纳整合回应问题	课堂小结,明确设喻说理、对比说理两种说理方式的特点和效果,以及两篇文章选择说理方式背后的针对性,提醒学生站在古人语境去理解古人	请梳理并归纳课堂交流所得的学习成果与方法,拟一个简短的回答（150 字左右）来回复知乎的题主	回顾、总结本堂课的学习所得,使学生对说理方式的效果及其说服力的认知从感性走向理性,并从中获得学习古代论说文的经验与方法
布置作业	1. 选择《劝学》《师说》其中一篇,从观点阐述、说理方式、论证思路等角度进行补充、完善、改写,使它更符合现代人的思维逻辑性和表达的精确性 2. 我们今天的学习方式正发生着极大的改变,有人说人工智能、虚拟现实、脑机接口等技术的出现意味着未来不再需要知识的积累,老师也没有了存在的价值,对此,你怎么看? 要求:结合《劝学》《师说》中的"积""师"等观点,有针对性、有理有据地表达自己的观点,不少于 300 字	——	引导学生理解作者的观点,合理质疑批评后,又引导学生从现代的思维特点和现实语境出发,修正其说法,补充新论据,讨论新问题,从现实角度推进学生进一步的思辨性阅读,同时也为学习《反对党八股》《拿来主义》做准备

【教学反思】

本课设置质疑情境,在"知乎回应"的任务驱动下,在综合语言实践活动中,激发学生的思考与探究。以下是我对本课实施的教学反思。

1. 基于任务群的教学内容确定

《劝学》《师说》作为经典论说文,从思辨性阅读与表达任务群的视角出发教授,其学习重点是把握作者的观点、态度和语言特点,理解作者阐述观点的方法和逻辑。在本次的教学实践中,我更关注方法,试图探讨作者论说技巧背后的理性依据,指向单元教学目标中"论说的针对性"。

如果从观点论述的逻辑角度探究《劝学》《师说》,会发现在这两篇论述中,现代逻辑思维的论证、阐述方式是很少甚至是缺失的。学生在预习时提出了较多的问题,往往也是以现代视角对两篇文章说理方式说服力的质疑,如学生认为比喻过于堆砌、繁复,对比过于主观,比喻、对比不能充分有效地论证观点。于是,我认真思考怎样的质疑是合宜的、怎样的讨论是思辨的。带着问题,我重新研读文本,用古代、现代两种视角、思维方式不断审视两篇文章的内容及其论说,真正感受到了《劝学》《师说》作为经典论说文的深厚说服力之所在:不仅在于这种"劝"或"说"的技巧与方法产生的艺术效果,更在于这种选择背后中国传统思维方式和儒家文化精神所迸发的力量。我们今日对这类文章产生的隔阂与怀疑,恰恰也是脱离了历史传统,从现代眼光出发的一隅之见。正如陈寅恪先生在《冯友兰中国哲学史上册审查报告》所强调的"真了解者",一定要与作品的作者处在同一境界,对作者苦心孤诣写作的处境有同情立场,才能形成对其学说是非得失的批评。

2. 基于任务的学习项目设计

在本单元教学中,我把论说文"阐述观点的方法和逻辑"研讨设计为一个学习项目。而在本课中主要是聚焦一点,引导学生深入探究"比喻"和"对比"两种说理方式在语言层面的特点与效果,帮助学生找到解决问题的路径。我把儒家"学以成圣"的学习观和古人感性直观的思维方式作为支架,促进学生深度学习。我引导学生从探究两篇文章中"劝"和"说"的技巧与方法这一学习的"表",进入理解其背后所传达的儒家文化精神和思维方式这一学习的"里",从历史文化的高度把握论述的针对性,丰富学生已有的认知。

而这一学习项目的推进需要生活情境的创设与引入,我把学生在学科学习中产生的真实疑问,放置在"知乎"这一社会生活交往的情境中去分享、交流、碰撞、回应,激发了学生探讨的热情,让学生从中学习如何"从多角度思考问题,用实证、推理去反驳自己不认同的观点并理性地表达自己的主张"。师生、生生的讨论,深化了对两篇文章说理方式的辨析,又勾连整合,从一篇走向一类,把握其说服力与论述的针对性的关系,更深入地理解背后中国传统思维方式的共同特点。在这样真实的阅读、质疑、辨析、评估等语言实践活动中,学生获得了阅读此类古代论说文本的经验,并发展了实证、推理、批判与发现的能力。

3.基于任务的作业设计

作业不仅是对本次课堂所学的巩固和简单迁移,更是"阐述观点的方法和逻辑"这一学习项目的推进环节,是思辨性阅读与表达学习任务的课后延续。

在课堂上,我引导学生不要用今人片面狭隘的思维眼光去轻易评判古人之作,而要合乎逻辑地批评,在批评之前应努力去接近古人,站在古人语境去理解古人选择这样说理的依据。荀子、韩愈有其独特的历史语境和特定的言说对象,而我们也有自己时代的烙印和要面向的读者,既要借鉴古人经验,也要发展我们自己的说理之道。

考虑到学生能力水平和发展的需要,我在课后设置了一些内涵丰富、探究性较强和具有思考意义的作业。如作业 2 中设置了线上教育、脑机接口这种有极强时代感的现实情境,让学生重新审视"积累"与"从师"这些学习方式的价值意义,不仅能激发学生的探索欲,还能让学生不自觉地运用本课习得的"论述的针对性"这一知识,有针对性地进行表达。学生在积极的语言实践活动中发展语言、提升思维、传承文化,最终实现核心素养的整体提升。

4.不足与改进

一是学生在课堂中思维活跃,有很强的表达欲望,但在表述时不够集中和有针对性,我更多关注归纳学生发言的内容要点,没能引导学生更有逻辑条理地表述。

二是在课堂活动的组织和节奏的控制上有所欠缺,在小组分享和交流时,所涉及的要点较多且较为分散,我没能删繁就简,从容地组织学生围绕一点进行讨论,还不够精要,导致后续小结的部分没有充分展开,收尾比较仓促。

三是以学生为主体,教师如何更好地关注学生的学习经历并更好地发挥作用,是一个需要持续探究的课题。

(撰写者:上海交通大学附属中学嘉定分校　黄娟华)

第三节　教学设计与实践思考

一、教学设计思考

（一）任务群分析

课程标准中指出,思辨性阅读与表达任务群,旨在引导学生学习思辨性阅读与表达,发展实证、推理、批判与发现的能力,增强思维的逻辑性和深刻性,认清事物的本质,辨别是非、善恶、美丑,提高理性思维水平。

思辨性阅读与表达任务群的学习内容分为两类,即思辨性阅读和思辨性表达。思辨性阅读主要由"古今中外论说名篇"和"近期重要的时事评论"两类学习内容构成。思辨性表达具体指向"学习表达和阐发自己的观点"和"围绕感兴趣的话题开展讨论和辩论"两类学习目标。值得注意的是,思辨性阅读与表达任务群的学习内容并非只限于论述类文本,非论述类文本也可以纳入其中。思辨性阅读与表达不仅限于高中语文统编教材必修(上、下册)三个单元的阅读,在高中语文学习的其他任务群中也有渗透。

（二）教材分析

1. 单元主题分析

在高中语文统编教材必修(上、下册)中,共有三个单元与思辨性阅读与表达任务群相关。这三个单元呈现如表 6 - 5 所示的特征。从汇总表中我们发现,"学习之道""中华文明之光""责任与担当"三个人文主题本身并不构成某种必然的逻辑关系,但单元写作任务则为学习者架构起潜在的思维发展与表达提升线索,即从"如何有针对性地说理"到"如何阐明自己的观点"到"如何展开论证",这是学生学习理性表达观点的思维进阶过程。

表 6－5 思辨性阅读与表达任务群三个单元汇总表

任务群学习目标	书册	篇目	文体	单元人文主题	单元写作任务
1. 把握作者的观点、态度和语言特点，理解作者阐述观点的方法和逻辑。学习评说国内外大事或社会热点问题的立场、观点、方法 2. 力求立论正确，语言准确，论据恰当，讲究逻辑。多角度思考问题。反驳能够做到有理有据，以理服人 3. 能理性、有条理地表达自己的观点，平等商讨，有针对性、有风度、有礼貌地进行辩驳	必修（上册）第六单元	第 10 课《劝学》《师说》第 11 课《反对党八股》第 12 课《拿来主义》第 13 课《读书：目的和前提》《上图书馆》	古代散文演讲稿杂文现代散文	学习之道	如何有针对性地说理
	必修（下册）第一单元	第 1 课《子路、曾皙、冉有、公西华侍坐》《齐桓晋文之事》《庖丁解牛》第 2 课《烛之武退秦师》第 3 课《鸿门宴》	古代散文史传文	中华文明之光	如何阐明自己的观点
	必修（下册）第八单元	第 15 课《谏太宗十思疏》《答司马谏议书》第 16 课《阿房宫赋》《六国论》	奏疏书信辞赋史论	责任与担当	如何展开论证

"学习之道"单元的选文旨在引导学生从历史的高度、以现代的眼光把握和评价作者的观点态度，在比较不同作者观点的过程中，能从说理者立场和角度、说理方式、语言风格等方面入手探究观点阐述的逻辑，在比较中把握学习的价值与意义，形成"理性之基"。

"中华文明之光"单元设定的学习路径是"理解文意—整体把握思想内涵—认识文化价值—思考现代意义"，由此形成了一个从识记、理解、运用到分析、评价、创造的递进式认知目标。其中既包含"梳理内容"的识记、理解目标，又包含理解作者创作艺术、提出自己的看法等分析、评价、创造的目标,从而形成了螺旋上升的学习任务分布。① 五篇选文的学习过程让学生在思辨、体验中深入理解文明发展的内在逻辑,提升思辨能力,感受并理解中华文明"理性之道"。

"责任与担当"单元的选文学习需要求同存异,即要理解四篇文章中的忠臣志士采用不同表达方式和论证方法的目的,探究并学习他们切中时弊,在劝谏中说服君主,在论辩中赢得同僚的行文智慧,深刻理解作者观点的由来及采用恰当的方式来进行有效推论、合理论证的做法,进而深刻感受他们匡世济民的责任担当,明白"理性之旨"的底层逻辑。

2. 单元大概念

基于上述分析,我们提出思辨性阅读与表达任务群的单元大概念,即"如何理性表达观点"。整个任务群学习的过程中,师生需要一起探寻中华文明璀璨的根源,感受理性表达的魅力,思辨当下的价值意义。思辨性阅读与表达任务群单元整体设计见图 6-9。

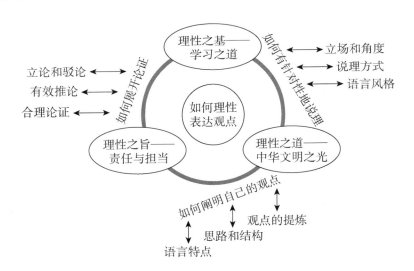

图 6-9　单元整体设计

① 赵晓霞.经典选文的多维度理解与教学设计——以高中语文统编教科书必修(下)第一单元为例[J].中学语文教学,2020(5).

3. 单元知识图谱

思辨性阅读与表达任务群单元知识图谱见图 6 - 10。

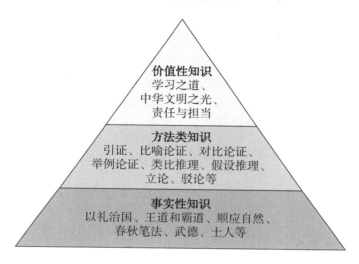

图 6 - 10　单元知识图谱

（三）理论与实践范式

1. 文献综述

（1）对大单元教学实施方式,学界始终存在单篇教学与群文教学之争。单元教学是课程标准和教材规定、倡导的教学模式。单元教学包括单篇教学和群文联读。王希明强调,单篇教学可以成为单元教学的有机组成部分,而不会成为单元教学的对立概念①。褚树荣主张"穿越概念迷障",在群文联读的时候,不是平均用力,而是要区分课内文本和外围材料,定位核心文本和参读文本。对于参读文本,略读即可;对于核心文本,非单篇精读不可,二者相互渗透,彼此互补②。

（2）对大概念的提炼,学界认为大概念不是通过一个单元学习能够形成的,学习者需要通过几个相关单元的连续学习方能实现思维和素养的提升。因此,提炼任务群大概念时需要注重情理兼备。思辨性阅读不能只见"理"而不见"情"。吴欣歆、朱来青综合课程标准要求和文本特点,从多个方面拆分又重新整

---

①　王希明.单元教学并不排斥单篇教学[J].语文学习,2023(5).
②　褚树荣.穿越概念迷障,践履"中庸之道"[J].中学语文教学,2022(11).

合了单元教学要点①。管然荣提出，本单元教学可设置五种任务群教学专题，即中国实用理性初探专题、说理类文学文本阅读专题、驳论性文本专题阅读、古代讽谏劝说艺术专题阅读、古代史论专题阅读②。余党绪认为，我们在强调单元主题的同时，也要强调理性地倾听，引导学生辨析理性的声音中所隐含的非理性因素，即作者特定的价值选择与情感偏向，以及由此而带来的表达上的某些非理性的印记③。

（3）对大情境的设计，学界普遍认同思辨性阅读与表达单元学习情境的设计需要聚焦人文主题与逻辑思维发展两个维度，应在充分认识课文多重价值功能的基础上，先整合单元导语、学习提示及单元写作任务，明确单元教学目标和内容，再设计单元学习大情境，以此保障表现性任务设计的适切性。杨志宏认为，以学习任务群为线索组织的单元，完成真实情境中的任务是单元语文学习的路径，课文及其相关的学习材料都是完成单元学习任务的资源④。

（4）关于评价量规的设计，学界认为教学该任务群，需要为学生搭建适切的过程性思维支架，对书面和口语表达的评价细则要有能级区分。张春华尝试从交际语境的角度切入，聚焦人物对话描写，赏析古人说理艺术，让学生通过自主点评阅读等方式，实现交际语境的言说训练和评价⑤。

综上所述，学界的同仁在思辨性阅读与表达任务群的实施过程中，都充分肯定了"人文"与"理性"两端的教学意义，也对当前实践中出现的片面化教学现象予以指正。但是，目前少见对本任务群三个单元进行知识与素养纵横发展上的连贯设计，也少见对"阅读"与"表达"进行能力转化的教学设计。

---

① 吴欣歆，朱来青.依托教材自然单元发挥学习任务群的综合效应——以高中语文必修下册第八单元为例[J].语文建设，2021(5).

② 管然荣.聆听理性声音　提升思辨能力——以高中语文统编教科书必修（下）第八单元为例[J].中学语文教学，2020(5).

③ 余党绪.理性的声音与理性地倾听——高中语文统编教材必修下册第八单元教学刍议[J].语文建设，2022(13).

④ 杨志宏.学习任务群视域中课文的价值功能与单元教学设计——以高中语文统编教材必修上册第六单元为例[J].基础教育课程，2020(18).

⑤ 张春华.揭秘与对话：交际语境的文言文教学——高中语文必修下册第一单元教学设计与反思[J].语文建设，2020(11).

基于上述实践现状,我们尝试构建一种基于人文主题、写作主题、思维发展逻辑主题的横向知识关联、纵向思维升阶的学习模式,帮助学生掌握并运用思辨性阅读方法、路径与策略,并在表现性评价和实践活动中,自觉迁移到自己的多样化表达实践活动中。

2. 理论依据

一是深度阅读理论。从阅读方式来看,深度阅读是一种基于深度学习理论、培养学生高阶思维的阅读[①],是在文本、作者与读者之间展开多重对话,产生情感深层共鸣的过程。从阅读内容来看,深度阅读是指教师引导学生不断从文本表层深入深层意蕴,对文本加以个性化的、合理的感受和理解,进而深悟出文本背后隐藏的意义世界[②]。

二是追求理解的教学设计。追求理解的教学设计包括意义导向、深层处理、学习转移、反馈和调整、合作与互动、自主学习以及多样化评价。教师通过提炼大概念以及目标先行、评价驱动来设计教学任务,凸显学生主体性[③]。

这些理论旨在帮助学生深入理解所学知识,并将其应用到实际情境中,提升批判性思维和创新能力。

3. 实践范式

语文教研组教师在深度阅读和追求理解的教学设计理论支撑下,确立了单元教学设计与实践范式(见图 6-11),即从单元人文主题、写作主题、思维发展逻辑主题三个角度,提炼任务群大概念"如何理性表达观点",根据学情、单元主题等要素绘制单元教学目标结构图,形成知识、能力和素养培育的进阶样式,并根据任务群要求确立学生素养发展评价标准。语文备课组教师基于标准设计学习任务,确定单元各课时评价方式与标准。教师个体则在不断实践中完善与优化设计。

① 余玲艳,代建军.语文深度阅读教学的分析模型[J].教育科学研究,2017(5).

② 黄百严.深度阅读文本　提升语文素养——《哪吒闹海》教学谈[J].小学教学(语文版),2011(4).

③ 格兰特·威金斯,杰伊·麦克泰格.追求理解的教学设计(第二版)[M].闫寒冰,等译.上海:华东师范大学出版社,2022.

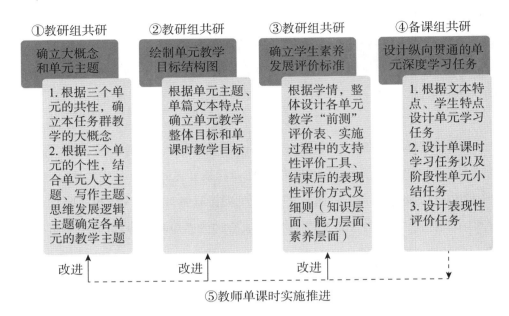

图 6‑11　单元教学设计与实践范式

二、教学实践思考

(一)教学建议

1. 任务设计:导向大情境问题解决

在设计思辨性阅读与表达任务群学习任务时,建议创设更多与学生真实学习情境相契合的任务,如"学习之道"单元可设计"说一说我的学习之道"微演讲,既可以让学生回溯整个单元中他人的学习之道,也可以让学生借鉴他人阐述观点的方法,学以致用。

2. 单元教学:指向大概念目标达成

同一任务群不同单元教学过程中,教师要始终把大概念目标达成作为单元教学的目标。在教学实施之前,教师要找到各个单元对大概念达成的作用,理清各个单元之间的逻辑关系。例如,在"责任与担当"单元设计前,教师要清楚这是思辨性阅读与表达任务群学习过程中的最后一个单元,在选文处理方式上,要体现更高级的思维水平的发展。

3. 课时实施:注重单课时彼此关联

在设计每个单元、每一课时的教学任务时,教师一定要有整体视角和顶层设计意识,明确每个课时在单元整体教学中的地位和作用,进而明确其在整个任务群中的地位和作用,确保单课时、单元、任务群的目标是逐层递进的。

4. 文本处理:实现大任务多维达成

在单元文本处理过程中,教师要清醒地认识到一些经典选文所处单元以及任务群的特点,在教学内容选择与确定的过程中做到合理、恰当。如《鸿门宴》这篇经典史传文,其春秋笔法、叙事特点都曾作为教学内容,但当其所在单元任务群内容为"思辨性阅读与表达"时,原有的教学内容必然不再适合单元教学的目标。

5. 思维发展:联动任务群渗透深化

思辨性阅读与表达任务群旨在培养学生的思辨思维和理性表达能力,但这一语文学科核心素养的培育并不仅仅在必修(上、下册)三个单元中完成,还需要在其他任务群中不断渗透和巩固。大概念也不是完成一个任务群教学就可以达成的,如"如何阐述中华文明之光的当下魅力"不可能在完成了"思辨先哲智慧""领略史传精华"任务之后就直接达成,还需要在文学阅读与写作、信息时代的语文生活等的推进过程中不断巩固和深化。

(二)课程评估

1. 教师课程实施成效的评估

(1)设计单元教学实施观察表

单元教学实施观察表见表 6-6。

表 6-6 单元教学实施观察表

观察维度	观察内容	具体表现
单元意识	教案设计、作业设计等有单元整体的意识与体现	
教学目标	教学目标基于课程标准和单元导语	
	依据教学目标设计课堂教学活动和评价任务	

（续表）

观察维度	观察内容	具体表现
教学过程	教学内容有系统和条理，由简到繁	
	教学环节关注学生的学习经验与经历	
	课堂学习结束有梳理、小结	
师生沟通	预设了明确的难点	
	对难点的解决有预设的支架支持	
	对教学目标达成有相应的检测环节	
	为不同能力水平的学生设计了分层任务和要求	
学习设计	学习环节的问题指向学生学习能力的提升	
	各环节的问题之间形成了有逻辑的问题链	
	围绕学习任务设计驱动问题	
	学习活动关注全体学生，能促进生生、师生的互动与合作	
	选用合适的媒体资源并在合适的时机用恰当的方式呈现	
课后反思	有撰写课后反思或教学心得	
	反思内容有实效 1. 有效经验 2. 不足及成因 3. 改进策略	
值得推荐的单元教学备课经验：		

（二）开展师生深度访谈

开展师生深度访谈时要注意以下几点：一是提前准备观察和访谈现场，确保访谈过程不会被他人影响；二是向访谈对象说明访谈原因，允许访谈对象拒绝回答访谈题目；三是访谈中全程记录，可采用摄像、录音、记笔记等形式；四是教师访谈采用个别访谈的方式，学生访谈采用个别访谈与群体访谈相结合的方式；五是规划设计好访谈记录单，以确保访谈与观察过程更聚焦，更科学有效；六是梳理访谈相关内容，形成访谈报告，以便于授课教师反思策略与改进设计。教师访谈提纲见表 6 - 7,学生访谈提纲见表 6 - 8。

表 6 - 7　单元教学实施后教师访谈提纲

观察维度	序号	访谈提纲
教学设计	1	在进行本任务群单元设计的时候,你是如何确定单元教学目标和单篇教学目标的,两者之间的关系是如何界定的
	2	本单元的各篇教学内容是如何确定的,它们之间有什么区别和联系
	3	在设计单元学习情境时,你觉得最能激发学生学习动力的情境应具有哪些特征,请结合你设计的单元情境说一说你当时的思考
	4	在对高中语文统编教材中《劝学》《师说》《拿来主义》《反对党八股》等经典课文进行教学设计时,你觉得与自己在执教沪教版这几篇课文时有什么不同
	5	你觉得思辨性阅读与表达任务群最核心的教学内容是什么,必修(上、下册)三个单元的教学重难点应如何设计和区分
教学实施	1	在本单元教学过程中,你预设学生会遇到哪些困难,学生是否遇到了这些困难,他们是怎么解决的
	2	在完成单元学习任务的过程中,你主要设计了哪些具体的学习活动来培育学生的思辨性阅读素养
	3	在教学过程中,你觉得自己的思辨思维有无变化
作业设计	1	如何处理单元学习任务与单元课时设计中的作业的关系
	2	如何理解每一课时作业的作用
	3	在每一课时作业设计时,你对其功能做了哪些界定
自我评价	1	通过你的单元教学,你觉得培养了学生哪些核心素养
	2	你觉得学生的学习成效是否符合你的预期
	3	你如何评价自己对本单元的教学设计与实施
个别化辅导	1	在完成思辨性写作任务时,个别学生对问题的认识仍然缺乏思辨性,你打算怎样帮助他

表 6-8 单元教学实施后学生访谈提纲

观察维度	序号	访谈提纲
学习体验	1	你从高中语文统编教材必修(上册)第六单元中学到了哪些内容
	2	这些内容分别在哪几堂课中获得的
	3	你觉得你们老师想教这些内容吗,为什么
	4	在这个单元的课文中,你最欣赏哪位作家的论说方式,为什么
	5	在你们的语文课堂学习活动中,你最喜欢哪种类型的活动
学习获得感	1	在学习过程中,你每堂课平均发言了几次,哪几次发言你觉得自己说得特别棒,为什么
	2	哪几次发言你觉得自己说得不够好,为什么
	3	你每天花多长时间完成语文作业,在完成这些作业的过程中,你是否需要帮助
	4	高中的语文课与初中的语文课相比,最大的区别是什么,你是否能够适应
对自我的评价	1	本单元的任务群是思辨性阅读与表达,你对思辨性是如何理解的
	2	在这个单元的学习过程中,你对自己满意的学习表现有哪些
	3	在这个单元的学习过程中,你对自己不满意的学习表现有哪些
对教师的评价	1	你觉得老师布置的作业难度如何,你是否需要借助网络查阅资料,是否需要与同伴讨论
	2	你期待的高中语文课堂是怎样的,你的语文老师是否满足了你的期待
	3	如果要对语文老师的课堂教学提一个建议,你会说什么

我们根据华东师范大学崔允漷教授团队研发的 LICC 深度课堂观察模型①，设计了任务群背景下单元教学深度课堂观察实施流程图，见图 6 - 12。

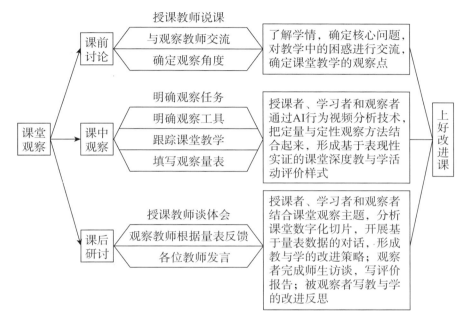

图 6 - 12　任务群背景下单元教学深度课堂观察实施流程图

课程改革从来都不是一蹴而就的，其最大的价值未必在于形成了相关成功经验，更有可能在于激发了教师勇于变革和探索的奋进之心。任务群背景下单元教学的争鸣还在继续，我们项目组思辨性阅读与表达单元教学设计也需要在实践中不断完善，期待在不断实践与改进机制的助推下，教师任务群的意识以及单元教学的逻辑脉络能更加清晰，学生的素养发展之路更加通畅。

（撰写者：上海大学附属嘉定高级中学　李孝华）

---

① 吴江林，林荣凑，俞小平.课堂观察 LICC 模式课例集[M].上海：华东师范大学出版社，2013.

▶ 第七章

实用性阅读与交流
任务群的设计与实施

❊ 内容概要

本章从该任务群指向实用性的核心特质出发,尝试勾勒出教学实践模型图及学习任务结构图,呈现本任务群视角下单元教学设计的一般流程及学习过程的基本样貌。教学设计的全过程需要围绕表达交流任务的落实展开,学生学习的过程也是完成任务的过程,教师作为指导者和支持者参与其中。本章归纳提炼出本任务群实用性、情境性、整合性、探究性、实践性的基本特点;提出"三实"模型,阐释本任务群的实践范式,归纳出有效的教学建议,并提出单元设计评估六边形图。

❊ 教学导读

本章作者创造性地提出本任务群的实践模式,即"三实"模型,尝试构建任务群统摄下单元教学设计至实施的全过程实践模式,帮助教师理解该任务群学习中的关键点和难点。

在教学设计上,以表达实践为主线并将之贯穿目标确立、任务创设、评价设计、成果呈现等单元设计环节,形成结构化的单元整体实施图,以项目化或专题等形式推进,提高阅读输入与表达输出的一致性。

在任务群的教学评价与实施中,本章建议"结构化"任务群教学设计、"整散化"任务群教学实施、"过程化"任务群学习支持、"逆向化"任务群教学改进。本章在课型设置上提供了"四课型""两跟进"的建议,同时提出关注文体、双重推进、由个到类、重视思辨四条阅读策略,强调化入情境、综合实践、关注实用等表达策略。此外,单元设计评估六边形图为教师呈现了单元设计评估的基本要素。

(撰写者:上海市嘉定区中光高级中学　杨丽琴)

第一节 任务群教学实践模型

一、教学设计流程

关于实用性阅读与交流任务群,课程标准中指出,旨在引导学生学习当代社会生活中的实用性语文,包括实用性文本的独立阅读与理解、日常社会生活需要的口头与书面的表达交流。由此可见,本任务群以实用性统摄阅读与交流,指向提升学生适应当代社会生活的阅读与交流能力,这一点是开展本任务群单元教学设计的核心要点,应贯穿设计终始。

在进行单元教学设计时,至少需要进行四项分析梳理:(1)梳理任务群设计的特点及要点;(2)聚焦学习任务,明确单元关键点;(3)依据学习提示梳理选文教学点;(4)分析学情,确定学习重难点。基于此,明确单元关键能力,尝试提炼单元大概念并撰写单元学习目标,之后依据目标创设核心驱动任务。由于本任务群旨在通过阅读与交流引导学生学习当代社会中的实用性语文,可以把校本化单元中指向表达交流的学习任务作为驱动任务。依据"教—评—致"的要求,在驱动任务明确后,应据此设计单元学习评价,明确基于实际语用情境的学习成果呈现形式,引导学生在实际的情境中学习交流与表达。基于评价,通过拆解任务及分析困难点,充分考虑单元的文类,结合教材文本及补充的学习资源,将驱动任务分解成若干听说读写结合的学习任务链,形成单元分课时的实施安排。需要特别强调的是,由于本任务群指向社会生活实践,往往需要安排"调研指导课",以指导学生为完成最终的学习成果而开展生活调查实践;还需要设置"表达实践课",以开展基于语用情境的学习成果展示、评估、反馈及交流表达,检测单元驱动任务的落实情况,动态评估学生的学习成果,由此考虑后续迁移或强化任务的设计。教学设计流程见图 7-1。

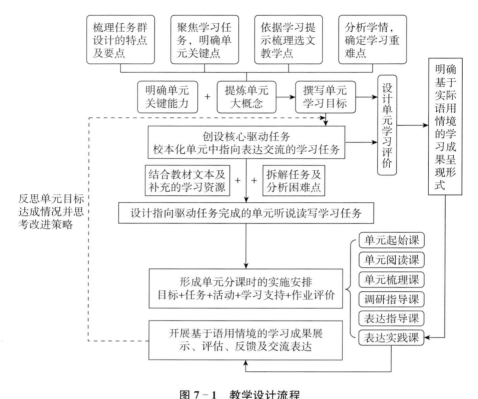

图 7-1　教学设计流程

（撰写者：上海市嘉定区中光高级中学　杨丽琴）

二、学习任务结构

实用性阅读与交流任务群主要指向实用性文本的独立阅读与理解、日常社会生活需要的口头与书面的表达交流，驱动任务应确立为指向表达交流的单元驱动性学习任务，教材的阅读文本主要作为学生完成表达任务的学习样本。教师要以项目化的形式或单元长作业等形式推进学习任务的完成。学生围绕任务自主建构学习共同体，形成问题解决方案，开展学习实践，展示学习成果，学习总结反思。学生在任务的解决中自主进行建构，提升指向实用性文本阅读及基于实用语境表达交流的能力，实现深度学习。教师主要扮演学习过程指导者的角色，负责解读任务要点、阐释评价方案、提供支持指导、组织成果交流、进行学习评估及优化等。本任务群在教材中涉及的学习内容多是个体对社会、时代、自然、生活的认识、理解与表达，教材三个单元的学习内容分别为新闻类内容、知识类内容、社会交往类内容。根据单元的学习任务、导语、选文等，可以把"认知视角""认知突破""认知表达"作为单元主题，提炼单元概念，即"新闻作品需要区分事实与观点""知识读物需要关注问题和实证""演讲表达需要具有针对性"，并结合单元写作任务设计驱动表达任务"新闻通讯写作""事理说明文撰写""演讲稿写作及演讲实践"。学习任务结构见图7－2。

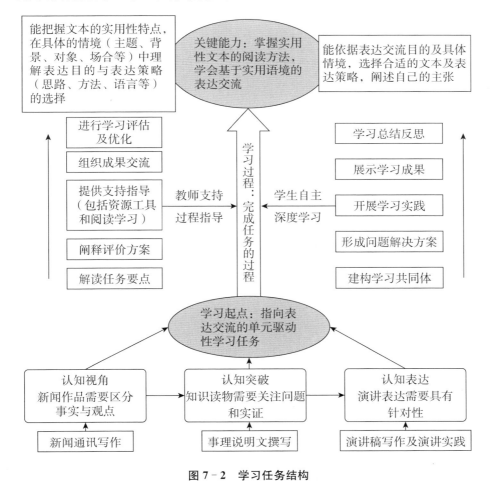

图7－2　学习任务结构

（撰写者：上海市嘉定区中光高级中学　杨丽琴）

第二节 单元教学设计案例

一、高中语文统编教材必修(上册)第二单元教学设计

(一) 单元活动结构

单元活动结构见图 7 - 3。

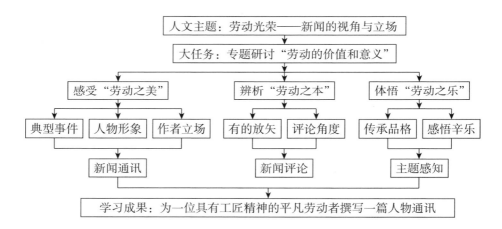

图 7 - 3 单元活动结构

(二) 单元认知结构

单元认知结构见图 7 - 4。

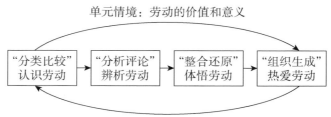

图 7 - 4 单元认知结构

（三）单元学习规划样本

1. 单元内容概述

表 7 - 1　高中语文统编教材必修上册第二单元内容概述表

单元情境	本单元人文主题为"劳动光荣"，聚焦"劳动的价值和意义"的单元情境，追寻"劳动对人的本原意义"这个核心问题，让学生沉浸在单元主题新闻文本的阅读之中，感受劳动的崇高与美丽，体会劳动的价值与意义，理解劳动作为人本体存在的深刻内涵，传承劳动精神；分析经典新闻作品的结构特点，建构新闻阅读策略与评价方法，提升新闻素养
单元内容	本单元所选的四篇文章中，三篇分别是叙写袁隆平、张秉贵、钟扬事迹的人物通讯，一篇是关于工匠精神的新闻评论，另有两首关于乡村劳作的古诗。袁隆平等杰出劳动者的模范事迹，古代人民热烈的劳动场面，彰显了劳动的崇高与美丽；普通劳动者的辛勤汗水，手工匠人的高超技艺，体现出劳动的价值与意义。本单元的素养目标为"认识劳动的伟大意义，形成正确的劳动观念，传承与发展劳动精神"。教师要引导学生深入体会"崇尚劳动、尊重劳动、热爱劳动"的思想，让学生认识"劳动改造世界，劳动创造文明"这一真理，树立无私奉献、锐意进取、勇于创造的劳动观念。本单元主要选取新闻报道及新闻评论作为核心文本，引导学生学会分析通讯的报道角度，理解事实与观点的关系，抓住典型事件，把握人物精神；了解新闻评论的观点，学习阐述观点的方法；辨析和把握新闻的报道视角与立场
单元目标	1. 通过"劳动的价值与意义"专题研讨，体悟人物的创造精神，理解劳动的价值和意义，形成正确的劳动观念 2. 了解人物通讯、新闻评论的写作特点，抓住典型事件与细节塑造，理解事实与观点的关系，把握新闻的报道视角与立场，学习评论阐述观点的方法，掌握新闻内容的阅读策略 3. 联系现实情境，对新闻的内容和形式做出合理评价，运用新闻语言进行表达交流，提升新闻辨识能力与媒介素养
单元活动	本单元设计了四个活动环节，分别是感受"劳动之美"、辨析"劳动之本"、体悟"劳动之乐"、撰写人物通讯，每个活动环节安排两个课时，共八个课时。从感受新闻通讯的写作特点入手，引导学生理解工匠精神的内涵，体会其中蕴含的热爱劳动、追求卓越的深层意义；学习新闻评论的写作特点，掌握新闻内容的阅读策略；理解诗歌情感，感悟劳动的欢乐与美好。在深入总结本单元所学文本中劳动内涵的基础上，思考劳动的本质，分析劳动之于人存在的意义。最后，联系现实情境，对新闻的内容和形式做出合理评价，运用新闻语言撰写人物通讯进行表达交流。四个活动环节从易到难，浅入深出，环环相扣，培育学生的劳动观念与新闻素养
教学方法	1. 任务驱动法 2. 情境教学法 3. 合作探究法 4. 比较分析法

（续表）

教学资源	1. 交互媒介的使用：运用多媒体课件、微视频制作软件、思维导图软件等交互媒介促进师生的交互学习,培养学生的发散性思维 2. 教学工具的使用：运用学习任务单、学习活动记录单、评估记录表等促进学生高阶思维的培育与学科核心素养的发展 3. 阅读资源的使用：提供与单元教学目标、内容匹配的阅读资源和学习资源

2. 分课时教学实施设计

分课时教学实施设计见表 7-2。

表 7-2 分课时教学实施设计

课时	栏目	具体内容
第一至二课时 学习活动一： 感受"劳动之美"	目标	1. 理解三篇人物通讯,感受三位优秀人物的劳动观念与创造精神 2. 了解人物通讯的写作特点,抓住典型事件、人物形象与细节塑造,把握作者的报道立场
	任务	1. 结合本单元三篇人物通讯,开展"劳动的价值与意义"专题研讨 2. 阅读《喜看稻菽千重浪——记首届国家最高科技奖获得者袁隆平》《心有一团火,温暖众人心》《"探界者"钟扬》,掌握人物通讯的阅读策略,梳理三位典型人物的事迹,感受劳动的崇高与美丽
	活动	1. 感悟形象,分析立场 任务要求:细读本单元三篇人物通讯,自主设计表格,梳理三篇人物通讯的典型事件、人物形象与作者立场,小组代表分享 2. 比较异同,探究方法 任务要求:(1)请比较分析三篇人物通讯在组织材料的线索和顺序、结构技巧、人物刻画方法三个方面的异同;(2)从表达方式、人物形象、谋篇布局、主旨意义的角度归纳总结人物通讯的基本写法,完成表格
	评价要求	能把握人物通讯的写作特点,明确作者的报道立场
	资源	文本资源:《浅谈细节在新闻作品中的运用》

（续表）

课时	栏目	具体内容
第三至四课时 学习活动二： 辨析"劳动之本"	目标	1. 理解工匠精神的内涵，体会其中蕴含的热爱劳动、追求卓越的深层意义 2. 理解事实与观点的关系，把握新闻评论的立场，学习阐述观点的方法，掌握新闻评论的读写策略
	任务	1. 结合本篇新闻评论，深入开展"劳动的价值与意义"专题研讨 2. 理解《以工匠精神雕琢时代品质》，学习阐述观点的方法，辨析和把握新闻的报道立场，总结新闻评论的读写策略
	活动	1. 感知文本，挖掘内涵 任务要求：请阅读课文，分析工匠精神的内涵 2. 阐述观点，分析逻辑 任务要求：梳理本文的论证思路，分析其现实针对性与引导舆论的作用 3. 把握观点，论证方法 （1）文章的主要观点是什么，作者主要运用了什么方法来论述自己的观点，请简要概括第二段的论述思路 （2）"我们不必人人成为工匠，却可以人人成为工匠精神的践行者。"请结合第四课三篇人物通讯中的三个人物，谈一谈你对这句话的理解与认识 4. 辨析立场，反思现实 任务要求：请思考当代青年应该如何学习并践行工匠精神，并在以下两项任务中二选一，写一段不少于400字的新闻短评 （1）在自动化程度越来越高的现代社会，传统社会所孕育的工匠精神是否还有坚守的必要？请联系社会现实，试举一例来阐明其现实意义 （2）网络世界里存在"佛系""躺平"等流行用语，其背后反映了怎样的价值观？请你从新闻评论的针对性角度分析坚守工匠精神对反思"丧文化"、理解劳动本质的意义
	评价要求	能深入挖掘新闻评论核心概念的内涵，掌握新闻评论的读写策略
	资源	文本资源：《什么是"新工匠"》《人民日报》中对工匠精神的相关报道与评论

（续表）

课时	栏目	具体内容
第五至六课时 学习活动三： 体悟"劳动之乐"	目标	1. 理解诗歌内容，发挥想象力，感受诗人情感 2. 反复诵读，体会劳动的欢乐与美好
	任务	1. 结合两首古诗，深入挖掘专题"劳动的价值与意义" 2. 反复诵读《芣苢》《插秧歌》，理解古诗内容，感悟诗人的情感，体会劳动的欢乐与美好
	活动	1. 理解诗歌，感悟情感 （1）《芣苢》是《诗经》中结构较简单、语言较简洁的诗歌之一，虽简单却不失情趣。请描绘其劳动场景，并简要分析其中蕴含的情感 （2）杨万里诗歌创作构思巧妙、浅白晓畅，开创了"诚斋体"。请结合《插秧歌》中的具体内容加以赏析 2.比较阅读，赏析手法 《芣苢》和《插秧歌》都描写了劳动场面，富有生活气息。请从内容结构和表现手法两方面对这两首诗进行比较分析
	评价要求	能体悟古典诗歌指向劳动文化传承与理解的经典价值
	资源	文本资源：《诗经别裁》《杨万里选集》
第七至八课时 学习活动四： 撰写人物通讯	目标	1. 结合本单元所学文本，分析劳动的内涵，思考劳动的本质 2. 总结通讯的写作特点，学会撰写人物通讯
	任务	1. 总结单元文本，深入理解劳动的内涵，思考劳动的本质；聚焦现实，运用新闻语言进行实用性表达与交流，撰写一篇人物通讯 2. 小组展示"劳动的价值与意义"专题研讨成果
	活动	1. 理解劳动的内涵与意义 （1）如何理解本单元三篇人物通讯、一篇新闻评论与两篇古诗中体现出来的对于劳动的"辛乐"感受，如何理解工匠精神的内核是"发自肺腑、专心如一的热爱"

（续表）

课时	栏目	具体内容
		（2）总结劳动的内涵,明确什么是劳动 2.聚焦现实,撰写人物通讯 写作任务:小组合作,为一位具有工匠精神的平凡劳动者撰写一篇人物通讯 要求:客观真实,事件典型,注重细节,1000字左右 写作路径:(1)选择一位你熟悉的劳动者,按照人物关键词、事例选取、细节塑造的思维路径选取典型事例、细节塑造,绘制人物形象思维导图;(2)多层次多角度地报道人物,小组合作,五人一组,四位成员对典型事件进行分类,将其按照一定的逻辑关系分为四个部分,为每个部分取一个小标题,一位成员选取人物通讯的视角,确定写作的立场,关注人物通讯这一文体的新闻性(真实新鲜)、文学性(典型细节)、评论性(主题鲜明);(3)小组成员共同完成单元学习成果,撰写一则1000字左右的人物通讯
	评价要求	能透过新闻现象和观点抓住本质,掌握人物通讯写作的实践策略
	资源	文本资源:《非虚构写作课》

（四）典型课时案例

《以工匠精神雕琢时代品质》课时案例

第一部分　教学设计

【教学对象】

教学对象为高一年级的学生。

【教学目标】

教学目标为认识工匠精神的内涵与时代意义,体会新闻评论的逻辑结构和辩证分析,感悟新闻评论语言表达鲜明准确、简练有力的特点。

【教学重难点】

教学重难点为认识工匠精神的内涵与时代意义,体会新闻评论的逻辑结构和辩证分析。

【课时安排】

课时安排为 1 课时。

【教学技术】

教学技术包括学习任务单、多媒体等。

【学习资源】

学习资源：包括《大国工匠》视频、《什么是"新工匠"》阅读资料。

【教学流程】

教学流程见表 7-3。

表 7-3　教学流程

教学环节	教师活动预设	学生活动预设	设计说明
环节一 创设情境 导入任务	1. 观看《大国工匠》视频，提出问题，激发兴趣：谈一谈你心中的工匠精神 2. 说文解字："工匠"的"匠"字是会意字，"匠，木工也。"《孟子》说："大匠不为拙工改废绳墨。"意思是，高明的工匠不因为拙劣的工人而改变或者废弃规矩，追求规范的极致。在自动化程度越来越高的现代社会，传统社会所孕育的工匠精神是否还有坚守的必要？让我们一起来学习《以工匠精神雕琢时代品质》	1.学生各抒己见：工匠精神就是把某件事情钻研到极致 2. 工匠精神指向的是一种钻研的态度，即使在高度发达的现代社会里依然是有必要的	通过情境创设，初步感知核心概念，提出主体问题，为学生完成学习任务奠定基础
环节二 整体感知 理清结构	小组合作，梳理结构： （1）作为一篇兼具新闻性和议论性特点的文章，本文评论了什么，请圈画每段的关键词句，并运用思维导图的形式梳理本文的论证思路；（2）作者主要运用了什么方法来论述自己的观点	1. 小组活动，绘制思维导图，分享论证思路：（1）引出话题，提倡工匠精神；（2）剖析工匠精神的概念和内涵；（3）推崇倡导工匠精神 2. 作者主要运用了引用论证、举例论证和道理论证的方法论述何为工匠精神。	通过小组合作与分享，引导学生自主分析文章的论证思路与论证方法

（续表）

教学环节	教师活动预设	学生活动预设	设计说明
		作者在论述的过程中，正反面论证相结合，观点鲜明、逻辑合理、思辨性强。文章引用企业家、古代典籍和普通人的话，加以分析论证，论证我们的时代需要工匠精神，它体现出社会的品格和国家的形象	
环节三 辨析概念 还原立场	1. 精读文本，深入思考：什么是真正的工匠精神，文章是如何通过论述来揭示工匠精神深刻内涵的动态发展过程的，请完成表格并画出工匠精神发展历程图 2. 分析意图，还原立场：作者为什么要写这一篇新闻评论，工匠精神与时代品质是什么关系 【背景链接】 本文选自 2016 年 4 月 30日的《人民日报》。《人民日报》在"五一国际劳动节"前一天这个时间节点发表这篇文章	1. 本文论述的核心是工匠精神。在论述过程中，作者采用逐层深入的方式阐述工匠精神的动态发展过程。工匠精神包含三个阶段： （初级阶段）专业技艺 ⇩ （中级阶段）职业操守 ⇩ （高级阶段）生命哲学 2. 首先，在"五一国际劳动节"前一天发表这篇文章，表明其带有鲜明的导向性和新闻性；其次，依据文章散落各处的隐含信息，如澄清对工匠精神错误认识的评论，表明本文的倾向性与公众性。这些都是新闻评论的独特之处 3. "没有一流的心性，就没有一流的技术。"高速发展的当代中国社会迫切需要用工匠精神来引导大家追寻精益求精的过程，用工匠精神来雕琢时代品质	通过深入探究核心概念的内涵来引导学生体会新闻评论的独特性，同时追根溯源，引导学生理解作者的评论立场，明确本文的写作意图

（续表）

教学环节	教师活动预设	学生活动预设	设计说明
环节四 课后拓展 认识劳动	议一议:请思考当代青年应该如何学习并践行工匠精神,并在以下两项任务中二选一,写一篇不少于400字的新闻短评 (1) 阅读《什么是"新工匠"》,说一说怎么培养"新工匠"精神 (2) 网络世界里存在"佛系""躺平"等流行用语,其背后反映了怎样的价值观?请你从新闻评论的针对性与舆论引导的角度分析坚守工匠精神对反思"丧文化"、理解劳动本质的意义	深入理解工匠精神的新内涵,从而雕琢时代品质,在学习生活中真正践行工匠精神,做到知行合一	培养学生从文本情境走向生活情境的思辨能力和问题解决能力,从而实现从文本知识学习到生活实践运用的深度学习

第二部分　实录片段

以下呈现环节三的部分课堂实录。

师:请大家聚焦第二至四段,思考什么是真正的工匠精神,小组探讨分享表格并画出工匠精神发展历程图。

生1:我们小组认为工匠精神是一种专业技能。

师:很好! 依据在哪里?

生1:第二段指出,当代"匠"的含义是心思巧妙、技艺精湛、造诣高深,工匠精神对企业乃至国家都非常重要——企业变得气质雍容、活力涌流,国家拥有健康市场环境和深厚人文素养。 因此,我们小组认为工匠精神是一种专业技能。

师:非常棒! 还有别的意见吗?

生2:我们小组认为工匠精神是一种职业品质。第三段用对比论证澄清了世人对工匠精神的误会,指出工匠精神是一种改变世界的现实力量;坚守工匠精神是为中国制造强筋健骨,为中国文化立根固本,为中国力量凝神铸魂。

师：对比论证是如何体现出来的？

生2：作者使用了先破后立的论证手法，采用了"可能……但……""从来都不是……而是……""并不是……也不是……而是……"的句式。

师：这些句式强调的是前者还是后者？

生2：否定的是前者，强调的是后者。

师：你们关注到了句式背后的逻辑关系，分析得非常好！还有别的意见吗？

生3：我们小组认为工匠精神不仅仅是一种专业素养，更应该是一种生命哲学。

师：依据在哪里？

生3：第四段中的"固然……又远不限于此"引导我们区分工匠与工匠精神，点明本段会进一步探讨其内涵。作者还用"倘若没有……怎能有……"假设论证加上排比句式，突出强调工匠精神的内涵。工匠精神的内涵是炉火纯青的技术，发自肺腑、专心如一的热爱，臻于至善、超今冠古的追求，冰心一片、物我两忘的境界，格物致知、正心诚意的生命哲学，技进乎道、超然达观的人生信念。这个部分解释了工匠精神形成的原因，也指出了发扬工匠精神可以解决社会存在的问题。

师：非常好！第四段中作者得出一个结论，"我们不必人人成为工匠，却可以人人成为工匠精神的践行者"。由此，我们可以感受到工匠精神不是一个空泛的口号，而是当代中国社会迫切需要的一种人生态度和精神境界。那么，工匠精神与时代品质究竟是什么关系呢？

生4：标题告诉我们需要用工匠精神来雕琢时代品质。我们组查阅了一下资料，《说文解字》中说"琢，治玉也"，《尔雅》中说"雕谓之琢"。"雕琢"指雕刻玉石，修饰完善，使之成为精美的器物。既然时代品质需要雕琢完善，说明作者希望通过这篇新闻评论呼吁我们重视工匠精神。

师（用幻灯片呈现相关资料）：我们身处的时代有哪些需要雕琢完善之处？

生4：现代化进程之中，发展速度太快，可能会过于急功近利，注重结果，忽视过程。

师：一语中的！所以，针对这样的社会现实，作者所呼吁的工匠精神的本质是什么？

生4：作者呼吁的是专注于精益求精过程的工匠精神，这是身处高速发展社会中的我们所缺乏的时代品质，因此需要雕琢完善。

师：大家分析得非常深入！本文第二至四段是对第一段时代呼唤工匠精神的回应，层层深入，阐释了工匠精神内涵的动态发展过程。本文既体现了新闻评论的独特之处（即引导性、倾向性、公众性），又表明了作者的评论立场——作者呼吁用工匠精神来引导大家追寻精益求精的过程，用工匠精神来雕琢时代品质。

第三部分　教学反思

新闻评论隶属于实用性阅读与交流任务群中新闻传媒类作品，因其与当下和未来的深度联系，成为高中阶段非常重要的一种文本类型。在高中语文统编教材中，新闻传媒类作品有别于经过时间沉淀下来的经典文本，直接面向实际生活，与现实连接。教师要通过此类文本的深度阅读，构建符合学生发展水平的阅读策略，以此提高学生阅读相关作品的能力，增强学生适应社会、服务社会的能力。

高一年级的学生大多是第一次接触实用性阅读单元。本单元大多为新闻传媒类文本，学生对熟悉的人物会有较浓厚的阅读兴趣。通过该类文本的阅读，让学生掌握有效阅读策略与方法尤为重要。学生在初中阶段的写作以记叙文为主，并未接触过新闻通讯的文本构成要素及其写作学习，对于《以工匠精神雕琢时代品质》这种新闻传媒类文章，学生更是缺乏阅读和写作经验。如何通过本单元的学习，让学生能在新闻传媒类文本的阅读与写作中，通过文本写法、功能的学习来获取有效文本信息，从而提升新闻素养，显得尤为重要。

基于课程标准和学生的实际情况，把本文的教学目标确定为认识工匠精神的内涵与时代意义，体会新闻评论的逻辑结构和辩证分析，感悟新闻评论语言表达鲜明准确、简练有力的特点；把教学重难点确定为认识工匠精神的内涵与时代意义，体会新闻评论的逻辑结构和辩证分析。针对本文教学目标与教学内容的完成度，反思如下：

1. 指向现实生活的新闻传媒类任务设计

教师要从现实出发,以"现实取向"来观照文本。事实证明,关注现实可以让学生在阅读过程中获得植根于现实生活的认知,促进学生认知和思维能力的发展。因此,本设计聚焦"辨析概念,还原立场"的学习环节,让学生完成工匠精神内涵表格,画出工匠精神发展历程图,深入探究核心概念的内涵,体会新闻评论的独特性,同时追根溯源,理解作者的评论立场,明确本文的写作意图,理解文本的核心。

教师利用课后拓展,设计了一个新闻短评的写作任务,引导学生深度思考提倡工匠精神对反思当下"丧文化"的意义,引领学生把投向学习生活的目光转向对现实生活的反思,以此让学生把实用性文本的学习与现实生活融合起来,让学生通过新闻评论的学习感受到实用性文本的阅读是一个立足文本、走向生活、走向社会的过程。教师要引导学生在现实生活中践行工匠精神,用自己的努力和愿景雕琢时代品质。

2. 指向学习评价的新闻传媒类任务设计

在教学设计的过程中,教师需要关注学习兴趣、语言表达、思维发展三个视角的评价。一是激发学生学习兴趣的评价。如导入环节通过《大国工匠》视频激发学生完成学习任务的兴趣。二是促进学生文体语言表达的评价。这既包含新闻传媒类文本独特的语言表达训练评价,又包含思想和创意的表达训练评价。三是提升学生思维品质的评价,深化学生对本课核心任务及单元总体任务的认识。

通过阅读任务和写作任务的拓展,小组合作商讨,形成评分细目表,从规范撰稿、观点阐述、语言表达、立场鲜明等角度进行师生评价和生生互评,从而明确学习目标。教师要培养学生从文本情境走向生活情境的思辨能力和问题解决能力,从而实现从文本知识学习到生活实践运用的深度学习,引导学生由知到行,让学生感受到工匠精神在新时代的意义。

3. 指向核心素养的新闻传媒类任务设计

在《以工匠精神雕琢时代品质》的教学设计中,教师需要结合学习任务群的目标、内容等来设计教学环节。高中语文统编教材必修（上册）第二单元通过通讯、评论、古诗等不同体裁的作品，展现了劳动者的美好品质，彰显了劳动的价值和意义，旨在引导新时代青年树立正确的劳动观。在"单元导语"中，编者对学生有这样的要求："了解新闻评论的观点，学习阐述观点的方法。"在课后的"学习提示"中，编者明确提出："要注意分析文章中事实与观点的关系，学习文章联系社会现实提出观点并合理阐述的写法，体会其有的放矢、直面现实的新闻品格。"由此，教师可以在单元整体设计中明确本节课的教学核心。

　　本文的教学设计尤其要关注新闻评论这一新闻性与议论性并存的独特文体，具有观点鲜明、针对性强、逻辑严密等特点。新闻评论的教学要紧紧抓住新闻的时代性，挖掘作者的评论立场和角度，明确核心概念的内涵，在此基础上，设计源于教材又超越教材的情境任务，借助一篇新闻评论打通一类文本，将学生带入更为广阔的学习空间，提升学生的思维品质，发展学生的语文学科核心素养。

（撰写者：上海市嘉定区嘉一实验高级中学　王蓉）

二、高中语文统编教材必修（下册）第三单元教学设计

（一）单元活动结构

单元活动结构见图 7−5。

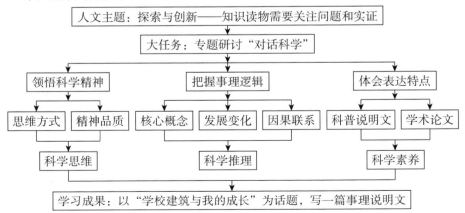

图 7−5　单元活动结构

（二）单元认知结构

单元认知结构见图 7-6。

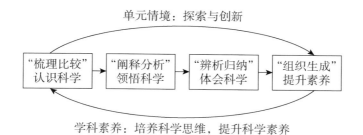

图 7-6　单元认知结构

（三）单元学习规划样本

1. 单元内容概述

表 7-4　单元内容概述

单元情境	本单元人文主题为"探索与创新"，基于知识性读物的"问题和实证"，聚焦"对话科学"的单元情境，追寻"科学精神的本质是什么"这个核心问题，跟随四位科学家、学者开启一次科学探索之旅：通过深度学习、小组讨论、专题写作等语言实践活动，感受中外科学家的创新意识、探究精神和科学态度，激发对科学探究的兴趣和热情，掌握科学研究的方法，说明相对复杂的事理，提升科学素养
单元内容	本单元所选的四篇文章《青蒿素：人类征服疾病的一小步》《一名物理学家的教育历程》《中国建筑的特征》《说"木叶"》，介绍了自然科学和人文科学领域的探索和发现，属于知识性读物。教材选择知识性读物这类文本，聚焦介绍性较强的科普说明文和学术论文，既有利于学生感受科学研究、自主探索过程中的思维和情志，也有利于他们学习科学的研究方法和准确的表述方式。本单元旨在引导学生了解科学探索的动机、过程与方法，让学生在获得科学认识的同时，体会人文之美与理性思考的价值，激发科学探索意识、创造情趣和理性精神，最终完成本单元"清晰地说明事理"的写作任务，从问题走向实证
单元目标	1. 学习介绍科学发现过程和成果、展现科学探究艰辛与乐趣的知识性读物，感受不同领域科学家、学者的创新意识、探究精神和科学态度，激发对科学探究的兴趣和热情 2. 掌握知识性读物的阅读方法，学会在阅读时抓住关键概念、术语和关键语句，理清文章思路，准确理解和把握文章主旨 3. 把握知识性读物的写作特点，学习文章说明事物与阐释事理的方法，体会这类文章严谨、准确的语言风格，探究实际问题，形成自己的见解，学写事理说明文

（续表）

单元活动	本单元设计了四个活动环节，分别是领悟科学精神、把握事理逻辑、体会表达特点、学写事理说明文，其中，第一、三、四个活动环节各安排2课时，第二个活动环节安排3课时，共9个课时。对本单元四篇文章的知识、结构、逻辑层次进行梳理，把握作者的思想观点，总结知识性读物的阅读方法；感受科学探究的艰辛与乐趣，领会科学家的执着精神与无私奉献，领悟科学家为人类谋幸福的广阔胸怀与高远追求；分析材料与事理之间的关系，学习科学家严谨的科学态度与理性的思维方式，探究文本个性化的写作特点；联系生活实际，解决实际问题，学写事理说明文。四个活动环节由浅入深，首尾相扣，培育学生的科学思维与科学素养
教学方法	1. 任务驱动法 2. 情境教学法 3. 合作探究法 4. 比较分析法
教学资源	1. 交互媒介的使用：运用多媒体课件、微视频制作软件、思维导图软件等交互媒介促进师生的交互学习，培养学生的发散性思维 2. 教学工具的使用：运用学习任务单、学习活动记录单、评估记录表等促进学生高阶思维的培育与学科核心素养的发展 3. 阅读资源的使用：提供与单元教学目标、内容匹配的阅读资源和学习资源

2. 分课时实施列表

分课时教学实施设计见表7-5。

表7-5 分课时教学实施设计

课时	栏目	具体内容
第一至二课时 学习活动一： 领悟科学精神	目标	1. 学习介绍科学发现过程和成果、展现科学探究艰辛与乐趣的科普说明文，感受两位科学家的思维方式、探究精神和科学态度 2. 掌握科普说明文的阅读方法，梳理两篇文章的思路结构，了解科学探究的经验和收获 3. 引导学生了解科学探究的实际过程，激发为人类幸福探索自然、探求新知的使命感

（续表）

课时	栏目	具体内容
	任务	1. 结合第七课《青蒿素：人类征服疾病的一小步》《一名物理学家的教育历程》两篇文章，开展"对话科学"专题研讨 2. 通过对文章内容的挖掘，了解其中的科学事实与科学道理，深化对两位科学家思维方式与探究精神的理解 3. 梳理并积累科普说明文的阅读策略与方法
	活动	1. 梳理思路，领悟科学 研读两篇文章，完成以下任务： （1）自主设计图表梳理两篇文章中展示的科学探究、早期探索的过程，标出那些对科学家的发现有重要启示的时间节点 （2）分析两篇文章是如何具体展现科学探究的艰辛与科学发现的乐趣的 2. 比较分析，探究思维 （1）探究两位科学家在科学探究和早期探索过程中取得突破的转折点，比较两位科学家思维方式的特点，体会其可贵之处 （2）小组分享，总结两位科学家的科学精神与科学态度
	评价要求	能领悟科学家的创新精神，掌握科普说明文的阅读策略与研究方法
	资源	文本资源：《屠呦呦传——中国首获诺贝尔奖的女科学家》
第三至五课时 学习活动二： 把握事理逻辑	目标	1. 通过对两篇文章核心概念和学术名词的理解，分析概念之间的关系，理解文章的行文逻辑，掌握学术论文的阅读策略 2. 学习两位学者认识事物、把握规律、阐释事理的探究方法，分析文体与语体的关系，学习科学的表达方式，提高理性思考能力 3. 了解科学探究的动机、过程和方法，体会人文之美与理性思考的价值，激发科学探究意识、创造意识和理性精神

（续表）

课时	栏目	具体内容
	任务	1. 结合第八、九课《中国建筑的特征》《说"木叶"》两篇文章，深入"对话科学"专题研讨 2. 梳理《中国建筑的特征》《说"木叶"》的内容结构，引导学生抓住关键语句，梳理层次结构，把握作者的观点，感受作者独特的学术风格 3. 通过对比阅读，辨析相似概念的内涵，学习两篇学术论文的理性思考方式与科学探究方法
	活动	1. 梳理内容，绘制思维导图 （1）阅读两篇学术论文，完成内容层次梳理表格并绘制思维导图 （2）找出两篇文章中的核心概念，自主设计图表揭示概念之间的关系，小组探讨文章是怎样围绕这些概念进行阐述的 2. 阐释顺序，理清逻辑 细读《中国建筑的特征》，完成以下任务： （1）中国建筑的"九大特征"是按什么顺序展开的，理由是什么（预设：事理顺序，先总后分，先主后次，层次清晰严密） （2）概括中国建筑最显著的特征，把握全文的逻辑思路 （3）微写作：借鉴作者对中国建筑艺术特征的解说方式，请借助"词汇""文法"等概念，向朋友介绍你所在学校的某一建筑，不少于200字 3. 理性思考，批判阅读 细读《说"木叶"》，完成以下任务： （1）紧扣核心概念，结合文中引用的诗句，绘制比较气泡图，辨析"树"与"木""落叶""落木""木叶"之间的异同，体会中国古典诗歌的暗示性特点 （2）小组探讨，批判性思考：陈友琴认为林庚在总结木叶艺术特征的规律时犯了"以偏概全"的逻辑谬误，对此，请谈一谈你的理解 （3）林庚认为诗歌意象具有暗示性，有人认为诗歌意象具有象征性，你更认同哪一种观点，请举例阐述，不少于200字

（续表）

课时	栏目	具体内容
		4. 阐释规律,总结方法 小组总结分享: (1) 写作学术论文的启示:在说明阐释规律的过程中,需要辩证地思考与分析问题;抓住核心概念,阐释事物发展变化的规律,分析事物之间的因果联系 (2) 人文学科的研究方法总结:分析与综合、具体与抽象、归纳与演绎、整体与局部
	评价要求	能掌握学术论文的阅读策略与研究方法
	资源	文本资源:《梁思成谈建筑》《唐诗综论》
第六至七课时 学习活动三: 体会表达特点	目标	1. 对比阅读,认识知识性读物的写作意图、思想观点与表现形式之间的关系 2. 体会科普说明文与学术论文不同的表达特点
	任务	1. 结合本单元四篇文章,继续深入"对话科学"专题研讨 2. 对比分析知识性读物的写作意图、思想观点与表现形式之间的关系,总结四篇文章的异同,体会科普说明文与学术论文不同的表达特点
	活动	对比分析,总结特点: 1. 自主设计表格,从内容的表达、阐述的思路、语言的运用、阅读策略方法四个方面自选两个角度,总结四篇文章的共同点与独特性 2. 总结科普说明文与学术论文不同的表达特点,小组分享: (1) 准确认识说明对象 (2) 明确核心概念及其关系 (3) 按照认识事物的规律合理安排说明顺序 (4) 语言表达准确、严谨、清晰
	评价要求	能体悟科普说明文在表达上的独特之处
	资源	—

（续表）

课时	栏目	具体内容
第八至九课时 学习活动四： 学写事理说明文	目标	1. 通过对事理说明文写作特点的认识，提高说明事理的能力 2. 学写事理说明文，提升科学素养
	任务	1. 写一篇阐述事理的科普性文章，并在班级的科普交流会上宣讲自己发现的某一事理 2. 修改并完善自己阐述事理时的逻辑思路与语言表达
	活动	清晰合理，说明事理 1. 单元写作任务 请以"学校建筑与我的成长"为话题，自选角度，写一篇事理说明文，不少于800字 2. 写作路径 （1）运用思维导图画出"学校建筑"的构成元素关键词 （2）根据挑选出的关键词确定说明对象，运用表格梳理这些对象的特征及其与个人成长的关系 （3）确定说明的主要内容，依据认知的一般规律，明确各部分内容的逻辑顺序 （4）形成事理说明文的初稿，小组分享交流，修改并完成宣讲互评
	评价要求	能掌握事理说明文的写作策略，提升科学素养
	资源	—

（案例撰写者：上海市嘉定区嘉一实验高级中学　王蓉）

三、高中语文统编教材必修（下册）第五单元教学设计

（一）单元活动结构

单元活动结构见图7-7。

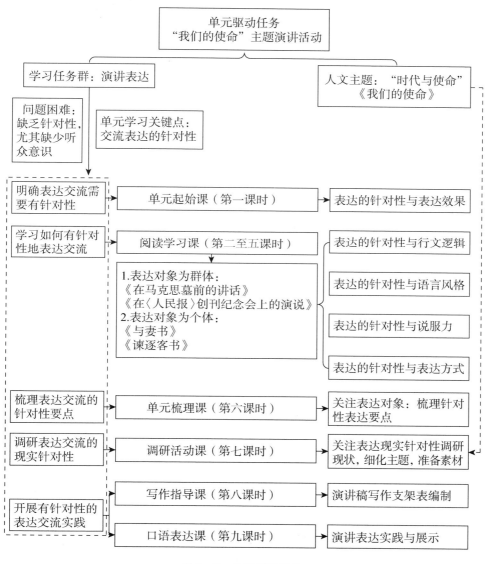

图 7 - 7　单元活动结构

（二）单元认知结构

1. 单元情境

"一代人有一代人的使命，一代人有一代人的担当"，生活在 21 世纪的青年们，这个时代赋予你们怎样的使命和担当呢？班级将组织以"时代抱负与使命担当"为主题的五四青年节演讲活动，让大家表达自我对时代抱负与使命担当的理解,号召同龄人勇担时代使命。现邀请你报名参加。优秀演讲者将被推荐参加学校团委举办的五四主题演讲活动。

2. 单元任务

（1）任务描述

班级将举办庆祝五四青年节的主题演讲活动,请根据主题,以《我们的使命》为题,撰写演讲稿并录制成演讲视频,参加班级演讲展示活动,每班推荐一个学生参加校级演讲比赛。

（2）任务要求

① 阅读、探究、梳理:演讲稿是具有极强针对性的实用性文本,请以本单元的各篇文本为资源,理解实用性表达的针对性,学习文本如何有针对性地展开表达,梳理后加以借鉴并运用在此次的演讲活动中。

② 调查:设计并开展主题调查,了解青年们对"使命感"的理解现状,并分析调查结果。

③ 表达:根据主题撰写一篇800字左右的演讲稿。录制一段主题演讲视频,上传到班级钉钉群"主题演讲活动"文件夹中。

④ 评价:根据评价表,评选出班级"演讲达人"一名,推荐参加校级演讲比赛,另外评选出班级"最佳演讲稿"一篇,"最佳人气奖"一名,"针对性表达实践奖"五名。

3. 单元认知结构

从人文主题和任务群两个角度构建本单元的认知结构,见图7-8。

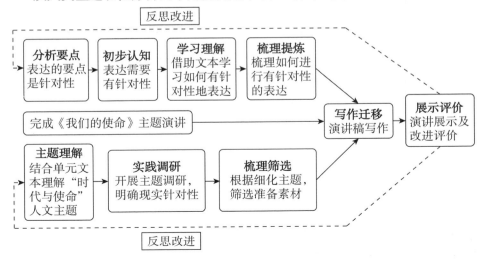

图 7 - 8　单元认知结构

（三）单元学习规划样本

1. 单元内容概述

（1）主题

本单元隶属于实用性阅读与交流任务群，所选的四篇文章兼具实用性和人文性的特质，均为内容丰富、思想深刻、情感饱满、表达方式多元的名家名作，表现出革命导师、志士仁人在时代的洪流中勇于担负使命的精神，有效地呈现了"抱负与使命"的人文主题。教师在教学中需要反复品味文章内容，引导学生感受时代精神，关注时代发展。从任务群角度来看，这四篇文章都是互动性较强的社交文本，如充满思想光辉的演说词、说理透辟的奏疏、情感充沛的绝笔书信均为基于特定对象的表达，具有实用性和针对性的基本特点。学习时应从文本中借鉴如何基于表达对象，发表意见，阐明主张的策略，以提高表达的针对性，提升表达的效果。

（2）内容

本单元共四篇课文，《在〈人民报〉创刊纪念会上的演说》《在马克思墓前的讲话》《谏逐客书》《与妻书》均属于"社会交往类文本"。可以围绕"我们的使命"演讲任务的完成，借助知识能力"演讲表达的针对性"和人文主题"时代与使命"双线结构来落实单元学习内容。

（3）方法

本单元主要采取"以表达促阅读"的方法展开学习设计。基于任务群要求、单元文本特点、单元导语、学习提示，根据学情确定单元学习任务一（即"以《我们的使命》为题写一篇不少于 800 字的演讲稿"），让学生进行情境化和任务化的改编，进而形成单元驱动任务。这一驱动任务为"双线结构"：以实用性文本"我们的使命"主题演讲稿写作为明线，以"抱负与使命"人文主题的落实为暗线。各篇文章主要展现了"革命导师和革命先烈对时代使命的深刻理解，表现了他们将个人抱负与时代要求相结合的人生选择"。人文主题比较显豁，其落实可暗含在课程文本研读和任务解决的过程中。阅读课主要围绕演讲稿写作与演讲表达任务的关键点——"表达的针对性"来推进设计。围绕这一关键点,本单元的课文根据表达对象分类,《在马克思墓前的讲话》《在〈人民报〉创刊纪念会上的演说》为群体性表达对象,而《谏逐客书》《与妻书》为特定个体表达对象。演讲是具有强对象性的表达交流活动,但忽略对象需求,沉浸于自我传达恰恰是学生的常态。因此,借助本单元文本资源引导学生从"关注自我表达"到"关注对象,有针对性地表达"成为解决单元任务的关键,也是阅读学习的核心。本单元阅读指导过程中,教师主要围绕"如何有针对性地表达"这一要点展开文本的研读、梳理指导。

(4)资源

一是课文助读,包括《拜谒马克思墓》《卡尔·马克思》《在马克思墓前发表的悼词》《作为科学家和革命家的马克思》《给工人议会的信》《〈谏逐客书〉解读》《民国时期"黄花岗起义"的历史记忆》《林觉民》《英雄本色儿女情长——林觉民〈与妻书〉赏析》等文本资源。二是演讲表达资源,如《如何发表公共演讲》文本资源。

2. 分课时教学实施设计

表 7 - 6　分课时教学实施设计

课时	栏目	具体内容
第一课时	目标	查找资料,梳理文章内容,分析文中表达对象的特点,从实用性文本的角度理解文章表达富于针对性的特点
	任务	梳理本单元四篇文章,理解表达的针对性
	活动	主问题:班级小晨同学打算参加此次主题演讲活动,为了更好地完成本次活动的演讲稿写作,通过查阅资料,他发现演讲稿写作的关键在于要有针对性。本单元四篇文章内容体式各异,创作时空不同,而同作为实用性文本,单元导语提示要关注这些作品富于针对性的共性特点,同学们或许可以从本单元的各篇目中获得启发。那么,如何理解表达的针对性呢

（续表）

课时	栏目	具体内容
		活动一:梳理表达的基本要素 查找材料,疏通文意,填写本单元四篇文章的表达基本要素表 表1 活动二:把握表达的关键 1.阅读文本,查找资料,填写表达对象分析表 表2 2.尝试在本单元四篇文章中任选一篇,分析其表达效果,可以从表达对象的针对性角度进行原因分析 活动三:梳理小结 结合本单元四篇文章及本节课所学内容,写一段 400 字左右的札记,阐述你对"表达交流需要有针对性"的初步理解
	评价要求	能理解表达交流需要具有针对性
	资源	—

表1

篇目	表达情境	表达对象	表达目的	文体特征	观点立场、情感

表2

篇目	表达对象的姓名	表达对象的身份	表达对象的背景情境	表达对象的期待	表达对象的接受反应

（续表）

课时	栏目	具体内容
第二课时	目标	1. 梳理文章结构,分析文章各部分之间的关系,把握文章严谨的行文思路和严密的逻辑性 2. 理解作者如何基于表达对象的特点及目的进行行文结构安排,展开具有针对性的表达
	任务	阅读《在〈人民报〉创刊纪念会上的演说》和《在马克思墓前的讲话》,学习根据表达目的及对象展开行文安排
	活动	主问题:多数学生表示在演讲稿写作中首先遇到的困难是不知道如何安排行文思路来增强表达的效果,《在〈人民报〉创刊纪念会上的演说》和《在马克思墓前的讲话》是演讲史上的经典之作,关于这一点,两文能给我们怎样的启发呢 活动一:绘制思维导图,理清表达思路 阅读两篇讲话稿,圈画各段的关联词及关键句,按照段落的自然顺序画出两篇文章行文思路的思维导图,并用文字加以阐述 活动二:分析特殊行文,探究构思意图 小晨同学通过绘制思维导图,发现两篇讲话稿思路清晰且有条理,作者运用了不少关联词,增强了讲话的逻辑性。他还发现了一些不合常理的安排:如《在〈人民报〉创刊纪念会上的演说》中,马克思认为 1848 年革命"吵吵嚷嚷、模模糊糊地宣布了无产阶级解放这个 19 世纪的秘密",接下来却好像转换了话题讨论工业和技术发展;又如恩格斯认为"马克思首先是一个革命家",却在演讲中先评价他作为"科学家"的一面。请结合两篇文章的表达对象、作者的表达目的分析作者这样安排的意图 活动三:梳理小结 结合两篇文章及本节课所学内容,从表达目的与行为安排的角度,修改完善或重画思维导图并修改相应的说明文字
	评价要求	能理解表达逻辑思路安排需要根据表达目的及对象确定
	资源	—

（续表）

课时	栏目	具体内容
第三课时	目标	1. 揣摩品味关键句,体会演说稿语言鲜活生动而不失睿智和深刻的特点,感受悼词准确、朴素、饱含真情却不消沉的特点 2. 通过对比分析,体会两篇讲话稿语言的鼓动性,理解讲话稿语言表达的针对性
	任务	阅读《在〈人民报〉创刊纪念会上的演说》和《在马克思墓前的讲话》,品味语言特点,学习讲话稿语言表达的针对性
	活动	主问题:演讲是语言的艺术,怎样的语言表达才能有效地打动听众呢?阅读经典讲话稿《在〈人民报〉创刊纪念会上的演说》和《在马克思墓前的讲话》,对比品析其语言特点并在组内分享你的收获。 活动一:品味关键语句,品析语言特点 从表达效果的角度,品味两篇文章中的关键语句,体会其语言特点 1.《在〈人民报〉创刊纪念会上的演说》 (1) 那些所谓的 1848 年革命,只不过是些微不足道的事件,是欧洲社会干硬外壳上的一些细小的裂口和缝隙。……那些革命吵吵嚷嚷、模模糊糊地宣布了无产阶级解放这个 19 世纪的秘密,本世纪革命的秘密。 (2) 但是,尽管我们生活在其中的大气把两万磅重的压力加在每一个人身上,你们可感觉得到吗? 同样,欧洲社会在 1848 年以前也没有感觉到从四面八方包围着它、压抑着它的革命气氛。 2.《在马克思墓前的讲话》 (1) 正像达尔文发现有机界的发展规律一样,马克思发现了人类历史的发展规律,即历来为纷繁芜杂的意识形态所掩盖着的一个简单事实……因而,也必须由这个基础来解释,而不是像过去那样做得相反。 (2) 最早的《莱茵报》(1842 年),巴黎的《前进报》(1844 年)……老实说,协会的这位创始人即使没有别的什么建树,单凭这一成果也可以自豪。 活动二:对比语言异同,探究背后成因 结合活动一对两篇文章中关键句的品析,参照下列表格,对比分析两篇讲话稿在语言特点上的异同,思考阐释其中的原因。 表格见下

篇目	讲话主题	听众分析	表达目的	语言特点	
				同	异

（续表）

课时	栏目	具体内容
		活动三：梳理小结 结合两篇文章，以《小议讲话稿语言的针对性》为题，梳理阐述课上所学内容，形成一篇小论文。要求：有观点，有分析，有例证，在组内分享。小组推荐优秀作品在班级群分享
	评价要求	能依据具体的交流情境理解语言表达的特点
	资源	—
第四课时	目标	1. 从劝说立场、劝说思路、劝说方法、劝说语言等角度分析鉴赏文本的劝说艺术 2. 探究李斯劝说成功的主要原因，把握提升表达说服力的关键是充分把握对象的需求
	任务	阅读《谏逐客书》，学习充分把握对象的需求以提高表达的说服力
	活动	主问题：好的演讲表达不仅要富有逻辑，具有鼓动性地表达自己的思考，更需要引起听众的共鸣和认可，甚至于改变听众固有的认知。李斯在《谏逐客书》中是如何说服秦王，使其收回逐客之令的呢？这对于我们提升表达的说服力有何启示 活动一：多维度赏析劝说艺术 李斯作为逐客何以能说服秦王，使其收回逐客之令，对此，清人余诚从劝说立场、劝说思路、劝说方法、劝说语言等角度展开评析，指出："李斯既亦在逐中，若开口便直斥逐客之非，宁不适以触人主之怒，而滋之令转甚耶！妙在绝不为客谋，而通体专为秦谋。语意由浅入深，一步紧一步，此便是游说秘诀……意最真挚，笔最曲折，语最委婉。而段落承接，词调字句，更无不各具其妙。"（《重订古文释义新编》卷五）请从以上几个角度中任选一个，以小组为单位，结合文本分析李斯劝说成功的原因，将关键词写在白纸上，小组派一位学生就本组的思考进行阐述，要求有理有据 活动二：探究劝说成功的核心原因 小晨同学读完《谏逐客书》，引用了刘勰《文心雕龙》中的一段评价："顺情入机（顺乎秦王性情，切中时机投合君王想法），动言中务（言论符合当前的重大事情或客观形势），虽批逆鳞（古人以龙比喻君主，因此，以触'逆鳞'、批'逆鳞'喻犯人主或强权之怒），而功成计合，此上书之善说也。"他认为这是李斯上书成功，使秦王收回成命的重要原因。通过活动一的学习与分享，你是否认同小晨同学的看法，若同意请联系全文加以分析，并阐述你的理由；若不同意，请提出你认为李斯成功的主要原因，在组内分享。提示：可联系以下语句进行思考分析 （第一段）臣闻吏议逐客，窃以为过矣。……是使国无富利之实而秦无强大之名也。

（续表）

课时	栏目	具体内容
		（第二段）此非所以跨海内、制诸侯之术也。 （第四段）今逐客以资敌国，损民以益仇，内自虚而外树怨于诸侯，求国无危，不可得也。 活动三：梳理小结 请梳理课内所学内容，以《表达的说服力与针对性——李斯上书成功之我见》写一段话回复小晨同学，阐述你对李斯上书成功主要原因的思考
	评价要求	能根据表达目的和对象的需求，从思路、方法、语言等角度提高劝说的说服力
	资源	——
第五课时	目标	1. 梳理书信文章结构，把握文章情感脉络，体会文章爱妻（深情）与爱国（勇决）交融的深沉情感 2. 通过关键语句品析，体会作者针对对象特点，综合运用抒情、记叙、议论等表达方式深化情感表达
	任务	阅读《与妻书》，品析关键语句，学习运用合适的表达方式提高表达的针对性
	活动	主问题：选用合适的表达方式能让你的演讲表达效果更佳。林觉民是如何让妻子理解其正因至爱妻子方勇于赴死的行为，他在表达方式的选择上给我们怎样的启发 活动一：体悟情理交融 《与妻书》是一封遗书，林觉民临终前向妻子倾诉了"吾至爱汝，即此爱汝一念，使吾勇于就死也。"的感情。对此，小晨同学感到困惑：林觉民既表明他至爱妻子，又在她身怀六甲之时舍妻赴死，如何理解这矛盾的做法呢？请阅读全文，概括各段内容，以图示呈现全文的情感脉络，并结合具体内容解答小晨同学的困惑（提示：圈画出文中林觉民抒发对妻子至爱及必须赴死的句子，加以品味） 活动二：品析表达方式 《与妻书》以抒情为主，却又在行文中综合运用了记叙、描写、议论的表达方式，请找出一至两处典型语段，品析其中表达的情感，并思考作者这样表达的缘由 活动三：梳理小结 1.《谏逐客书》《与妻书》两篇文章都是"书"，但却是不同的文体。对象不同，目的各异，其表达方式也不尽相同，请结合下表加以比较分析

（续表）

课时	栏目	具体内容
		<table><tr><td>篇目</td><td>对象特点</td><td>表达目的</td><td>情理表达</td><td>语体选择</td><td>表达方式</td></tr><tr><td></td><td></td><td></td><td></td><td></td><td></td></tr><tr><td></td><td></td><td></td><td></td><td></td><td></td></tr></table> 2. 基于上述表格分析,尝试写一段文字,探究"表达的针对性与表达方式选择的关系"
	评价要求	能根据对象特点,综合选用合适的表达策略
	资源	—
第六至七课时	目标	1. 通过查找资料,梳理整合,深入理解优秀人物的人生价值选择 2. 开展调查实践,了解当下青年们对"使命感"的理解现状 3. 针对社会现实,思考作为新时代的青年应具有的抱负和将承的责任,确定自己的演讲主旨
	任务	1. 梳理整合,深入理解先贤的使命感 2. 调查实践,思考青年们应有的使命感,确定演讲主旨
	活动	主问题:要想有高质量的演讲,除了要学习如何提高演讲表达的效果,还要关注对演讲主题的理解及素材的选取。本次演讲的主题是"我们的使命"。本单元的文章展现了革命导师和革命先烈对时代使命的深刻理解,表现了他们将个人抱负与时代要求相结合的人生选择。那么,现实生活中,当下的青年们是如何理解和践行使命的呢 活动一:优秀人物的"使命与抱负" 针对"使命与抱负"这一主题,各小组搜集材料,结合本单元篇目,从"使命与抱负"角度对文本内容加以梳理,填写下表,并阐释你关于优秀人物人生价值选择的思考 <table><tr><td>篇目</td><td>时代背景</td><td>社会问题</td><td>人物选择</td><td>人物选择背后的价值意义</td></tr><tr><td></td><td></td><td></td><td></td><td></td></tr><tr><td></td><td></td><td></td><td></td><td></td></tr><tr><td></td><td></td><td></td><td></td><td></td></tr><tr><td>......</td><td></td><td></td><td></td><td></td></tr></table> 活动二:当下的青年们如何看待"使命与抱负"

（续表）

课时	栏目	具体内容
		编制调查问卷和采访提纲,开展实践调查,了解当下青年们对"使命感"的理解现状,结合"使命与抱负"的主题,分析调查结果 活动三:我们的"使命与抱负" 结合活动一的思考和活动二的调查结果,联系自己的生活实际,围绕写作话题"我们的使命",结合下列材料及提示问题,展开对"我们的使命"这一主题的细化讨论 材料:对于《后浪》这段引发广泛评论的视频,有人认为它集中展现了这个时代对青年的期许与祝福,也展现了时代对青年的压抑与束缚。有人说,改变与创造本就是一个国家的青年最重要的责任。当下青年人的"使命感"如何? 国家、社会赋予青年人怎样的使命? 青年人应该如何践行这样的使命? 部分青年人缺乏使命感的原因是什么? 社会在引导青年人形成使命感方面做了什么 活动四:梳理小结 请结合前三个环节,写下调研现状中最触动你的一个关键点,据此确立你的演讲主旨及拟用的素材
	评价要求	能通过单元文本分析、积极调查实践、小组讨论分析等多角度理解演讲表达的主题,确定自己的演讲主旨,选用合适的素材
	资源	—
第八课时	目标	对四篇文章表达对象、情境、目的、主题、内容进行梳理,分析作者如何基于表达对象的特点展开有针对性的表达,深入理解本单元实用性文本表达的针对性这一特点
	任务	从多个角度梳理四篇文章,提炼表达交流的针对性要点
	活动	主问题:为了更好地完成演讲稿写作,小晨同学提议,在完成本单元各篇目的学习后,大家可以从"表达的针对性"角度,对单元所学内容加以梳理 活动一:梳理"何为表达的针对性" 请结合单元文本填下表,并从四篇文章中任选一篇,阐释你对"表达的针对性"的理解 表格: 篇目 / 对象特点 / 情境(时代背景、社会事件、现象) / 目的 / 主题(观点、立场、情感) / 主要内容

（续表）

课时	栏目	具体内容
		活动二:梳理"如何有针对性地表达" 1. 本单元的各篇文本是如何展开表达的呢? 请结合下表,完成梳理 （见下表） 2. 请从本单元的四篇文本中任选一篇,阐述作者如何依据表达对象的特点,展开有针对性的表达 活动三:梳理小结 结合本节课梳理的内容及本单元的文本,请从"表达的针对性"角度,为小晨同学撰写演讲稿,提一些建议
	评价要求	能基于单元文本学习,掌握针对性表达交流的要点
	资源	—
第九课时	目标	通过小组合作编制演讲稿写作支架表,完成演讲稿写作构思,深入理解演讲表达的针对性
	任务	编制演讲稿写作支架表,进行演讲稿写作构思
	活动	主任务:班级即将进行此次主题演讲活动评选。通过本单元的学习,大家是否明确了一篇怎样的演讲稿才是具有针对性的呢? 请小组合作,为本次主题演讲活动编制演讲稿写作支架表 活动一:确立基本维度,构建支架表框架 1. 阅读单元写作提示,借助单元文本,提炼演讲稿写作的基本要素,初拟演讲稿写作支架表的基本维度 2. 基于演讲稿关注听众的特点,理清各维度之间的逻辑关系,小组合作,初步构建支架表框架(预设维度:对象意识、情境意识、主题意识、语体意识)

篇目	文体及特点	行文思路	情理表达	语言特点			
				句式	表达方式	表现手法	语言风格

（续表）

课时	栏目	具体内容
		活动二:细化下位要素,形成写作支架表 根据单元文本,细化四项维度的下位要素并展开描述。各小组派代表分享本组的思考,优化形成班级的写作支架表 活动三:依据写作支架表,完成写作构思 围绕小组编制的演讲稿写作支架表,根据写作任务要求,完成《我们的使命》写作构思表单,并在课后完成演讲稿写作
	评价要求	能参与小组演讲稿写作支架表编制并据此完成自己的演讲稿写作
	资源	—
第十课时	目标	通过组内及班级演讲实践,进一步完善演讲稿,加深对演讲针对性的理解
	任务	演讲实践及展示
	活动	主任务:请根据要求参加组内及班级的演讲展示及评选活动。 活动一:各小组组内演讲比拼 各小组组长组织成员进行组内演讲,根据评价表推选出一位组内成员,代表本组参加班级现场演讲活动 活动二:各小组优秀代表展示 各小组派出代表进行演讲,其他小组成员结合演讲稿评价表打分并从演讲表达的针对性角度提出意见。演讲的学生再结合其他同学的意见,参照评价表,将自己的演讲稿润色成文 活动三:班级演讲小达人评选 课后所有学生把演讲稿录成视频文件,上传至班级钉钉文件夹,在线投票,从表达的针对性角度,根据活动评价要求评出相关奖项
	评价要求	能积极参与小组及班级的演讲活动,并根据同伴反馈改进自己的演讲稿及演讲表达实践
	资源	—

（撰写者:上海市嘉定区中光高级中学 杨丽琴）

第三节　教学设计与实践思考

一、教学设计思考

（一）任务群分析

课程标准中指出，语文课程是一门学习祖国语言文字的综合性、实践性课程。课程标准中实用性阅读与交流任务群、文学阅读与写作任务群、思辨性阅读与表达任务群都指向语文课程的工具性特征。课程标准中关于实用性阅读与交流任务群教学目标的表述是，"本任务群旨在引导学生学习当代社会生活中的实用性语文"。由此可见，实用性阅读与交流任务群指向的是语文课程生活性、实用性、社会性的特点，是诸多任务群中较能彰显语文课程实践性定位的任务群。

对于实用文的阅读与写作，学生并不陌生。但课程标准从任务群的角度整体规划，提出了课程目标与内容，这就对师生提出了更高的要求。

实用性阅读与交流任务群，从名称来看，实用性一词是关键，它同时修饰"阅读"和"交流"两个词，既包括了实用性文本阅读的"读"，以输入和内化为主；又包括了实用性表达交流的"听""说""写"，以输出和外化为主。根据课程标准中关于本任务群的相关表述，我们按照育人目标、学习目标、学习任务、学习内容学习方法进行拆解分析，形成了课程标准内容拆解图，见图7-9。

经过对表格的分析，我们可以归纳提炼出实用性阅读与交流任务群的基本特点，即围绕"任务群育人指向实用性"的特征，关注"学习过程的实践性""学习内容的整合性""学习任务的情境性""学习方式的探究性"，形成一核四翼的特征形态，见图7-10。

```
              实用性阅读与交流
                    │
┌──────────────────────────────────────┐
│              育人目标                   │
│ 1.丰富学生的生活经历和情感体验           │
│ 2.提高学生的阅读与表达交流水平           │
│ 3.增强学生适应社会、服务社会的能力        │
└──────────────────────────────────────┘
```

┌────────────┬────────────┬────────────┬────────────┐
│ **学习目标** │ **学习任务** │ **学习内容** │ **学习方法** │
│ 1.学习多角度观察社会生活,掌握当代社会常用的实用性文本,善于学习并运用新的表达方式 │ 1.实用性文本的独立阅读与理解 │ 1.新闻传媒类 │ 教学以社会情境中的学生探究性学习活动为主,合理安排阅读、调查、讨论、写作、口语交际等活动 │
│ 2.学习运用简明生动的语言,介绍比较复杂的事物,说明复杂的事理 │ 2.日常社会生活需要的口头与书面的表达交流 │ 2.知识性读物类 │ │
│ │ │ 3.社会交往类 │ │
└────────────┴────────────┴────────────┴────────────┘

图 7-9 实用性阅读与交流任务群课程标准内容拆解图

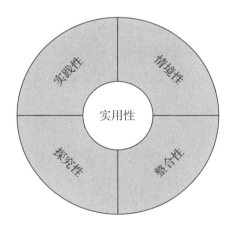

图 7-10 实用性阅读与交流任务群的特点结构图

一是实用性。从任务群的育人目标"增强适应社会、服务社会的能力"来看,实用性既是任务群育人的目标也是落点,这也是该任务群虽以阅读和表达为主,但区别于文学阅读与写作任务群、思辨性阅读与表达任务群的核心特征。

二是情境性。基于育人目标、学习目标的实用性指向和学生学习过程的实践性特征,学习任务需要在真实的情境中动态展开。这要求教师关注情境(尤其是社会实践情境)的创设。课程标准中列出的任务群的学习内容(新闻传媒类、知识性读物类、社会交往类），显然也需要通过具体的情境任务才能得到有效落实。

三是整合性。这一特征主要是针对学习内容来说的，是指该任务群的学习内容丰富多样，仅仅依托教材的三个单元难以达成学习目标，还需要整合在其他的任务群中以完成学习，如课程标准中提到的网络新文体可以整合到跨媒介阅读与交流任务群中完成，调查、访谈可以整合到当代文化参与任务群中完成。

四是探究性。课程标准中指出，本任务群的教学"以社会情境中的学生探究性学习活动为主"。由此可见，学习任务解决的过程伴随的是学生学习探究展开的过程，探究性是学生学习活动的主要方式，也是任务群实施的重要形式，是其显著特点。

五是实践性。任务群的实用性指向决定了实践性是其基础特征。根据课程标准的表述，此处的实践应该是涵盖听、说、读、写的综合实践，并贯穿学生解决问题的始终。需要指出的是，这里的实践不仅是指向学科的，更是指向当下的具体社会生活。

（二）教材分析

1. 单元主题分析

本任务群设置了 1 学分共 18 课时，学习内容中列举了新闻传媒类、知识性读物类、社会交往类三类的 22 种文本。高中阶段在有限的课时中难以完成全部文本的教学，因此教材从普适性的角度遴选了学生社会生活中常见的如演讲稿、社科文、新闻通讯、新闻评论、书信等文体类型，对标新闻传媒类、知识性读物类、社会交往类，涉及必修（上册）第二单元、必修（下册）第三单元和第五单元，共三个单元。

在人文主题上，"劳动光荣"单元指向的是立足于新时代个体对劳动观念与生命价值的理解，"探索与创新"单元则分别从科技、建筑、人文三个方面引导学生理解人类文明进程中探索与发现的动机、过程、方法、情志、精神，"使命与抱负"单元旨在引领学生感受历史洪流中伟人们顺应潮流、勇于担负时代使命的精神。三个单元的人文主题从指向个体、贴近生活的劳动价值自我再识，到着眼社会进步、关注文明进程的探索创新理性感知，再到关切历史发展、关照时代使命的精神体认，总体而言呈现螺旋上升的趋势。

在任务群关键能力上，必修（上册）第二单元主要选取了新闻通讯及新闻评论的相关文本，通过学习分析通讯的报道角度、区分事实与观点、抓住典型事件及细节来把握人物精神，明确新闻评论的观点，学习阐述观点的方法，从而学会辨析和把握新闻的报道立场，培养新闻素养。必修（下册）第三单元所选的四篇文章为知识性读物，旨在引导学生通过把握和分析关键概念、术语、文章思路、逻辑推理、语言表达，学习科学的研究方法和适宜的表述方式，实现阅读方法的建构，培养科学思维，深化对探索创新的理解。必修（下册）第五单元所选的四篇文章为社会交往的经典范本，旨在引导学生从表达交流的角度，把握文本针对性的特点，关注文本，基于表达目的以及特定主题、情境和对象，采用独到的表达策略，学会结合具体情境，学习有理有据地发表意见，阐明主张。

通过梳理三个单元的内容可知，无论是新闻传媒类，还是知识性读物类或是社会交往类，都是基于特定目的的表达。新闻学习的核心在于"视角"，单元学习主题可以确立为"认知视角"，知识性读物类文本主要呈现的是人文或科学领域的发明或发现，属于"认知突破"；而社会交往类文本更多是基于社交情境的表达，可以提炼为"认知表达"。可见，三个单元围绕实用性阅读与交流任务群，不仅在学习内容上形成了互补，在人文主题上形成了螺旋上升的趋势，也在单元学习主题上前后关联，共同彰显了任务群"实用性"的特征。

2. 单元大概念

实用性阅读与交流任务群的核心特点是"实用性"，也即"功用性"。新闻、知识性读物、社交文本都是基于某种特定功用性目的的表达，并根据不同的情境、对象、主题，选择不同的文体和语体。由此，这一统摄任务群的核心概念可以提炼为"实用性阅读与交流是基于特定功用性目的的表达"。具体而言，根据任务群提炼的大概念，结合三个单元的学习任务及具体文本，每个单元又有些不同。如必修（上册）第二单元中的新闻传媒类作品具有基于表达目的的表达视角，阅读与表达时就需要关注基于特定视角所呈现的观点和事实,故这一单元核心概念可以提炼为"新闻传媒类需要区分视角和立场(事实和观点)";而必修(下册)第三单元中的知识性读物主要阐述领域的突破和发现,要理解这一探索与发现的动机、过程、方法、情志、精神都离不开问题的产生和实证的过程,故这一单元核心概念可以提炼为"知识性读物需要具有问题和实证";必修(下册)第五单元中的社交文本如演讲稿、书信、奏疏等都是基于特定目的、对象、主题、情境的针对性极强的表达,故这一单元核心概念可以提炼为"社交表达需要具有针对性"。

3. 单元知识图谱

我们从事实知识、方法知识、价值知识三方面构建了本任务群的单元知识图谱,见图 7-11。

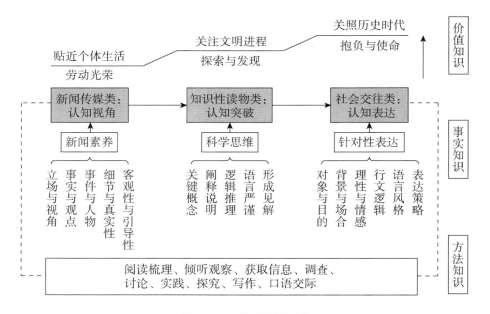

图 7-11 单元知识图谱

(三) 理论与实践范式

1. 问题梳理

在本任务群的教学与实践中,研究实践团队的教师始终秉持着问题导向的原则,不断梳理实践中的问题和困难点,并将其作为我们研究的起点和重点。现把突出的问题和困难点呈现如下。

一是对任务群与素养关联的把握情况不够理想,培养目标不够明确。如未能明确本任务群重点培育和落实的核心素养是哪一项。

二是对任务群的认识不够深入,单元教学设计与实践重点出现偏差。其一,缺少对任务群核心特点"实用性"的准确把握。其二,缺少对任务群重要落点"交流"的把握。在单元实践中,教师往往更关注阅读输入的环节而容易忽略交流输出的环节,未关注到本任务群的"交流"是听、说、读、写的综合实践性交流。其三,对任务群阅读和交流的关系处理不够恰当,如阅读与交流并重、阅读与交流相对割裂等,其实,阅读应为资源,应为交流的落实提供学习样本。其四,对单元驱动任务"交流"实践过程的指导缺失或不足,实践流于形式或效果不佳。如演讲实践中演讲稿的写作指导,交流展示指导等通常是缺位的。其五,评价缺位,未能构建评价实施要点。

三是难以建立任务群内部各单元的关联,实现任务群关键能力的深度培育,达成对学科基本概念的思考。从内容来看,任务群三个单元属于不同类型,教师在教学中难以对三个单元基于人文主题和任务群关键能力点进行整体思考,单元间缺少关联度或层进性。

2. 文献综述

通过对任务群相关文献的动态梳理,我们发现关于本任务群的研究,语文教学界目前主要关注以下几方面。

其一,研究者主要基于课程标准和教材,围绕任务群的内涵、特点、历史沿革、教学内容、实施策略进行阐述。朱于国对本任务群进行了概念辨析与历史梳理,并提出基于任务群与经典文本的双重视角的教学策略。[①] 胡勤立足统编教材对本任务群的目标、内容与实施途径进行了解释。[②] 褚树荣通过与文学阅读与写作、思辨性阅读与表达两个任务群的比较辨析,梳理了本任务群的内涵,从而弥补了以往语文课程"表达与交流"缺失的不足,从改变结构性失调

① 朱于国."实用性阅读与交流"任务群的内涵、课程价值与实施策略[J].语文建设,2020(9).
② 胡勤.统编教材实用性阅读与交流学习目标、内容与途径[J].语文建设,2020(9).

的角度指出本任务群的必要性,并提出了基于文体特征和情境实践的两条原则。① 此外,还有学者针对这一任务群展开了专题思考,基本是对以上几个要点的细化。

其二,基于课程标准相关内容开发学习任务,或者结合教材具体单元内容进行教学设计与实施的阐发。对于必修(上册)第二单元的教学,研究者多以人文主题为线,以关键能力为纲,关联各篇目设计,打通各篇,让学生在充分理解文本及人文主题的背景下,完成单元关键点设计学习任务。必修(下册)第三单元中典型的设计是以"完成一篇'我的探索与发现'的说明文写作"为驱动任务,通过写作任务带动本单元的阅读,并根据选文形成相应的专题学习任务。此外,研究者认为必修(下册)第五单元中的社交文本都聚焦了具体的交际语境,教学中需要创设和还原情境,帮助学生有效进入文本;关注文章的针对性,把握实用文的特点。找到"抱负与使命"人文主题与文本之间的深度链接点,通过设计贯通性和整合性较强的任务来达成。

综上可知,目前关于本任务群的研究主要是以散点式的案例呈现和基于案例的实践经验或策略的散点提炼,以及对任务群历史沿革和内涵特点的阐发,同时存在对任务群的理解不够透彻深入、对学习特点关注不够、策略化结构化不足、一线教师难以迁移等问题。而从上位的本任务群对应的素养目标,到中位的基于大情境、大概念的任务群学理内涵,再到下位的实践模型范式与经验策略有待进一步提炼。

3."三实"模型

在文献梳理、调研访谈及教学实践反思的基础上,运用"基于设计的实施研究"这一方法,任务群实践团队教师经过反复实践打磨与反思改进,尝试提炼出实用性阅读与交流任务群的实践范式——"三实"模型(见图 7-12)。所谓"三实"是指根据该任务群最核心的三个特点——"实用性""实践性""情境性",提炼出该任务群在教学设计与实践中的三个核心要素——"真实情境任务""综合实践活动""切于社会实用"。教师在本任务群的教学中应以基于社会生活的真实

① 褚树荣.经世致用:"实用性阅读与交流"任务群解读[J].语文学习,2018(9).

情境任务为驱动,以解决真实任务的综合实践活动为主线,以提升学生适应社会阅读与书面及口头表达交流能力为目的。

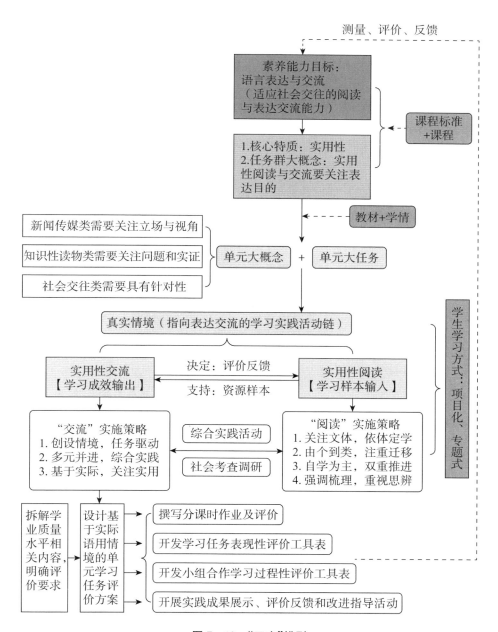

图7－12　"三实"模型

"三实"模型中,首要的是目标要素——"切于社会实用",这是统领性要素。素养能力目标的确立,通过对课程标准中课程目标、实用性阅读与表达交流任务群及学业质量标准进行分析与拆解,明确该任务群对标的素养及学业水平层级。同时确定该任务群的核心特质为"实用性",据此确定任务群大概念为"实用性阅读与交流要关注表达'目的'",确定三个单元大概念分别为"新闻传媒类需要关注视角与立场""知识性读物类需要关注问题和实证""社会交往类需要具有针对性"。

模型的第二个要素为驱动要素——"真实情境任务",即在任务群大概念的统领下,结合教材及学情确定单元大任务。需要指出的是,每个任务群都要设置"真实情境任务",本任务群的独特性在于"真实情境"是指向社会生活真实情境中的表达与交流输出性任务。

模型的第三个要素为主线要素——"综合实践活动",贯穿任务群学习的始末。这是指单元大任务是一项综合实践活动,可以分解为若干小的学习实践活动并形成学习活动链。如"普通劳动者"人物通讯写作包含了阅读文本理解劳动之美、普通劳动者人物采访、通讯稿写作等,"我们的使命"演讲稿围绕"演讲的针对性"包含了主题调研、文本阅读、素材整理、文稿撰写、表达实践等。由此,建议以项目或专题的形式开展整个单元的阅读与表达学习。

在三个要素的统领下,进一步厘清阅读与表达的关系及策略。本任务群中的阅读与表达交流,二者相辅相成:文本阅读作为学习样本的输入,为表达交流提供资源支持;表达交流则是学习成果的输出,对阅读成效有评价反馈的作用。具体而言,在阅读指导上要关注以下策略要点。

一是关注文体,依体定学。实用性文本文体性强,要格外关注文体的特征,如新闻、书信、演讲稿、科普文的特点均不同,依文依体而设计任务,使学生掌握相应文本的阅读方法,进而归纳梳理,指向表达与交流的实践迁移。

二是自学为主,双重推进。实用性文本的阅读主要是为表达与交流服务,阅读以学生自学为主,以方法习得为要。不同于课程标准中对本任务群学习内容的界定偏向贴近现代生活,统编教材则选用了不少经典文本,阅读时可从"实用"和"经典"两种视角切入。本单元中的实用性文本并非静态的,而是指向日常交流活动的文字记录，故应将其置于实用性情境中，帮助学生动态地理解文本。而经典文本则更可作为方法习得的样本。

三是由个到类，注重迁移。实用性任务群的学习内容丰富，文本类型多样，有限的时间内难以实现各种文本阅读与写作策略指导。故阅读指导要充分运用经典文本为范例，拓展样本容量，增加感性积累；同时任务设计要从关注个文本到种文本再到类文本，引导学生加强对类文本特点的归纳，以获得便于迁移使用的程序性知识。

四是强调梳理，重视思辨。课程标准中指出："阅读实用类文本，能准确、迅速地把握主要内容和关键信息，对文本所涉及的材料有自己的思考和评判。"可见，不同于论述类文本关注逻辑的有效与否，实用性文本的阅读思辨更强调的是对事实真假的辨别，这也是有效交流输出的前提。故在阅读过程中，教师需要指导学生对文本进行梳理辨析，尤其是新闻传媒类、知识性读物类文本的阅读。

在表达交流上应关注以下要点。

一是创设情境，任务驱动。指向社会生活的表达交流必然是基于一定生活情境的，某一表达交流能力的提升也离不开具体的任务实践。由此，在单元任务及下属活动链设计时需要情境化、任务化，让学生通过完成真实生活情境中的具体任务，实现表达交流能力的习得。

二是多元并进，综合实践。由于实用性文本具有较强的可借鉴模仿性，学生在阅读中学到的表达方式和表述策略能被相对容易地迁移到写作中。单元驱动任务可创设为指向表达输出，包含听、说、读、写的综合实践任务，以输出检验和评价输入。

三是基于实际，关注实用。本任务群的学习任务多具有情境性、过程性、实践性、实用性等特点，指向社会实际生活，学习活动的设计应根据时空场域，即学校学生实情，设计符合当时当地实际的学习活动。比如，进行社会调查、撰写新闻通讯、面对大众演讲等活动可以结合学校的实情确定主题，设计任务及安排活动实施等。

需要单独指出的是,实用性阅读与交流任务群的表达与输入,除了源于阅读的输入,还离不开社会考查调研。课程标准中指出,"社会交往类内容,在社会调查与研究过程中学习"。调查与研究是提升表达针对性的核心要素,因此,教师还需要指导学生开展基于表达主题的社会调查,让学生在调查中明晰问题的现实针对性。

当然,"三实"模型中还有关键的一环是评价。评价使模型成为一个从能力素养目标出发,又反馈素养目标达成情况的闭环模型。本任务群社会实用性的指向及单元驱动任务实践性的特点,让以评价管理和促进学习显得尤为重要,学生学习的过程即不断评价及反馈的过程。因此,教师要基于学生单元驱动任务撰写对接成果输出的评价方案、开发评价工具、开展展示反馈活动等,以达成实践评价化,评价过程化。

二、教学实践思考

(一) 教学建议

研究小组经过两轮的实践、探索、反思和改进,对本任务群的教学提出四点建议。

1."结构化"任务群教学设计

教师既要形成基于表达交流任务的单元整体设计,又要统筹好单元内部细化的分课时实施;既要把握这一任务群前后单元之间的关联,将任务群的实施结构化,又要关注每个单元的个性。由此,理想的状态是在本任务群教学中能总体形成以实用性为核心、以表达交流为主线、以情境任务为驱动的单课小循环,单元大循环和任务群结构性循环。

2."整散化"任务群教学实施

关于本任务群学习内容,课程标准中共列出三大类二十二种,这些都是学生在当下的社会生活中常见的内容,而教材中安排的三个单元显然难以覆盖各种类型。因此,在落实具体教学内容时,教师需要采取整散结合的方式,以教材中安排的三个单元的完整学习为"整",以其他任务群相关单元中涉及的,以及基于学校实情开发的其他实用性表达交流学习任务的完成为"散",如访谈的学习可以在必修(上册)第四单元家乡文化生活中落实,"应聘面试"相关文本的撰写可以结合学校实情来设计学习活动。

3."过程化"任务群学习支持

本任务群的单元学习任务以综合实践活动为主,具有实践性、探究性特点。在具体教学中,项目化学习是比较理想的学习方式,这需要教师展开充分的过程指导,如教师可以通过"四课型""两跟进"来落实。所谓"四课型"是指单元起始课、单元梳理课、表达指导课、实践展示课;"两跟进"是指"基于单元梳理的困难点跟进指导"和"基于实践展示的薄弱点跟进强化"。

4."逆向化"任务群教学改进

基于"教—学—评"一致的理念,为了提高任务群教学效果,教师在实施中应开展"逆向化"任务群教学改进。如教师可以梳理高考阅读模块中情境化交流表达任务,提高表达任务设计的有效性及落实的扎实性。又如中国古代许多散文具有实用性质,在高考文言文的考查中涉及大量实用类文本(疏、书、序、表等),教师可以加以梳理并形成相关阅读策略,以提升实用性阅读指导的有效性。

(二) 课程评估

在任务群的教学中,单元整体设计是核心一环。在本任务中,"学生中心"的单元设计应该呈现哪些要素呢? 教学实践中如何展开单元设计的自评和他评,以实现设计的优化呢?

研究团队在反复实践的基础上,围绕"促进学生表达交流能力的生成",归纳提炼出六个关键点,并从评估的角度加以概括描述,形成实用性阅读与表达交流单元设计评估六边形图(见图 7 - 13,以下简称六边形图)。六边形图以基于单元目标创设指向表达交流的驱动任务为起点,以支持表达交流驱动任务达成的评估反思为终点,涉及学习活动链设计、文本阅读方法指导、活动展示及反馈、活动过程性指导等维度,形成闭环。

当然,六边形图仅仅是要素的粗略呈现,每一个维度具体情况的评估,仍然需要进一步细化以形成描述性的、可观察的下位指标。这需要教师在实践中逐步深化对各维度的理解,考量各维度的比重。

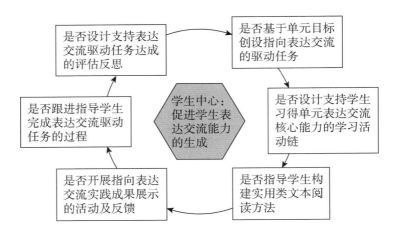

图 7-13　实用性阅读与表达交流单元设计评估六边形图

（三）反思与建议

经过两轮的实践思考与提炼，研究实践团队对实用性阅读与交流任务群的特点、教学设计及实施等有了一定的思考，但仍然存在诸多问题及困惑，需要在后续的实践中不断解惑和完善。

其一，在观念上，受传统阅读教学观的影响，在第一轮实践中仍逐篇解析文本，未能从任务解决的视角把文本作为学习资源进行整合性的阅读教学指导，导致学生表达实践不足，落实不够扎实。教师要想在有限的课时内有效完成表达交流实践的内容，需要重构阅读教学指导理念，对非经典性的实用文本未必要细读细讲，可把文本作为表达交流的样本输入。

其二，在设计上，不同于其他任务群，如文学类教学文本本身就需要细读细品，单元教学时如果难以做到一开始就统整，也可以先分再合，实用性阅读与交流任务群的单元设计主要以单元中的表达交流任务为驱动任务，教师需要以其统整单元课时教学，每一课时都应围绕这一驱动任务来设计。因此，教师在实践前一定要有围绕表达交流任务的单元整体实施结构图，进行结构化的思考，否则可能造成阅读输入与表达输出的脱节。

其三，在实施上，单元驱动任务多为表达交流的实践任务，为确保最终输出的质量，这一过程需要教师有效的跟进指导。目前，研究实践团队提出了若干读写策略及"四课型""两跟进"的方法，但仍需要根据设计的具体单元任务来细化指导要点。

其四,在评价上,表达交流以学生的个体自主实践或合作性实践为主,教师需要开发评价工具,以评促学,以评反馈,优化学生学习过程。相关实践探索仍有待进一步丰富和深入。

(撰写者:上海市嘉定区中光高级中学　杨丽琴)

主要参考文献

［1］中华人民共和国教育部.普通高中语文课程标准(2017年版2020年修订)［S］.北京:人民教育出版社,2020.

［2］L.W.安德森,等.学习、教学和评估的分类学——布鲁姆教育目标分类学(修订版)［M］.皮连生,主译.上海:华东师范大学出版社,2007.

［3］苏西·博斯,约翰·拉尔默.项目式教学:为学生创造沉浸式学习体验［M］.北京:中国人民大学出版社,2020.

［4］莫提默·J.艾德勒,查尔斯·范多伦.如何阅读一本书［M］.郝明义,朱衣,译.北京:商务印书馆,2004.

［5］陆晔,等.媒介素养:理念、认知、参与［M］.北京:经济科学出版社,2010.

［6］陈琦,刘儒德.当代教育心理学［M］.北京:北京师范大学出版社,2019.

［7］戴达奎.现代诗欣赏与创作［M］.上海:上海大学出版社,2010.

［8］范飚,郑桂华,程元.统编版高中语文单元教学指南［M］.上海:复旦大学出版社,2020.

［9］黄梵.意象的帝国:诗的写作课［M］.桂林:广西师范大学出版社,2021.

［10］江弱水.诗的八堂课［M］.北京:商务印书馆,2017.

［11］刘永丽.中国现当代新诗文本细读［M］.北京:中国社会科学出版社,2016.

［12］王东.中华朗诵艺术十五讲［M］.北京:中华书局,2014.

［13］王宁.文学阅读与写作［M］.北京:语文出版社,2021.

［14］王志军.进入诗歌:关于读诗和写诗的六堂课［M］.桂林:广西人民出版社,2022.

［15］温凤霞.现代中国诗化小说研究［M］.北京:知识产权出版社,2020.

［16］张文刚.诗路花雨——中国新诗意象探论［M］.北京:社会科学文献出版社,2019.

［17］赵丽华.赵丽华诗选［M］.北京:华文出版社,1993.

［18］周宪.文学理论导引［M］.北京:高等教育出版社,2014.

［19］朱立元.当代西方文艺理论［M］.上海:华东师范大学出版社,2014.

［20］钱理群.钱理群语文教育新论［M］.上海:华东师范大学出版社,2010.

［21］王力.王力古汉语字典［M］.北京:中华书局,2000.

［22］苏轼.东坡乐府笺［M］.上海:上海古籍出版社,2018.

［23］辛弃疾.稼轩词编年笺注［M］.上海:上海古籍出版社,2018.

［24］王荣生.阅读教学教什么［M］.上海:华东师范大学出版社,2016.

［25］D.A.库伯.体验学习——让体验成为学习和发展的源泉［M］.王灿明,朱水萍,译.上海:华东师范大学出版社,2008.

后　记

　　2018年1月，教育部颁布了《普通高中课程方案和语文等学科课程标准（2017年版）》；2019年秋，上海市使用高中语文统编教材。统编教材是在新版课程标准的指导下编写的，贯彻了课程标准的最新理念，采用"学习任务群"与"人文主题"双线结构。而上海市的教师们之前使用的是沪教版教材，贯彻的也是上海市教育委员会教学研究室组织编写的"课程标准"与"高中语文教学基本要求"。面对"双新"，以前的材料积累与教学经验一时间捉襟见肘。教师们开始有些困惑和焦虑。

　　凡事都有机缘。2018年5月，人教社组织了三科统编教材（思想政治、语文、历史）的试教试用。受上海市教育委员会教学研究室委托，嘉定区三科教研员赴京参加了动员会。本人也因此得以较早地见到了统编教材，获得了感性的认识。2017年、2018年暑假，我们都组织了"双新"培训。教育部、上海市也都针对"双新"开展了紧锣密鼓的培训、研讨。这个时候，我们产生了一个想法：何不申报一个课题，开展基于设计的实践研究？这样就可以一边设计一边实践，一边总结一边修改，从而实现"双新"培训、教师专业发展与课堂教学三者水平的同步提升。

　　2019年秋季学期，统编教材落地实施。2019年冬，我们成立了课题组，开始了申报工作。2020年4月，"基于高中语文统编教材的'学习任务群'教学设计与实践研究"被立项为2020年度嘉定区教育科学研究重点课题（立项编号为JA2030）。同年5月27日，我们在区科研室专家的组织下进行了开题论证。论证专家为上海市教育科学研究院普通教育研究所徐士强研究员、上海师范大学郑桂华教授。两位专家充分肯定了课题的研究定位与研究基础，并对研究的开展给予了方向性的建议。

　　在此基础上，院领导鼓励我们冲击市级课题。在听取多方专家的意见后，我们成立了市级课题申报团队。我们先是进行了大量的文献阅读与教学实践调研，然后对原有的课题申报书进行大幅度的修改、完善。2020年12月，本课题被上海市教育科学规划领导小组办公室立项为2021年度上海市教育科学研究项目（立项编号为C2021021），课题名称仍然是"基于高中语文统编教材的'学习任务群'教学设计与实践研究"。2021年3月11日，在嘉定区教育学院领导、科研室专家的组织下，我们进行了课题开题论证。论证专家为上海市教育科学规划领导小组办公室方建锋研究员、上海市教育科学研究院普通教育研究所徐士强研究员、上海师范大学郑桂华教授、华东师范大学叶丽新教授。专家们一致认为，该课题聚焦学术前沿，直面课程教学难题，研究思路清晰，研究目标适切，研究内容扎实，研究计划符合教育科研规律。专家们的肯定让身处教学一线的课题组成员们备受鼓舞。2022年11月9日，我们如期进行了中期汇报。上海市教育科学规划领导小组办公室方建锋研究员、上海市教育科学研究院普通教育研究所张肇丰研究员、上海师范大学郑桂华教授听取了课题组的汇报，并进行了高屋建瓴的指导。感谢几位领导、专家、朋友持续的关注、关心，感切之诚，匪言可喻。

市、区两级课题都是由嘉定区教育学院负责主持。课题组成员有：石沂波、杨丽琴、陈慧、李孝华、许正芳、倪春凤、黄娟华、撒莎、朱婷、倪斯怡、柏荣、王蓉。2020年秋季学期，嘉定区成立了"双名工程"工作室，并由我领衔成立了"沈国全高中语文学科高地"。工作室的主干项目也是"基于高中语文统编教材的'学习任务群'教学设计与实践研究"。学员有：汤元英、黄娟华、杨丽琴、万玉本、柏荣、撒莎、倪春凤、黄秋宁、朱婷、郭冠群。本人系嘉定区高中语文教研员，统编教材"学习任务群"教学也是区级教研的主题。因此，文秋婵、袁超群、刘宏等各高中学校教研组组长、备课组组长、一线教师，许正芳、李孝华等领衔的名师团队，都对本课题的研究做出了贡献。

华东师范大学邓莉博士多次率团队来嘉定对课题研究进行指导，并对统编教材的实施情况做了深度访谈，为推进课题研究注入了动力。上海市浦东教育发展研究院聂剑平老师、上海市七宝中学陈韦兰老师对各任务群的设计方案进行了一对一的针对性辅导。范雅君、沈红梅、李桃红、王志民、吴雅琼、邹海华、栗晓南审读了部分稿件。

尤其值得一提的是，我们在开展研究的过程中，设置了课改实验班。实验班教师并不是课题组成员，由本人申报，经所在学校推荐，课题组根据研究的需要最终确定参加人员。实验班教师同步使用课题组所做的"学习任务群"教学设计，并与平行班进行对照、观察、反思、评判。课题组不定期地组织设计者与实验班教师对话，一起辨析问题、提炼策略、修改方案、优化研究方法，取得了很多切实的研究成果。实验班总共开办了两期，涉及的教师有20余人，其中，王俊人、刘静思等都深度参与了课题研究。

在此向参与课题研究、付出艰苦劳动的诸位同仁表达诚挚的谢意。

教学之路、学习之路、探索之路永不停歇，课题研究却终归需要逐渐收官。在此过程中，有些方面我们的认识逐渐清晰了，有些方面我们摸索出了一些新路径，另有一些方面却引发了我们更多新的思考。现在我们想用一本书来作为课题研究的成果表达。我们把三年来的研究素材、研究心得梳理出来，反复打磨。虽然一直希望抵达满意的那个境界，但始终怀揣着一颗诚恳、谦卑的心。虽常恨言不及义，但因确实发自内心，想必一定会引发语文教师同仁们的共鸣，也可以借此机会向更大范围里的同行们请益求教。希望这本心血之作能为各位践行新课标、使用新教材带来一些启发、廓清一些问题、提示一些路径。如果大家愿意，不妨用本书提供的这些设计工具、操作工具、反思工具、评价工具，并把你们的使用心得告诉我们，以便我们后续进一步优化、迭代。敬言鸣谢华东师范大学王意如教授、郑太年教授在百忙之中为本书赐序。感谢上海市嘉定区教育学院的领导、优秀教师管理办公室的同事及上海教育出版社的编辑为这本书的顺利出版所付出的心血。谢谢你们。

本书的作者既是设计者和实践者，又是研究者。点点滴滴的成果都是教师日常教学的结晶。值得明言的是，这些作者所带的毕业班学生高考成绩都十分优秀。也就是说，这些设计与实践是经过高考检验的。但是作为一线教师，工作负担重生活压力大，要完美实现设计、实践、研究这三种身份实属不易。因此，本书虽为真诚之作，但定是存在诸多疏忽、舛误，敬祈各位方家不吝指正。

上海市嘉定区教育学院

沈国全

2024年5月

图书在版编目（CIP）数据

高中语文任务群教学设计与实施 / 沈国全主编. —
上海：上海教育出版社，2024.6
ISBN 978-7-5720-2567-9

Ⅰ.①高… Ⅱ.①沈… Ⅲ.①中学语文课－教学设计
－高中 Ⅳ.①G633.302

中国国家版本馆CIP数据核字(2024)第094970号

责任编辑　杜金丹
封面设计　金一哲

高中语文任务群教学设计与实施
沈国全　主编

出版发行　上海教育出版社有限公司
官　　网　www.seph.com.cn
地　　址　上海市闵行区号景路159弄C座
邮　　编　201101
印　　刷　上海颛辉印刷厂有限公司
开　　本　700×1000　1/16　印张 18
字　　数　280 千字
版　　次　2024年9月第1版
印　　次　2024年9月第1次印刷
书　　号　ISBN 978-7-5720-2567-9/G·2261
定　　价　78.00 元

如发现质量问题，读者可向本社调换　电话：021-64373213